経営の技法

Technique of Management

法務の技法シリーズ

中央大学法科大学院教授
弁護士
野村修也／弁護士 久保利英明／弁護士 芦原一郎

中央経済社

はしがき

　本書は,「法務の技法」シリーズの4冊目となります（凡例参照）。
　これまで,久保利英明は社外弁護士として,野村修也は主に法学者として,芦原一郎は主に社内弁護士として,全く異なる立場から企業法務に関わってきました。この3人が共同執筆した理由は,以下のとおりです。

1. 混乱している概念の整理

　1つ目は,コンプライアンス,コーポレートガバナンス,内部統制,リスク管理,等の概念について,本来のあるべき姿を示したい,という思いです。
　法務というと,日本企業では特殊領域の閉鎖的な部署と理解されてしまいます。コンプライアンスやガバナンスは,法律ありきの世界ではなく,より良い経営をするためのツールなのに,「法令遵守」が先行し,法務問題と矮小化されています。本書の狙いは法律の解説でも,条文の紹介でもありません。本書は正しい経営をするための,経営者へのアドバイスであり,経営の視点から公正で効率的な会社の有り様を述べています。
　久保利は,弁護士ではありますが,条文や判例を引用せずに,経営の観点からのアドバイスをする弁護士として48年間,新規ビジネスの開拓をしてきました。野村は,商法・会社法の研究に従事する一方で,多数の政府委員や弁護士業務もこなしており,それらの実績を経営者への法務アドバイスや社外役員としての活動に活かしています。芦原は,まさに経営者そのものと言って良いでしょう。ジェネラルカウンセルとは弁護士と言うよりも,上級執行役のことです。
　したがって,本書は,会社経営のために,これらのツールをどのように使うことができ,使うべきなのかについて,枝葉末節ではなく,その本質から理解できるように工夫しています。

2. 内部統制とビジネスの関係

　2つ目は,特に内部統制（リスク管理）に関し,ビジネス面での活動と一体

となって検討し，判断し，実行されなければならない，という問題意識です。

多くの会社で，内部監査部門は言うに及ばず，コンプライアンス部門，リスク管理部門，法務部門などは，いずれもビジネスを牽制するもの，ビジネスをチェックするもの，とだけ性格づけられて，ビジネス判断のプロセスから外れる場合が多いようです。

けれども，ビジネスはチャレンジすることです。チャレンジしなければ利益を上げることができず，出資者の負託に応えられません。違う言い方をすると，チャレンジをしないという経営者の不作為は，出資者に対する背任なのです。

そして，チャレンジはリスクを取ることです。すなわち，リスクを取らない経営者は，経営者として失格なのです。

さらに，リスクを取ることは博打と異なります。すなわち，充分な検討と充分な対策を踏まえて決断するからビジネスとなるのであって，経営的な合理性を確認せずに行うギャンブルや博打とは，明らかに異質なのです。

そうすると，ビジネス判断のプロセスは，同時に，リスク管理のプロセスであること，すなわち両者は表裏一体であって，両者を引き離してリスク管理だけ後回しにするようなプロセスは，適切なチャレンジにならないことが，容易に理解されます。

ビジネスとリスク管理は表裏一体である，という当然のことを，ビジネスの様々な場面で検証したい，と思ったのです。

3．法務とビジネスの関係

これは，芦原が持ち出した問題意識です。

社外弁護士と顧客との関係と同じ発想に基づくものと思われますが，これまでは，社内弁護士や法務は，経営の意思決定に関与しない，という一歩退いたスタンスを取るべきものとされてきました。芦原も，社内弁護士になって随分長い間，そのように考えていました。

これには，大きく整理すると，①経営判断について，法務が関与すると，経営は法務のせいにしてしまう。けれども，経営判断の責任は経営が負わなければならない。②法務は経営の素養がなく，経営判断に関わる適格を欠く。という2つの理由があるように思われます。

けれども，芦原は最近，法務も経営判断に関与すべきである，と考えています。

その理由は以下のとおりです。

①について

経営が法務のせいにするのは，単に自分が責任を負いたくない，という気持ちの表れでしかない。当該案件で法務が目立っているから責任を負わせているだけで，法務じゃなければ他の部門や役員に責任を負わせるだけのことだ。問題の本質は，どの部門に責任があるか（それが法務かビジネス側か），ということではなく，自分で責任を負えない経営の無責任にある。

②について

欧米では既に社内弁護士出身の経営者が多く存在する。いつまでも経営問題を避けているから，法務に経営のセンスが備わらないだけであり，それは，責任追及を逃れるために経営への関与を避け，居心地の良い安全な場所に閉じこもる口実でしかない。

4．法と経営学

しかし，上記2や3を裏付けもなく主張すれば，単なる感情論で終わってしまいますし，自分の経験だけを根拠にすれば，客観性普遍性を伴わない，単なる特殊事案で終わってしまいます。

そこで，経営学や組織不祥事研究の中に，上記2と3の根拠が存在しないか，実際に法務が経営に口出しをするイメージで研究しました。

すると，予想以上に，ビジネス面とリスク管理面を一体として判断し，法務がビジネス面に積極的に関与すべき場面が多いことに気づきました。

法と経済学は，既に数十年の研究実績のある分野ですが，法と経営学は，未開拓です。ある限られた仮定を前提に普遍的一般的なルールを作り，適用する，という法分野の思考方法（演繹法的な思考が多い）と，実際に成功・失敗したビジネスのどこにその原因があるのかを分析し，その成果を整理・発展させるという経営学の思考方法（帰納法的な思考が多い）は，方向性がかなり異なります。このことから，両者を結びつける作業は決して容易ではありません。

けれども，「安全に」「儲ける」ためには，法的な発想とビジネス的な発想を

融合させる必要があります。本書での検討は，まだ体系的ではありませんが，ビジネス面とリスク管理面を切り離してはいけない，ということを，様々な場面で具体的に示す試みなのです。

　本書は，中央経済社の編集担当の和田さんのサポートがなければまとまりませんでした。特に，これまでの「法務の技法」シリーズと整合性を取る作業は，地味で大変な作業です。
　ありがとうございました。

2018年11月吉日

久保利英明，野村修也，芦原一郎

〈凡例〉

A：	『法務の技法（第2版）』（芦原一郎，中央経済社，2019）	
例）A1.6：	『法務の技法（第2版）』1-6（同第1章の6番目のトピック）	
B：	『国際法務の技法』（芦原一郎・名取勝也・松下正，中央経済社，2016）	
例）B2.3：	『国際法務の技法』2-3（同第2章の3番目のトピック）	
C：	『法務の技法［OJT編］』（芦原一郎 編著，中央経済社，2017）	
例）C28：	『法務の技法［OJT編］』事例28（同28番目のトピック）	
D：	本書	
例）D3.5：	本書 3-5（同第3章の5番目のトピック）	
経営学入門：	『ゼミナール 経営学入門（第3版）』（伊丹敬之・加護野忠男，日本経済新聞社，2003）	
不祥事：	『なぜ，企業は不祥事を繰り返すのか－有名事件13の原因メカニズムに迫る－（B&Tブックス）』（樋口晴彦，日刊工業新聞社，2015）	
続不祥事：	『続・なぜ，企業は不祥事を繰り返すのか－重大事件から学ぶ失敗の教訓－（B&Tブックス）』（樋口晴彦，日刊工業新聞社，2017）	

目　次

はしがき

第1章
基礎理論

1－1　2つの会社組織論 …………………………………………… 2
1－2　上の逆三角形①（株主と経営者の関係）………………… 7
1－3　上の逆三角形②（逆三角形の中身）……………………… 12
1－4　下の正三角形（社長と従業員の関係）…………………… 17
1－5　ガバナンスと内部統制 ……………………………………… 22
1－6　忠実義務と善管注意義務 …………………………………… 27
1－7　コンプライアンス①（日本産業の劣化）………………… 32
1－8　コンプライアンス②（原因と対策）……………………… 37
1－9　監査と法務の位置付け ……………………………………… 42
1－10　衆議独裁 ……………………………………………………… 47
1－11　法と経営学の対話 …………………………………………… 52

【おまけ小説　法務の小枝ちゃん】第1章　基礎理論　57

第2章
ガバナンス

2－1　アメリカ型とヨーロッパ型 ………………………………… 62
2－2　社外取締役 …………………………………………………… 65
2－3　三様監査 ……………………………………………………… 70
2－4　第三者委員会 ………………………………………………… 75

ii　目　次

　2－5　内部通報制度 ……………………………………………… *80*
　2－6　誤訳の罪 …………………………………………………… *85*
　2－7　ガバナンス不全の背景① ………………………………… *90*
　2－8　ガバナンス不全の背景② ………………………………… *95*

　【おまけ小説　法務の小枝ちゃん】第2章　ガバナンス　*100*

第3章
内部統制の理論

　3－1　リスク対応とは何か …………………………………… *106*
　3－2　内部統制報告書の限界 ………………………………… *111*
　3－3　リスクアペタイト ……………………………………… *116*
　3－4　リスクセンサー機能 …………………………………… *121*
　3－5　リスクコントロール機能 ……………………………… *126*
　3－6　デュープロセス ………………………………………… *131*
　3－7　リスク統括部門 ………………………………………… *136*
　3－8　学習と成長 ……………………………………………… *141*

　【おまけ小説　法務の小枝ちゃん】第3章　内部統制の理論　*146*

第4章
内部統制の設計

　4－1　不祥事予防のプリンシパル …………………………… *150*
　4－2　COSOとPDCA ………………………………………… *155*
　4－3　実体法，手続法，組織法 ……………………………… *160*
　4－4　性悪説とロイヤルティ ………………………………… *165*
　4－5　PDCAおじさん ………………………………………… *170*

4－6	企業文化は変えられるのか……………………………… 175
4－7	隠蔽体質………………………………………………… 180
4－8	経営者を交代する……………………………………… 185
4－9	参謀，番頭，ジェネラルカウンセル………………… 190
4－10	相互牽制………………………………………………… 195
4－11	標 準 化………………………………………………… 200

【おまけ小説　法務の小枝ちゃん】第4章　内部統制の設計　205

第5章
内部統制の運用

5－1	儲かる仕事ほど危ない………………………………… 210
5－2	統合リスク管理とリスクマップ……………………… 215
5－3	リスク管理と見えざる資産…………………………… 220
5－4	人事施策………………………………………………… 225
5－5	企業保険の活用①（保険の必要性）………………… 230
5－6	企業保険の活用②（保険の検討過程）……………… 235
5－7	コミュニケーション…………………………………… 240
5－8	「1万円入ります」……………………………………… 245
5－9	落としどころを狙うな………………………………… 250
5－10	小事は大事……………………………………………… 255
5－11	コストカットによる体力低下………………………… 260
5－12	社員教育………………………………………………… 265

【おまけ小説　法務の小枝ちゃん】第5章　内部統制の運用　270

第6章
法務部門の運用

　　6－1　日の当たらない法務 ………………………………… *276*
　　6－2　キャリアパス ………………………………………… *281*
　　6－3　切り分けたピザかチーズか ………………………… *286*
　　6－4　実体法的な企業防衛 ………………………………… *291*
　　6－5　定　期　便 …………………………………………… *296*
　　6－6　契約書審査の工夫 …………………………………… *301*
　　6－7　人事部門との関わり ………………………………… *306*
　　6－8　事業分野の専門性 …………………………………… *311*

　　【おまけ小説　法務の小枝ちゃん】第6章　法務部門の運用　　*316*

第7章
関連会社の管理

　　7－1　内部統制型 …………………………………………… *320*
　　7－2　ガバナンス型 ………………………………………… *325*
　　7－3　アームズレングスルール …………………………… *330*
　　7－4　現地に与える権限，与えない権限 ………………… *335*
　　7－5　専門家のネットワーク ……………………………… *340*
　　7－6　デュアルラインを使いこなす ……………………… *345*
　　7－7　企業保険の活用③（保険規制の多様性とリスク）……… *350*
　　7－8　企業保険の活用④（国際企業保険）……………… *355*
　　7－9　「日本人を送り込むと業績が下がる」のはなぜか ……… *360*
　　7－10　政治リスクと為替リスク …………………………… *365*

　　【おまけ小説　法務の小枝ちゃん】第7章　関連会社の管理　　*370*

第1章

基礎理論

1-1 2つの会社組織論

<用語解説>
　会社組織論は，大きく分けると，株主と会社との関係を規律し，ガバナンスの実効性を問題にする「上の逆三角形」と，会社内部の体制を規律し，内部統制の実効性を問題にする「下の正三角形」がある。この両者の優劣を問題にするのではなく，統一的に把握することが肝要である。

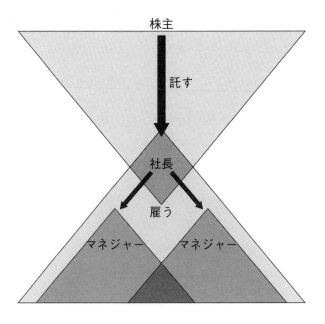

◆ 趣　旨

　かつて，民法では，法人擬制説や法人実在説が争われました。会社法では，役員の負う「忠実義務」について，これが善管注意義務と同質なのか異質なのかが争われました（同質説と異質説）(D1.6)。

　これらの議論ほど明確に議論が戦わされているわけではなく，議論自体がかみ合っていない状況にありますが，「会社組織はどうあるべきか」という「会社組織論」は，大きく整理すると，①「会社経営陣に対する」コントロールを重視した，「社外」からの「会社組織論」と，②「会社経営陣による」コントロールを重視した，「社内」の「会社組織論」に分類できます[1]。

　このような「会社組織論」の違いが，会社の在り方や，会社活動の在り方を考える際の重要なヒントになります。

◆ 検　討

1．はじめに

　ここでは，「会社組織論」の中身の議論に入る前に，最初に，「会社組織論」の「議論の在り方」を検討します。2つの三角形を持ち出したのは，議論を整理するためですが，このような「議論の在り方」，すなわち議論の方法論を提案する理由を，このトピックで説明します。

　さて，「会社組織論」と聞くと，「会社法」に基づく会社体制を連想する方も多いでしょう。

　例えば，会社が社会的な規範を守らない状況にある，つまり，会社の現場がコンプライアンスを軽視し，会社製品の品質を偽ったり，税務上不適切な処理をしたりしている，そのため会社が社会的に非難され，大変な苦境に陥ってしまった，という場合を考えてみましょう。

　そこでは，「会社のガバナンスが効いていない」「会社のステークホルダーの牽制が効いていない」などの指摘がなされます。株主が害されるのに，株主は

---

[1] ここでの「社外」「社内」は，会社法での「社外」「社内」ではなく，一般的な意味での「職場外」「職場内」に近い意味です。会社法だと，株主は「社員」ですが，一般的には，従業員が「社員」であって「社内」の人間であり，株主は「社外」の人であって，会社に対して「社外」から干渉してくる存在です。

それを知る由もなかった，せめて，監査役が知りうべきだったのに，監査役も蚊帳の外だった，公認会計士は何をしているのだ，第三者委員会を設置すべきだ，など，さまざまな問題が指摘されます。

そのうえで，監査等委員会設置会社にしてみてはどうか，株主代表訴訟を起こそうという動きがあるらしい，第三者委員会の人選が始まったようだ，などの対策が議論されます。

このような議論は，特に「社外」[2]のチェックが効くようにするための議論であり，「社外」からのコントロールに適した「会社組織論」なのです。

ところが，これだけではありません。

会社に勤務していると，「組織再編」と称して，例えば，営業1部と営業2部を統合した営業本部を設置する，人事部から経営企画部を独立させて社長直轄にする，総務部門の担当役員にIT部門も併せて所管させる，経理部を経理部と財務部に分割する，広報部から宣伝課を切り離して営業部の下に移す，などの動きに出会います。これらも，立派な「会社組織論」です。

すなわち，会社内部の役割分担をどのように整理すれば効率が良いのか，戦略的に重要な政策実現のために，予算と人員を，どこにどのように集中させるのが良いのか，などの検討がなされます。

このような議論は，特に「社内」のコントロールが効くようにするための議論であり，会社経営陣による「社内」コントロールに適した「会社組織論」なのです。

そのほかにも，例えばIT技術を駆使した，効率的で柔軟な会社組織の在り方が論じられることもあります。また，会社の業態や，監督官庁などの規制環境などに応じた会社組織の在り方が検討されることもあります。そして，このような議論も，広い意味で後者，すなわち「社内」コントロールの観点からの「会社組織論」と整理されます。

会社は，人間社会という環境の中で実在し，生存し，永続しようとする「生

---

2 会社法上，株主は，会社の実質的所有者であり「社外」の利害関係者と位置付けることに抵抗がありますが，実際に事業を営んでいる会社から見たら，特に公開会社の場合，その瞬間にたまたま株式を所有しているだけの者であり，会社経営に関与していない「他人」です。

命体」と見る方が，経済の動きや，経営の在り方を議論するうえで有効です。このように見ると，生命体である会社が，社会状況の変化や環境に適合した形態に変化していくのは当然のことです[3]。そのような日常的な変化は，それ独自の活動として検討されるべきなのです[4]。

　このように，「社外」「社内」の2つの「会社組織論」があり，両者にはどうやら違いがあるようだ，ということが分かります。

　この違いは，とりあえず「会社組織論」の目的から整理するとわかりやすいでしょう。

　すなわち，前者は「社外」からのコントロールに着目した「会社組織論」であり，後者は「社内」のコントロールに着目した「会社組織論」と整理できます。そして，この2つの視点の違いは，ルールの違いをもたらし，それに適した体制の在り方に大きな影響を与えることになるのです。

2．上の逆三角形

　ここで，冒頭の図を説明しましょう。詳細は，今後順次検討していきますので，ここでは概要だけを説明します。

　まず，「社外」からの「会社組織論」を図にすると，上半分の逆三角形になります。

　上の逆三角形は，典型的なステークホルダーである株主と経営者の関係を示します。

　上記の説明でも明らかになったように，会社の経営者に対し，株主などの「社外」のステークホルダーのコントロールが効いていないことが，ここでの主要な問題です。株主のコントロールの実効性を確保するため，会社法上，どのような組織体制が良いのか，実際，それらがどのように運用され，機能すべきか，などが議論されています。

---

[3]　いわゆる「法人実在説」ですが，法人本質論でどのような見解を取るかは別にして，「社内」の組織論，すなわち内部統制（下の正三角形）の在り方を検討する際，これを人体に例えると理解しやすいことが沢山あります。

[4]　この点は，会社経営の在り方を研究対象とする経営学の研究領域です。例えば『経営学入門』では，16章から19章にかけて「矛盾と発展のマネジメント」と位置付け，企業の変化の在り方について言及しています。

このように，上の逆三角形では，「社外」からのコントロールの在り方が議論されます。法的な問題としては，上の逆三角形の当事者関係を規律するのは主に会社法となりますから，会社法の領域での議論が重要なポイントになります。

3．下の正三角形

次に，冒頭の図の，下半分の正三角形の概要を説明しましょう。

下の正三角形は，社長と従業員の関係を示します。

上記の説明でも，会社の現場をどのようにコントロールすれば会社組織が効率的に機能するのか，という観点からの組織再編の問題を指摘しました。経営者がガバナンス上のミッションを果たすツールだからです。すなわち，「社内」のコントロールの実効性を高めることが主な問題でした。そのため，社長による現場のコントロールがどのように行われるべきか，が重要となります。

このように，下の正三角形では，「社内」のコントロールの在り方が議論されます。法的な問題に限って言えば，当事者関係を規律するのは主に労働法となりますから，労働法の領域での議論が重要なポイントになります。

4．おわりに

ところで，会社組織論に関し，「コンプライアンス」「(コーポレート) ガバナンス」「内部統制」など，区別しにくい概念が飛び交っています[C1.1, D1.5]。実際，概念の明確な定義はなさそうですので，上の逆三角形も，下の正三角形も，ともに「ガバナンス」の問題と定義し，呼称することも可能です。

けれども本書では，上の逆三角形を「ガバナンス」の問題，下の正三角形を「内部統制」の問題と位置付けて，議論を整理します。詳しくは，本書の中で徐々に明らかになっていきますが，このように定義する理由は，「社外」からのコントロールと「社内」のコントロールという視点から区別している上記説明からも，理解できます。

「ガバナンス」と「内部統制」のこのような区別は，混迷している議論を整理し，骨太な議論をするうえで非常に有用ですので，これから一緒に学んでいきましょう。

(久保利)

1-2 上の逆三角形①
（株主と経営者の関係）

<用語解説>
　2つの会社組織論を整理する場合，上の逆三角形にあたるガバナンスの問題は，株主と経営者の関係の問題として整理される。ここから，会社法上の諸制度の趣旨や背景が理解されるだけでなく，実務上の会社組織論を検討するうえでも，会社の本来の目的や会社組織の在り方，さらにはそれぞれの従業員の立場や役割が導かれる。

事例　司法研修所を卒業してすぐに社内弁護士となったAは，司法試験受験時代に会社法が得意科目だったこともあり，以前から，ガバナンス問題について敏感だった。
　法務部内の忘年会の席で，この年は日本企業の不祥事が多かったことが話題になったところ，Aは，株主代表訴訟制度の強化や，従業員代表者の取締役選任義務など，日本の会社法のあるべき姿について，滔々と持論を展開した。

◆ 対応例

　これを聞いていた法務部長Bは，Aに対し，「A君，君はとてもよく勉強していると思うし，アイディアも面白い。来年は，その成果を踏まえて，当社の株主対策の在り方を整理してみよう。」と話しました。
　Aは，「はい，しっかりとガバナンスの効いた体制を考えてみます。」と答えましたが，Bはニコニコしながら首を傾げています。「どうかな，経営の自由の確保と，経営へのコントロールという，矛盾する要請を，ちゃんと両立させるような制度設計をしてくれよ。」
　Aは，「そうですね，やりすぎはいけないですよね…」と答えたものの，いま一つ，腑に落ちていない様子です。

◆ 分　析

1．はじめに

　会社法も法律であり，対立する利害の調整を目的とします^(A1.6)。Aはそのうちの一方の利害だけを重視していますが，それでは，法律のことを正しく理解したことになりませんし，適切に法律を適用することができません。Aの発言の中の「やりすぎ」という表現からうかがえることは，どうやら他方の利益が存在することにうすうす気づいているが，では，実際に何が対立する利益であるのか，本当のところはよく分かっていない，ということです。

　B部長のコメントをヒントに，会社法が調整しようとしている様々な利害関係を理解するとともに，そこから，「会社組織論」に役立つ問題意識を炙り出しましょう。

2．対立する利害

　スペイン国王がコロンブスを雇ったような状況を考えれば[5]，株主も社長も人数が限られています。

　しかし，公開会社が発明されたのちの大規模な会社では，株主は数えきれない人数（少なくとも，潜在的には多数の株主になり得る構造となっている）になり，他方，社長は一人になります。

　しかも，上の逆三角形は，「所有と経営」を分離するために技術的人工的に作り出されたものです。

　株式会社制度が複式簿記制度と並んで経済史上の大発明と評価されるのは，「所有と経営」を分離する制度だからです。すなわち，経営の素人でありながら，資本を提供した「所有者」である株主が，資本を持たないが経営のセンスと意欲のある専門家として雇った「経営者」に対して資本を託す，という役割分担のルールを明確化することによって，事業の専門性・大規模性・永続性を獲得できるようになったのです。

---

[5]　コロンブスによる殺戮や強奪を美化するつもりはありません。あくまでも，所有と経営の分離を理解するための比喩です。なお，実際にコロンブスを強く支援したのは，女王のイザベル1世であり，夫のフェルナンド2世はあまり興味を示さなかったそうです。歴史上，この二人を合わせて，カトリック両王と称することがあります。

つまり，出資金額を上限とする責任しか負わない（株主有限責任の原則）ことにして出資者を集め，個人事業では考えられない規模の事業を行うことが可能になったのです。

けれども，話はそれほど単純ではありません。

そもそも，これだけの資本が与えられれば，神ならぬ人間ですので，何か悪いことを考える経営者が一定の確率で発生します。

したがって，一方で，株主による経営者の監視やコントロールが重要になってきます。

しかし他方で，経営者の言動に対し，株主の干渉する領域を広げていけばいくほど，結局，株主が自分で会社経営をすることと同じことになってしまいます。そうなってしまうと，「所有と経営」を分離しようとする株式会社制度の自滅です。見ず知らずの多くの投資家から多数の資本を集めて見ず知らずの経営者に託すること（事業の大規模性）など，できない相談となります。世界経済市場のプレーヤーの規模が小さくまとまってしまい，経済のダイナミックな発展が期待できなくなります。あるいは，会社はすべて個人事業と同じ状態となってしまい，永続性が失われ，貴重な技術やノウハウが短期間で消滅してしまう状況になります。

したがって，他方で，経営者の自由な経営活動の領域を確保することが重要になってきます。

このように見ると，相反する要求の姿が浮かび上がってきます。

すなわち，一方で，経営者の暴走を監視する（ガバナンス）ことも重要だが，他方で，経営者の自由な経営判断を阻害してもダメ（所有と経営の分離）である，ということがわかります。

この相反する要求が，会社法が調整しようとする「対立する利害」であり，上の逆三角形（ガバナンス）に内在する構造的な緊張のマグマ源なのです。

3．規範的ツール

会社制度自体が，この矛盾を調整する大掛かりな仕組みです。一対一の関係を規律する「契約法」的な規律ではなく，多くの利害関係者間の調整と，利益相反にある当事者間の調整を，集団的に規律する「組織法」なのです。

そして，会社を取り巻く環境は，地域や時代によってさまざまに変化しますから，会社制度もそれに応じて変化します。社会環境が変化しますから，これで完成ということはありませんし，社会環境の変化は特に最近その速度を増していますから，会社法の改正も頻度が上がっています。

けれども，この矛盾を調整する仕組みの基本部分は，それほど変化していません。

その中でも，時代を超えて一貫しているツールが，規範的ツールです。

一般に「会社組織論」というと，監査役会を設置するかどうか，など目に見える組織体制が中心となります。

けれども，本当に会社法をツールとして使いこなすためには，さまざまなルールの背景にある考え方（趣旨）や，関係者がどのような立場に立ち，どのような権限や責任を負うのか，という規範的ツールを理解することが重要です。この規範的ツールを肉付けしたものが，目に見える組織体制だからです。

ここでは，いくつかある重要な規範的ツールのうち，最も基本となる「ミッション」を確認しておきましょう。

4．ミッション

規範的ツールの1つが，株主の経営者に対するミッションです。

そこで，ここでは資本家と経営者の基本的な関係から考えることにします。すなわち，スペインの国王はコロンブスに対し，なぜ，莫大な資本を託したのでしょうか。

それは，「儲ける」ためです。

利益を上げよう，という人間の素朴な欲望を基本的なツールとして成立しているのが経済市場です（経済学）が，そこでの巨大なプレーヤーを作り上げるツールが会社制度です。ここでは，投資家の「儲けたい」という欲望をツールとします。すなわち，多くの投資家から多額の資本を集めて巨大なプレーヤーを作り出し，経済市場でのゲームを有利に進めよう，と考えるのです。

ですから，株主の経営者に対するミッションは非常にシンプルで，「儲ける」ことです。「所有と経営の分離」は，この「儲ける」という欲望を活用し，一方で多数の資本を集め，他方で有能な経営者に活躍の機会を与えるのです。そ

して，リスクを避けてばかりいては「儲ける」ことができませんから，経営者はリスクをとってチャレンジすることがその仕事になります。経営者がリスクを避けてばかりいる状態は，経営者の投資家に対する背信行為（不作為）とも評価されるのです[6]。

ただし，どんな手段を用いても構わない，というわけではありません。

会社は，一発勝負をするものではなく，永続的に市場で利益を上げなければなりません。すなわち，会社はプレーヤーとして市場に認められなければいけませんから，市場のルールを守ることが必要です（コンプライアンス）。儲けるためであれば市場のルールを無視した手段でも構わない，と開き直るのであれば，それは暴力団やマフィアですが，投資家はそのようなことを望んでいません（少なくとも，そのような要求を認めるわけにはいきません）。しかも，市場が成熟すればするほど，市場のルールを守らないプレーヤーの居場所は小さくなっていきます。

ですから，株主の経営者に対するミッションは，「適切に」「儲ける」ことです。この2つの単語が，株主と経営者の関係を規律する重要なキーワードとなります。

5．おわりに

上の逆三角形のうち，株主が「辺」なのは，株主が潜在的に多数になる構造だからです。すなわち，儲けたいという欲望によって集められた株主が，経営者の上に大きく横たわっているのです。

他方，「点」で示される経営者は，原則としてたった一人でこの株主の欲望に応えなければなりません。逆三角形は倒れやすく，構造的に不安定ですが，それは，会社制度自体が生来的構造的に有する不安定さを表しているのです。

さらに，この逆三角形の内部構造を理解する必要がありますが，その点は次項で検討しましょう。

（久保利）

---

[6] このことは，理屈だけでなく，経営学からも実証されています。例えば，『続不祥事』24講「『最高の総務課長』ではトップは務まらない」では，数多くの会社経営を分析してきた著者が，「総務課長」のようにチャレンジをしない経営者によって企業が沈没してしまう，と警告しています。

1-3 上の逆三角形②(逆三角形の中身)

<用語解説>
　上の逆三角形(ガバナンス)は，地域と時期に応じて様々に変化しており，その結晶である会社法も詳細を極めるが，下の正三角形(内部統制)の在り方を議論するためには，その中でも基本となる概念，すなわち「お金と人事」「忠実義務」を理解し，使いこなすことが重要である。

事例　社内弁護士Aは，法務部長Bの指示で，株主対策の在り方の整理に着手した。
　調べてみると，上場の際に，証券会社や信託会社のアドバイスに基づいて作成した，内部統制マニュアルや株主総会運営マニュアルはあるものの，経営陣が株主に対してどのような義務を負うのか，など，株主と経営者との関係に関するルールが存在しないことに気づいた。

◆対応例

　中間報告を聞いた法務部長Bは，Aに対し，「A君，君はとてもよく勉強していると思うし，着眼点も良い。そこで聞くのだが，君は，経営陣は株主に対して具体的にどのような義務を負うと考えているのかな。」と話ました。

　Aは，「はい，株主に代わって会社を経営する立場にあるのですから，株主であればこのような場合にはこのように判断する，という方針を，経営上直面する様々な場面ごとにしっかりとマニュアルに定めるべきだと思います。」と答えました。

　しかし，Bはニコニコしながら首を傾げています。「どうかな。経営者は株主の従業員ではなく，会社経営を「託された」立場にある。従業員の場合には経営判断の責任を負わせないが，経営者は経営判断をすること自体が仕事だ。従業員向けのマニュアルと根本的に違う発想で考えてくれよ。」

◆ 分 析

1. はじめに

　前のトピックでは，上の逆三角形（ガバナンス）に関し，なぜ株主側が「辺」であり，経営者側が「点」であるのか，を検討しました[D1.2]。

　多数の株主相互の関係も，株主と経営者の関係も，「儲けたい」という欲望によって結ばれています。

　しかし，欲望を剥き出しにすると利害対立が生じるだけですので，利害を上手に調整して，せっかく集められた資本と経営者を，経済市場の中で活躍できるようにしなければ意味がありません。

　そこで，どのように利害調整されるのか，という会社制度（ルール）の理解が重要となります。

　もちろん，ここは会社制度全般を検討する場ではありません。本書は，現実の「会社」がリスクにどのように対応すべきなのかを検討する場ですので，重要なことは，むしろ下の正三角形（内部統制）です。

　そこで，下の正三角形（内部統制）を理解するために重要な規範的ツールを中心に検討します。

　それは，下の正三角形（内部統制）の頂点でもある社長が，株主の負託を受けた経営者として，どのような立場にあるのか，という点です。これは，株主と経営者の関係から見た場合には，上の逆三角形（ガバナンス）の中身の問題です。

　上の逆三角形（ガバナンス）の基本となる規範的ツールのうち，残り2つを検討しましょう。

2. お金と人事

　まず，上の逆三角形（ガバナンス）と下の正三角形（内部統制）に共通する規範的ツールです。すなわち，株主が経営者をコントロールするにしろ，社長が従業員をコントロールするにしろ，共通するツールは何でしょうか。

　古今東西，様々な形態の組織や，様々な形態の人間関係が構築されていますが，上に立つ者が下に立つ者をコントロールするツールとして共通するものが，この「お金」と「人事」です。

まず、社長の立場に立ってみましょう（下の正三角形）。

従業員のやる気を引き出すためのツールは、給与やボーナスの金額を引き上げることと、社内での肩書を引き上げることです。

組織運営の観点から見ても、例えば、戦略的に重要なプロジェクトをやり遂げるためには、優秀な社員をプロジェクトに集め（人事）、たくさんの活動費を与えます（お金）。

次に、株主の立場に立ってみましょう（上の逆三角形）。

わかりやすい例は、株主総会の必要的決議事項です。株主の権限は、狭まったり広がったりと、時代や地域に応じて変化しますが、共通しているのは、経営者の選任解任（人事）に関する権限と、会社の予算決算（お金）に関する権限です。特に後者については、放っておくと株主は会社内でのお金の動きを全く知ることができませんので、公認会計士という社会的に信頼されうる専門家によるチェックを必要とすることで、コントロール可能な状況を作り出しているのです。

このように、「所有と経営の分離」により権限を大幅に経営者に与えているものの、お金と人事に関する権限だけは、最終的には株主が掌握しており、それが、株主の経営者に対するコントロールのツールとなっているのです。

3．忠実義務

次に、経営者の置かれた立場です。これは、上の逆三角形（ガバナンス）固有の問題です。

考えてみれば、大西洋の大海原にいるコロンブスを、スペイン国王はどのようにコントロールするのでしょうか。もちろん、通信技術がない時代です。きっと、主だったクルーについてスペイン国王が信認を与えたり、お金の使い方について帰国後厳格な検証を行ったり、報酬の相当な部分を成功報酬として帰国するまでお預けにしたりする、など、お金と人事によるコントロールがあったでしょうが、もっと心情的で規範的なツールもあったはずです。

すなわち、スペイン国王の目が届かないところにあっても、スペイン国王の信頼を裏切らない、という「約束」や「忠誠」「誓い」のようなものです。船乗りであったコロンブスが、中世の騎士道のような「忠誠」「誓い」によって

どこまで縛られていたのか，その心の内を知る由もありませんが，大西洋の大海原に送り出す人間に多額の投資をするのです。スペイン国王も，よほどコロンブスを信頼できなければそのような投資をするはずがありません。スペイン国王は，コロンブスを「忠誠」「誓い」のようなもので縛っていなければとても安心できなかったはずなのです。

そして，この「忠誠」「誓い」を現在の法制度に置き換えると，「忠実義務」になります。

この「忠実義務」を理解するために，下の正三角形（内部統制）の中に位置付けられる従業員の「注意義務」と比較してみます。特に，現場に近い従業員が実際に行う業務を想定してみましょう。すると，義務の内容が明確であることが理解できます。

すなわち，今日中に100通の郵便物のデータを入力する義務，今月中に100店の取引先を新規開拓する義務，などです。義務の内容が明確であるため，義務を果たしているかどうかの判断も比較的容易ですし，（現実的かどうかはともかく）場合によっては，裁判所による強制執行も可能となります。法的な概念としての「権利」に対応する「義務」としてみた場合，この従業員の注意義務は，権利と義務の対応関係を明確に想定できるという特色があります。

他方，コロンブスの場合はどうでしょうか。

スペイン国王からは，他の国がまだ知らないインドへの西回りの航路の開拓が指示されています。航路開拓が義務，と言えるでしょう。

ところが，例えば嵐に遭遇した時には海に向かって逃げるのか，近くの陸に向かうのか，などマニュアルのようなものがあったわけではありません。そこは，コロンブスや彼の雇った航海士の裁量です。航路開拓が義務，と言ったところで，その義務を遂行する具体的で，強制執行可能な方法はほとんど決めようもありません。義務という名前がついているものの，具体性がないのです。それは，託す側の株主が具体的に決めることができないからでもあります。

むしろ，中世の騎士と同様，あるいは信託法の基本となっている受託者の忠実義務と同様，国王や委託者に対する忠誠心です。この忠誠心は，さまざまな形態で現れてきますが，基本は，国王とコロンブスの利害が対立する局面で，国王の利害を優先しなければならない，という「自己犠牲」です。広範な裁量

権と莫大な資産を託されている以上，利益相反の場面では，自分の利益よりも委託者の利益を優先すべき立場にある，というのが「忠実義務」の基本です。

経営者は株主に対して，前項で検討したミッション（「適切に」「儲ける」業務）を遂行すべき立場にありますが[D1.2]，その際，経営者は自己犠牲を強いられるべき関係にあり，そのような関係を「忠実義務」という概念が表わしているのです。

4. おわりに

上の逆三角形（ガバナンス）に関する様々なツールは，前のトピックで示した「適切に」「儲ける」というミッションと，ここで示した2つの基本概念（お金と人事，忠実義務）によって整理し，理解できます。

さらに，本書の主眼である下の正三角形（内部統制）に関する会社組織論やプロセス，リスク対応の在り方，なども，経営者である社長の置かれた立場を前提にすることで理解できることが沢山あります。

会社法に関する詳細な理解は不要ですが，下の正三角形（内部統制）に関わってくる上の逆三角形（ガバナンス）に関する基本的な概念は，しっかりと使いこなせるようにしましょう。　　　　　　　　　　　　　　　（久保利）

1-4　下の正三角形(社長と従業員の関係)

> **＜用語解説＞**
> 　２つの会社組織論を整理する場合，下の正三角形にあたる内部統制の問題は，社長と従業員の間の関係の問題として整理される。ここから，実務上の会社組織論が具体的にイメージできるだけでなく，会社意思決定の在り方やリスク管理の方法なども検討できるようになり，会社組織の在り方，さらにはそれぞれの従業員の立場や役割りが導かれる。

> **事例**　法務部長Bから，株主対策の整理検討を指示された社内弁護士Aは，内部統制の在り方も調べ始めた。
> 　すると，株主対策は，経営の重要事項として経営企画室が所管しているのに対し，内部統制は，一部（年間経営計画の立案など）は経営企画室が所管するものの，肝心な部分（部門の設置や統廃合，人員配置など）は人事部が所管していることに気づいた。

◆ 対応例

　内部統制に関する権限を経営企画室に集中すべきではないか，というAの意見を聞いた人事部長Cは，Aに対し，「A君，君はとてもよく勉強していると思うし，着眼点も良い。そこで聞くのだが，君は，会社の従業員は会社経営者と同じ立場にあると考えているのかな？」と話しました。

　Aは，「はい，株主の付託に応えるという意味で，従業員は会社経営者の履行補助者のような立場に立ちますから，同じ立場にあると考えます。」と答えました。

　しかし，Bはニコニコしながら首を傾げています。「どうかな。一方で，従業員は労働法がその立場を守っているのに対して，経営者は誰も守ってくれない。他方で，経営者は経営方針を決定する大きな権限と大きな責任があるのに対して，従業員は経営者の指示することだけやれば良い。さらに従業員につい

ては，今の仕事が合わないから，と簡単に首にすることができず，むしろ，他に合う仕事がないだろうか，と気を使ってあげなければいけない。慎重に対処しなければならない従業員を，本当に経営企画室の連中が安全に適切に使いこなすことができるのかな？　従業員は，機械の部品じゃないんだよ。」

◆ 分　析

1. はじめに

　スペイン国王に雇われたコロンブスは，3艘の船と90人（120人説も）の乗組員で大西洋に乗り出しました。どこまでしっかりしたものかはわかりませんが，指揮系統もあり，それなりの「会社組織」もあったはずです。歴史上，陸が見つからず不安を覚えた船乗りたちの反乱もあったようですが，それでも新航路を開拓し，それなりの財産をスペインに持ち帰ったのですから，「チーム」コロンブスはちゃんと機能しました。

　つまり，1492年8月3日にスペインのパロス港を出港し，翌年の3月15日に同じ港に帰港するまでの間，スペイン国王の目の届かないところでも，コロンブスをリーダーとする「チーム」が組織として機能し，それなりの結果を出したのです[7]。

2. ミッション

　この，コロンブス船団の「内部統制」（下の正三角形）ですが，スペイン国王のコロンブスに対する「ガバナンス」（上の逆三角形）と対比して考えましょう。

　まず，「ミッション」です (D1.2)。

　スペイン国王がコロンブスに与えたミッションは，インド航路の開拓ですが，コロンブスの船乗りたちに対するミッションは，コロンブスの指示に従って船を操作することです。持ち場やステータスに応じて，具体的なミッションの内容は異なります（航海士と船大工のミッションなど）が，スペイン国王がコロ

---

[7]　その成果が高く評価され，半年後の同年9月には，17艘1,500人の大船団で植民地開拓のために再度出港しています。ここで，悪名高い殺戮が行われます。

ンブスに与えたミッションとは明らかに異なります。下の正三角形の中に納まってしまうものであり、最終的なボスも、スペイン国王ではなくコロンブスです。むしろ、スペイン国王に対するコロンブスの責任という観点から見れば、船乗りたちはコロンブスの履行補助者であり、法的にも物理的にも（同じ船で大西洋上に浮かぶことになるので）、コロンブスと一蓮托生です。

このように、「ミッション」を比較した場合、下の正三角形を構成する船乗りたちは、スペイン国王ではなくコロンブスをボスとしている点、特に大きな権限や裁量が与えられているわけではない点で、コロンブスのスペイン国王に対する立場と明らかに異なるのです。

3．お金と人事

この点は、上の逆三角形（ガバナンス）と下の正三角形（内部統制）の間で、基本的な発想は同じです。

すなわち、株主が、会社経営に関する予算決算と、経営者の選任解任の決定権限を有するように、社長は、従業員の給与などの処遇を決定し、従業員の業務内容を決定変更する人事権を有します[D1.3]。

コロンブスも、船乗りたちの給与を決定し、業務内容を決定する権限を駆使して、航海をやり遂げたはずです。

4．注意義務

ところが船乗りたちには、現在の法的立場に置き換えると、「忠実義務」ではなく「注意義務」が課されていました。

すなわち、スペイン国王との関係で広範な裁量権が与えられていたコロンブスと異なり、船乗りたちは、コロンブスの指示に従うという限定的な立場にあり、その結果、「忠実義務」ではなく「注意義務」を負っていた、と評価できるのです8[D1.3]。

5．労働法

このように見てみると、下の正三角形を規律しているのは、会社法ではなく労働法であることが理解できます。

まず労働法ですが，会社と個人との間の労働契約の集合で，他のサービス提供契約と比較した場合の特色は，会社側に大幅な「人事権」が帰属することにあります。単に一人ひとりのサービス提供がばらばらに存在するのではなく，使用者と労働者が一体となった「チーム」全体が一定の業務を行えることが重要な内容となりますので，使用者は労働者に対し，個人プレーではなく，「チーム」の一員としてのサービス提供を請求できます。一人ひとりに対して有する請求権を，会社側は束ねて有しますので，会社側は従業員全員に対して組織立てて行動するように命じることができるようになり，これが「人事権」になるのです。

この労働法の基本構造を前提に考えてみた場合，「お金と人事」で検討した人事権が，下の正三角形の基本となっていることが分かります。

つまり，人事権を有する会社側がこれを行使して，従業員に（個人プレーではなく）チームプレーをさせることによって，会社が「チーム」として機能することになり，「組織」が出来上がるのです。

船乗りたちの反乱に直面したコロンブスも，何とか難局を乗り切って新航路を発見しますが，そこには，従業員の管理に頭を悩ませる現在の経営者の苦悩が重なって見えてきませんか？

6．自由設計ゆえの難しさ

下の正三角形（内部統制）は，社長である経営者の株主に対するミッション，すなわち「適切に」「儲ける」ことを実行するための組織です。

したがって，労働法の制約（さらに，事業分野ごとに固有の制約）はあるものの，社長が自由に設計できます。多くの会社で，人事や財務，総務，法務な

8　しかも，現在の労使紛争のような事態まで生じました。陸が見えてこないことに不安を抱いた乗組員たちがスペインに帰国するようにコロンブスに迫り，3日以内に陸地が見つからなかったら帰国する，と譲歩する羽目になったのです。船乗りたちにとって，ボスの命令よりも自分の命の方が大事であり，「自己犠牲」（忠実義務）など関係なかったのでしょう。さすがのコロンブスも，大西洋の真ん中では，ボスの言うことを聞かないからといって簡単に解雇したり，海に放り出したりできなかったようです。なお，騒ぎのほうは，4日目の朝に流木が見つかった（陸地が近いことが証明された）ことによって，航海が継続されることになり収まりました。

どの管理部門と，営業部門など，役割に応じて部門を分け，それぞれの業務に専念させることで，専門性と永続性の両立を図っていますが，これも必須のものではありません。

例えば工場のライン制も，同じ製品だけを担当することで効率性が高まるという考え方が，長らく主流を占めてきました。人間も機械も，同じ作業を繰り返すことが効率的である，と考えられていたのです。

しかし，最近では違う考えもあります。さまざまな製品をラインで流し，少しずつ違う作業を行う方が，かえって効率が上がる，という考え方です。

下の正三角形（内部統制）も同じです。

上の逆三角形（ガバナンス）は，多くの利害関係者の利害調整のために，さまざまなルールが強行規定となっており，制度設計の制約が多くなっていますが，下の正三角形（内部統制）は，会社組織を会社が自由に定めることができるのです。

このことも，下の正三角形（内部統制）に関する会社組織論を難しくしている原因なのです。

7．おわりに

上場会社について，財務報告に関する内部統制の状況を監査法人が監査するようになりました(D3.2)。

しかし，内部統制はリスク管理であり，同時に経営活動です。財務上の数字で評価できるものではなく，むしろそのプロセスや組織が重要です。内部統制はチェックリストで点数がつけられるものではありません。

内部統制を，事後チェックと位置付けるだけでなく，むしろ適切な経営活動のためのツールとして活用しましょう。

（芦原）

1－5 ガバナンスと内部統制

＜用語解説＞
　他人を使う，という目的で共通するガバナンスと内部統制だが，両者には様々な違いが存在する。その背景には，使う者と使われる者の関係性の違いがあり，この違いを理解することが，両者を使いこなすために重要である。

事例　法務部長Ｂから，株主対策の整理検討を指示され，内部統制の在り方も調べ始めた社内弁護士のＡは，両者の違いを整理しようと思い立った。
　そこで，会社法の定めるガバナンス上の様々なツールやルールごとに，これに対応する内部統制上のツールやルールを対比させようと考え，対比表を作り始めた。

◆ 対応例

　Ａのパソコンの画面をのぞきながら話を聞いていた法務部長Ｂは，「なるほど，両者を対比するのは勉強になるね。違いを知れば，それぞれの使い方の違いも分かるからね。」と，Ａの着眼点を評価してくれました。
　「だけど，ガバナンスと内部統制の両方を使いこなすためには，両者の違いの根本的な理由も理解しなければいけないね。君は，両者の根本的な違いはどこにあると考えているのかな？」と話ました。
　Ａは，「ガバナンスには，会社法というしっかりとしたルールが整備されているのに対し，内部統制には，そのようなルールがありません。これは，立法の怠慢であり，早期に同じレベルのルールが整備されるべきであって，むしろ両者の違いを強調すべきではないと思います。」と答えました。しかし，Ｂはニコニコしながら首を傾げています。

◆ 分　析

1．はじめに

　「ガバナンス」と「内部統制」を厳密に区別しないで用いる場合もありますが，両者の違いを理解すると，さまざまな議論が整理され，とても便利です。

　そこで，手始めに「ラーメン屋」モデル（B1.1）で，両者の違いをイメージ的に確認しましょう。とても簡単です。

　最初は，開業資金などの問題もあり，屋台から開業します。

　屋台のラーメン屋も社会と接触がありますから，道路交通に関するルールや食品に関するルールなど，コンプライアンスは重要な問題です。

　しかし，一人で事業を行っており，誰かを指図するわけではありませんので，内部統制やガバナンスは問題になりません。

　さて，ラーメン屋に常連客もでき，準備したスープがいつも空になってしまいます。ご要望にお応えするために，店舗を構えることにしました。元気で明るいアルバイトも見つけました。常連客の一人が，ぜひお店を手伝いたい，と名乗り出てくれたのです。

　ここでも，コンプライアンスは重要な問題です。税金問題や，ごみ問題，雇用保険や社会保障，テナント契約，電気・ガス・水道など，社会との接触も大きくなってきます。

　さらに，内部統制が問題になります。アルバイトの店員が，ちゃんと，自分の理想とするラーメン店の一員として仕事をしてくれるように，接客の態度や気配りの仕方など，上手にコントロールしなければならないのです。

　ところが，この段階でもまだガバナンスは問題になりません。店長として自らコントロールしているからです。

　さて，熱心な店員が開発した新しいラーメンがインスタ映えすると評判になり，屋台時代の固定客を中心とする従前の顧客層に合わせて，顧客層に幅が出てきました。自分が夢を追いかけたように，熱心な店員にも夢を与えたいと思います。いよいよ多店舗化です。

　ここでも，コンプライアンスは重要な問題です。新しく店長となる部下には，お店経営に必要ないろいろな問題をちゃんと教えなければなりません。

　さらに，内部統制も問題になります。本店となる今のお店から，元気な社員

が何人か出ていきますから，新しい店員たちに，これまでどおりのクオリティーを維持してもらうために，基礎的な教育からやり直さなければなりません。

そして，ここからはガバナンスも問題になってきます。新しいお店は，新しい店長たちに全て任せようと思いますが，しかし，同じ名前のお店ですので，好き勝手にされても困ります。自由にやらせながら，しかし，同じお店として最低限のルールを守らせるための，これまでとは違うコントロール方法を考え出さなければならないのです。

「内部統制」と「ガバナンス」の違いをイメージできましたか？

2．共通点

ここで，これまで検討してきた「2つの三角形」モデル(D1.1・1.4)を使って，もう一度，両者の関係や違いを整理しましょう。

まず，両者の存在意義と両者の関係です。

このうち，内部統制（下の正三角形）は，コロンブスが船団を統率するためのツールです。すなわち，「社長が」コントロールするためのツールです。

これに対し，ガバナンス（上の逆三角形）は，スペイン国王がコロンブスを統率するためのツールです。すなわち「経営者を」コントロールするためのツールです。

このような存在意義から見ると，コロンブスがスペイン国王に対して負う「適切に」「儲ける」というミッション（目的）に対し，内部統制，ガバナンス両方とも，そのための「手段」と位置付けられます。すなわち，内部統制，ガバナンスは，共通の役割を担います。

そして，共通の役割を担うことから，両者の共通点も明らかになります。

すなわち，いずれも「人」「金」が重要なツールになっている点です。スペイン国王がコロンブスをコントロールするツールとしても，コロンブスが船員たちをコントロールするツールとしても，「人」「金」が基本です。選解任権（「人」）と報酬（「金」）で，他人をコントロールするのです。より経営的にみると，重要な戦略的課題に対して優秀な人材と予算を大量に投入する，などの戦略的なツールとしても重要です。

つまり，内部統制とガバナンスは，「いかに人を使うか」という視点で共通

するツールなのです。

3. 相違点

けれども,「適切に」「儲ける」という目的からもう一段具体化してみると,両者の違いが見えてきます。

すなわち,下の正三角形(内部統制)では,コロンブスは船員たちをチームとしてまとめ上げ,コロンブスの手足のように使いこなすことを目的としています。

他方,上の逆三角形(ガバナンス)では,スペイン国王はコロンブスの才能や運を買っているのであって,コロンブスにはむしろ広い裁量を与え(実際,大西洋上のコロンブスに命令を下すことはできません),手足のようにコロンブスを使うことを想定していません。

このように,上の逆三角形(ガバナンス)と下の正三角形(内部統制)では,コントロールする者とされる者の関係が異なります。この違いが,ガバナンスと内部統制の違いの基本となります。

例えば,下の正三角形(内部統制)では,従業員は簡単に解雇されません。

日本では,解雇権濫用法理が適用されます。コロンブスも,船員たちが団結してスペインに引き返すよう求める交渉に応じざるを得なかった,と言われます[D1.4]。その代わり,社長は従業員に対し指揮命令権を有し,詳細な業務指示を出すことが可能です。

他方,上の逆三角形(ガバナンス)では,経営者を簡単に解雇できます。

すなわち,信託者である株主は,経営の内容に口を挟めません(所有と経営の分離)が,その代わり,経営者を自由に解任することが可能です。自由にさせる代わりに,厳しく評価する,というのが,ガバナンスの基本的なイメージとなります。

そして,制度設計の自由度も,大きく異なります。

すなわち,内部統制(下の正三角形)は,組織設計が自由です。

例えば必ず人事部を作らなければならない,というような強行規範はありません。

他方,ガバナンス(上の逆三角形)では,組織設計の自由度が下がります。

すなわち，株式会社であれば会社法の定める機関を設置しなければなりません。会社法では，株主と経営者の利害対立が明確であり，さらに多数の利害の異なる株主が関わってくるのに対し，下の正三角形では，社長の株主に対する負託に応えることが目的であり，従業員の生活が保障されれば，それ以上に調整が必要となる重大な利害対立は存在しないのです。

実体法と同様，組織法も，対立する利害を調整するためのツールですが，ガバナンスと内部統制の違いは，利害調整すべき対立利益の違いが原因となっているのです。

さらに，両者の行動原理が違います。

ガバナンス（上の逆三角形）では，特に多数の株主が投資のために株式を保有する場合には，「経済学」やこれに関わる投資行動論が，その行動（株式の売買や議決権の行使など）を研究対象とします。すなわち，行動原理は「経済学」で明らかにされます。

他方，内部統制（下の正三角形）では，組織経営の在り方は「経営学」が研究対象とします。すなわち，行動原理は「経営学」で明らかにされます。

両者は，市場に関わる点で共通しますが，研究対象の違いから，研究手法や導かれる理論の内容に違いがあるのです[9]。

4．おわりに

書店に行けば，ガバナンス（上の逆三角形）に関する書籍は沢山あります。

しかし，内部統制（下の正三角形）に関する書籍の数は非常に限られています。せいぜい，COSOやPDCAを導入する方法論を論じている程度であって，損失回避の場面だけでなく，日常的な経営に組み込まれるべきプロセスや体制を検討しているものは，ほとんど見当たりません。

この両者に適切に目配りできるようになることを，本書は目指します。

(芦原)

---

[9] 例えば，経営者は経済学の基本中のキである「神の手」に支配されることを，生理的に受け付けません（D5.1）。また，内部統制（下の正三角形）では，組織設計や経営資源の配分について，「神の見えざる手」ではなく，人為的な「経営者の見える手」による配分が必要と分析されます（『経営学入門』266頁，534頁）。

1-6 忠実義務と善管注意義務

> **＜用語解説＞**
> 　上の三角形の話に出てきた経営者の「忠実義務」は会社法355条に定められているが，その一方で，民法の委任契約に関する644条には「善良なる管理者の注意義務（善管注意義務）」という用語が出てくる。そのため両者の関係については，古くから議論がある。

> **事　例**　法務部長Ｂから，株主対策の整理検討を指示された社内弁護士のＡは，ようやく上の三角形と下の三角形の違いが理解できるようになったが，上の三角形のキーワードであった「忠実義務」を調べてみると，「善管注意義務」との関係を整理する必要があることに気づいた。

◆ 対応例

　Ａは，会社の経営者（取締役）が負っている義務（忠実義務）が，従業員が働く現場で負っている注意義務とは本質的に違っていることを理解しましたが，法務部長Ｂから「経営者の負っている義務については『善管注意義務』という用語もあるよね。」と言われ，はたと困ってしまいました。そこで，データベースで判例を調べてみると，忠実義務は善管注意義務を「一層明確にしたにとどまる」のであって「別個の，高度な義務を規定したもの」ではないという最高裁判所の判決が見つかりました（最判昭和45・6・24民集24巻6号625頁）。
　しかし，Ａにはどうも腑に落ちません。そこで，忠実義務の発祥の地であるアメリカの議論を調べてみることにしました。

◆ 分　析

1．善管注意義務とは
　取締役と従業員の義務の違いは，それぞれが会社と締結している契約の違いから生まれます。従業員が結んでいるのは雇用契約（労働契約）ですので，上

司の指揮命令に従いながら仕事を進めることが契約の内容になっています。それに対し，経営者（取締役）が結んでいるのは委任契約です。委任契約というのは，仕事を任せる人（委任者）が任される人（受任者）の能力を信頼し，幅広い裁量を与えることによって，受任者の判断で仕事を進めてもらうものです。

　こうした委任契約は，例えば医者に治療をお願いする場合や弁護士に訴訟を依頼するような場合にも結ばれます。これらのケースに共通しているのは，具体的にどのように仕事を進めるのかは受任者が決めるという点と，結果が期待どおりにいかなくても（例えば，患者が死亡したり，訴訟に負けたりしても），直ちに責任を負うものではないという点です。

　例えば，大工さんに家を建ててもらう契約は請負契約と言います。この場合も，注文した人は，請負人である大工さんの腕を信頼し，幅広い裁量を与えますので，具体的な作業の進め方は請負人が決めることになります。しかし，請負契約の場合は，約束した仕事を期待通りに完成させなければなりません。つまり，一生懸命頑張りましたが，家は建ちませんでしたというのは許されないわけです。その意味で，請負契約の場合は，責任を負うかどうかが分かりやすいと言うことができます。

　では，委任契約の場合，受任者はどのような場合に責任を負うことになるのでしょうか。それは，期待どおりの結果を出せなかったことではなく，仕事のプロセスにおいて十分な注意を尽くさなかった場合ということになります。

　問題は，その注意の程度です。抽象的には，平均以上の注意を尽くす必要があると言えますが，平均と言っても誰の平均かによって程度は変わってきます。仮に今，道端で急に人が倒れたとしましょう。あいにくの雨で，このままだとずぶぬれになるので，付近にいた人が，救急車の到着を待つ間に，近くのガレージまでその人を運んだとします。良かれと思って運んだのですが，実は動かしてはいけない症状だったため，この移動が仇になり死亡してしまった場合，患者をガレージに動かした人は責任を負うのでしょうか。医学の知識のない一般人であれば仕方がないと言えそうですが，これが医者のグループだったとすれば，責任問題に発展する可能性があります。この違いを上手く表現しているのが，「善良なる管理者の注意義務（善管注意義務）」なのです。

　考え方としては，同じ地位や同じ状況にある人々を管理者としてグルーピン

グした上で，その者たちに通常期待される程度の注意（つまり，平均以上の注意）を果たした人を「善良な管理者」とみるわけです。経営者に即して言えば，その状況の下で，善良な（平均以上の）経営者であればどの程度の注意を果たすべきだったのかを想定し，それを満たしていれば責任を負わないと考えるわけです。経営者というグループの平均を基準としますので，経営の素人である一般人よりは，高度な注意義務が求められます。最近は，銀行の経営者については，一般の経営者よりも高度な注意義務を負うという考え方も出てきていますが，これは，グルーピングの単位を経営者全般と考えるのではなく，銀行の経営者とか，製薬メーカーの経営者など職種ごとに細分化すれば，自ずと平均値が変わってくるということを意味していると言えるでしょう。

2．忠実義務との関係

　では，こうした「善管注意義務」と「忠実義務」はどのような関係にあると考えれば良いのでしょうか。

　一般に，忠実義務とは，会社と経営者または第三者の利害が対立する場面では，自己または第三者の利益を優先してはならない義務と理解されます。

　経営者の行動は，会社と利害対立の可能性があるものと，ないものとに分けることができます。経営者自身が会社と取引する場面や，会社のビジネスチャンスを奪う可能性がある場面などは，会社と経営者の間に利害対立が生まれますが，会社の儲けを目指してビジネスを進める場面では，基本的に両者の利害は一致しています。

　もちろん経営者は，利害対立があるかどうかにかかわらず，善管注意義務を負うことになりますが，利害関係がある場面では，自己または第三者の利益を会社（ひいては株主）の利益に優先させてはならないといった義務が重要になってきます。これを会社法では，特に忠実義務と呼びます。

　この忠実義務に違反した場合の効果が，善管注意義務に違反した場合と異ならないのであれば，忠実義務は善管注意義務の一種と位置付けることができます。わが国では，このような観点から，両者を同質のものと位置付けるのが伝統的な考え方になっています。

3．アメリカでの議論

それに対し，アメリカ法では，善管注意義務（duty of care）と忠実義務（duty of loyalty；fiduciary duty）は性質の異なる義務として理解するのが一般的です。その背景には，善管注意義務がコモンローの世界で構築された概念であるのに対し，忠実義務は，エクイティー裁判所が発展させた信託の世界で生まれてきた概念だったからです。その結果，それぞれの要件や違反した場合の効果に違いが生まれ，忠実義務違反の場合には，無過失で責任を負うと同時に，違反によって得た利益はすべて吐き出させるといった考え方が生まれました。

他方において，善管注意義務については，会社法が州ごとに異なることを背景として，ルールを甘くすることで登録免許税を稼ごうとする各州の思惑が生まれ，いわゆる「経営判断の原則」の発展により経営者の責任は軽減される傾向を持つようになりました。

そのため，アメリカでは，善管注意義務と忠実義務は異質なものとして捉えられています。具体的には，経営者の責任が問題となる場面では，まず忠実義務に違反していないかどうかが吟味され，その違反が認められれば厳格な責任を負わされるのに対し，忠実義務に違反していなければ，「経営判断の原則」によって，経営者は，その判断が著しく不合理でない限り責任を負わないことになります。また，アメリカ法における忠実義務は信託の法理に由来しているため，直接の契約関係を持たない株主に対しても，信認関係に基づいて，経営者は忠実義務を負うと考えられています。

4．日本法における議論の実益

株式会社において忠実義務が現れる場面としては，競業避止義務（356条1項1号）と利益相反取引（356条1項2号・3号）を上げることができます。いずれの行為も，経営者がその地位を利用することで，会社の利益を犠牲にし，自己または第三者の利益を図る構造的な危険性を持っていますので，原則としてそれを禁止し，会社（株主総会または取締役会）の承認を求める方策がとられています。さらに，これらの制度に関する条文を深く読んでみると，会社の承認を得ないで競業行為を行った場合には，経営者が負担すべき損害賠償の額

は、「それによって取締役が得た利益」と同額であると推定されることになっています。経営者が競業避止義務に違反した場合に、会社が被る損害額を証明することは難しいため、推定規定を置くことの趣旨は理解できます。けれども、この種の推定規定は、近い数字になる蓋然性の高いものを利用するのが通常であるにもかかわらず、会社の損害とイコールとなる可能性に乏しい「取締役が得た利益」を損害と推定する点で不可思議と言えます。しかし、経営者の側が反証を挙げにくいことからすれば、事実上この推定規定は、忠実義務に違反して得た利益をすべて吐き出させることによって、やり得を防ごうとしていることに気づきます。つまり、ここにはアメリカ流の「忠実義務」の考え方が潜んでいることになります。また、利益相反取引のうち、会社との利害対立が起こりやすい自己のためにする直接取引については、会社法は、それを行った経営者に無過失責任を負わせることにしています（428条）。ここにも厳格な責任を負わせようとする忠実義務の考え方が見え隠れしています。

5. 具体的問題

単に善管注意義務だけではなく忠実義務にも違反すると考えられる事例としては、退任して自ら事業を営むことを計画している取締役が、在任中に、部下である従業員等に対し、一緒に退職して移籍するよう勧誘する行為（いわゆる引き抜き）があります。このような行為は一切許されないのか、それとも、取締役と従業員との関係や勧誘に至った経緯などを総合的に判断した上で不当な勧誘だけを禁止すれば足りるのかについては、意見が分かれています。

また、会社の事業の部類に属する取引ではないものの、会社にとって有益なチャンスが提供された場合に、取締役が自己または第三者の利益の為にそのチャンスを奪うことは許されるかといった問題もあります。

これらの行為は、単に注意義務に違反した場合よりも悪質であって、厳しく抑制しなければならないと考えるのであれば、たとえ無過失であったとしても責任を負わせるとともに、その行為によって取締役が得た利益はすべて吐き出させるといった政策をとることも可能です。しかし、現在のところ、そのような見解は少数説にとどまります。

(野村)

1-7 コンプライアンス①
（日本産業の劣化）

＜用語解説＞
　コンプライアンスが叫ばれて久しいものの，日本産業界では，相変わらずコンプライアンス違反とされる不祥事が絶えない。最近では，自ら約束したことを守らなくても，法令に違反していないからコンプライアンス違反ではない，と開き直る企業も見受けられる。

事例　法務部長Bから，株主対策の整理検討を指示された社内弁護士のAは，コンプライアンスの在り方も整理しようと思い立った。
　そこで，会社の事業に関係のある全ての法令を洗い出し，コンプライアンスマニュアルを作ろう，というプランを，Bに相談した。

◆ 対応例

　Aの机に積み上げられた，様々なコンプライアンス関連の書籍を眺めながら話を聞いていた法務部長Bは，「なるほど，まずは会社の置かれた状況を知ることにもなるから，関係法令を整理するのは勉強になるね。」と，Aの着眼点を評価してくれました。

　「けれども，コンプライアンスマニュアルを作ることで，本当に企業体質が強化されるかな？　かえって，マニュアル頼みになって現場の判断力が低下したり，マニュアルに書かれていなければ何をしても良い，となって統制が効かなくなったりしないかな？」と話ました。

◆ 分析

1. はじめに

　企業不祥事が絶えません。日本産業界の劣化が懸念されます。
　本来「コンプライアンス」という概念は，企業体質を強くして，企業が国際的な競争の中で生き残るために導入されたはずです。

しかし「コンプライアンス」は、未だに誤解されています。表面的なコンプライアンスによって、かえって企業不祥事が深刻になっている事例が絶えません。

コンプライアンス対応も、ビジネス上のリスク対応と同様、会社全体が取り組むものです。本書ではコンプライアンス自体を特に取り上げて検討することはせず、リスク対応の問題として検討しますが、その前に、誤ったコンプライアンスの使い方だけは、正しておきたいと思います。

そこで、まずは最近目立つ「偽装」「隠蔽」に関する企業不祥事の実例を確認しましょう。

2．神戸製鋼グループ事件

神戸製鋼所は、元役員の総会屋への利益供与事件などを受けて、2000年6月に法令や社会規範などを遵守するため、企業倫理要綱を策定しました。

しかし、2006年5月には、グループ会社で、大気汚染防止法の基準値を超える窒素酸化物と硫黄酸化物を輩出しながら、地元自治体に提出するデータを改竄するなどして隠蔽する不正が発覚しました。

さらに、2008年6月には、子会社で、JIS規格で定められた試験を実施せずに鋼材を出荷していた事実が判明しました。

さらに、2016年6月には、グループ会社が、ばねの鋼材強度の試験値を改竄しました。これは、検査証明書のデータ改竄や捏造であり、法的には、神戸製鋼が顧客企業との間で交わした契約上の品質や、それを確認する工程を満たさなかったことを意味します。

この結果、神戸製鋼はJIS認証を取り消されました。さらに、米国司法省からは罰則付きの召喚状（サピーナ）が届き、カナダではクラスアクションが開始されると報道されているだけでなく、神戸製鋼の製品を利用した最終製品のリコールなどが懸念され、損害がどこまで拡大するのか見通しが立っていません。

そのような中、記者会見で副社長が、冒頭の＜用語解説＞で引用したような、「（社内基準違反は）法令違反ではないからコンプライアンス違反とは言えない」と釈明したことが注目され、非難の対象となっています。

3．日産事件

　日産では、38年前から無資格検査が常態化していたことが、2017年10月に明らかになりました。これは、ブレーキ性能や排ガス量などが基準を満たしているかどうかを確認する検査（完成車検査）について、実際には完成車検査の資格を持たない補助検査員に検査工程を担当させ、正規資格者の印鑑を偽造させていたものです。

　特に問題とされているのが、問題発覚の社長による記者会見が9月30日に行われた後も、無資格者による検査が引き続き行われていた点です。

　この結果、ISO認定の取り消し、120万台のリコール、公表利益見込みの400億円下方修正、国交省による無期限の検査体制の監視、など、非常に厳しい状況に追い込まれています。

4．スバル事件

　スバルでも同様に、30年前から無資格検査が行われていたことが、2017年10月に明らかになりました。ここでは、国交省に届け出た社内規定上は、社内試験に合格した従業員による完成車検査を約束していたにも関わらず、社内の運用ルールでは、完成検査員資格を取るための研修中の従業員もそれを可能とする内容となっており、構造的にギャップがあったのです。

　この結果、40万台のリコール、200億円のリコール対策による減益見込み、など、非常に厳しい状況に追い込まれているだけでなく、本稿脱稿時点（2018年11月）時点でも新たな偽装が発覚しており、問題の根深さが明らかとなりました。

5．三菱マテリアルグループ事件

　三菱マテリアルの子会社2社で、2017年11月、検査記録データ書き換えなどにより、顧客の規格値や社内仕様値を逸脱した製品を出荷したことが明らかになりました。

　これは、契約上の性能を満たさない製品について、顧客の許可を得たうえで行う「特別採用」「特採」を悪用したもので、顧客の許可を得ていない以上、顧客との契約における債務不履行に該当するはずです。

6．東レグループ事件

　東レの子会社で，同社製品（補強材など）の検査データの改竄が明らかになりました。

　ここでは，経団連会長だった榊原氏の社長会長時代にデータ改竄が行われていたことが，特に話題となっています。

7．東洋ゴム事件

　東洋ゴムでは，2015年に免震ゴムの検査データ改竄が明らかになりました。

　ここでは，社外調査チームが実態調査を行い，報告書を提出したにも関わらず，大阪地検特捜部などの刑事捜査が行われ，子会社に1,000万円の罰金が科されたこと，累計の特別損失額が1,134億円にものぼったこと，などが注目されます。

8．くい打ちデータ偽装事件（旭化成建材等）

　三井不動産グループが販売した大型マンションで，地盤調査や工事データの捏造により基礎が歪み，マンションが傾く事件が発生し，マンションの全面建て替えという事態に発展しました。

　ここでは，複雑なジョイントベンチャーにより，マンションの売り主・元請け・一次下請け・現場施工会社・その親会社のどこにいかなる責任があるのかいまだに不明である中，2017年12月に，三井不動産レジデンシャルが，施工に関わった3社に対して，総額459億円の損害賠償請求訴訟を提起している点が，注目されます。

9．商工中金事件

　商工中金では，民間の金融機関にはない「危機対応融資」の融資先を増やすために，融資先の財務状況を実態以上に劣悪に装う「逆粉飾」が，全国で広く行われており，結果的には100店舗のほぼ全てで不正融資が行われ，合計4,802件，2,646億円にものぼりました。

10. おわりに

　日本には，昔から，「他山の石」という言葉に象徴されるように，他人の失敗も謙虚に受け止め，自分自身の向上に生かしていくという文化があったはずです。

　特に，品質偽装問題については，不二家事件が教訓になったはずです。

　これは，健康に影響がないレベルの社内ルール違反の牛乳の使用でした。お腹をこわす，などの物理的な被害は全く生じなかったのですが，消費期限切れと誤解した消費者やマスコミの非難によって，倒産の危機に追い込まれてしまったのです。

　ところが，日本の多くの会社経営者は，この事件から大事なことを学べませんでした。法令違反でなくても，消費者やマスコミに信頼されなければ会社が倒産してしまう，という強烈な教訓を不二家事件から学ばなければならなかったにもかかわらず，同様の問題が後を絶ちません。

　日本品質，などと威張っていられる状況ではありません。極めて深刻な事態です。その原因究明と対策の立案が，日本経済界に与えられた重大な課題です。

　そこで，その原因の1つとして考えられるのが，誤った「コンプライアンス」が良い意味の「職人気質」を破壊したのではないか，という点です。すなわち，誰が気づかないところでも丁寧な仕事をする，という風土が崩壊し，バレなければ，法令違反ぎりぎりの仕事で十分，という雑な風土が出来上がってしまったのです。

　この結果，「コンプライアンス」概念が有する意味のうちの「独善的」「閉鎖的」な面だけが残ってしまい，「他山の石」を実践できない状況が作り出されたように見受けられます。

　誠実であり，仕事そのものに誇りを持っていた，良い意味の「職人気質」を日本産業界が取り戻すためにも，正しい「コンプライアンス」の理解が重要になります。そのため，次のトピックで，正しい「コンプライアンス」について検討しましょう。

（久保利）

1-8 コンプライアンス② (原因と対策)

> **<用語解説>**
> 法令遵守と訳されることが多いが，これは不適切な訳語であり，表面的な対応で問題を隠し，仕事へのこだわりを消失させる状況を作り出している。「社会適合」など，経営の本質にかかわる用語が用いられるべきである。

事例　法務部長Bから，株主対策の整理検討を指示された社内弁護士のAは，コンプライアンスの在り方も整理しようと思い立った。
　そこで，コンプライアンス違反とされる不祥事例を集めたところ，そのあまりの多さにびっくりしたAは，どこから手を付けるか，Bに相談した。

◆ 対応例

Aの机に積み上げられた，経済雑誌や経済新聞の山を眺めながら話を聞いていた法務部長Bは，「なるほど，まずは事例から研究するのは，問題意識が具体的になるから良いね。」と，Aの着眼点を評価してくれました。

「1つの方法は，いろいろな論評や，多くの会社が公表している第三者委員会の報告書による原因分析や再発防止策を整理してみるといいね。ほかにも，せっかくガバナンス（上の逆三角形）や内部統制（下の正三角形）を理解し始めたのだから，本質的な問題点も考えてみよう。」と話しました。

◆ 分析

1. はじめに

ごく最近の事例に限っても，直前のトピックで検討したように数多くの企業不祥事があります^(D1.7)。

しかし，コンプライアンスは，「適切に」「儲ける」という経営者のミッションを遂行するうえで不可欠の要素です。企業が社会に受け入れられなければ，

企業は社会活動もままならず,「儲ける」ことなどできないからです(D1.2)。ですから,簡単にコンプライアンス違反が発生してはおかしいのです。

それでも,コンプライアンス違反が多く発生している理由は何でしょうか。

2.「法令遵守」は誤り

まず,「法令遵守」という訳語が誤っています。

「法令遵守」という訳語は,どこがどのように誤っているのか,の検討が必要です。

その1つ目は,法令が常に時代遅れである,という構造的な問題です。

読者の中には,法令が最先端,と思っている方もいるでしょう。実際,政策的な要素の強い法令の中には,そのような法令も稀に存在します。

しかし,ほとんどすべての法令は,時代遅れです。

それは,法令は何か必要があってから初めて作られるからです。

すなわち,法令を作るには「立法事実」が必要です。法令による厳しいルールを作るには,実際にトラブルが多発している場合など,それなりの社会的必要性が存在しなければ納得されません。そのようなルールの必要性を「立法事実」と言いますが,考えてみると,立法事実がある状態は,社会の要請から見たら,既に随分と後手に回っています。誰かが,将来の問題を予想していても,実際にそれが相当数確認されなければ,「立法事実」が存在すると認めてもらえず,法令化がなされないのです。

これに対し,立法後,状況変化に先んじて法改正すればいいじゃないか,という疑問が生じるかもしれません。

しかし,法改正されるとしても,根本的には解消されません。法改正にも「立法事実」が必要だからです。

このことから,「法令遵守」という考え方は,構造的に,時代遅れとなることが宿命づけられている考え方なのです。

2つ目は,開き直りの口実になる点です。

法令は社会の最低限のルールですので,「適切に」事業を行うためには,最低限,法令を遵守する必要があります。

けれども,これはあくまでも「最低限」です。

ここで特に注目したいのは，コンプライアンスは法令遵守であり，法令さえ守れば良いのだ，という論理です。神戸製鋼の副社長の発言(D1.7)です。

すなわち，本来はコンプライアンスの最低限の条件の1つでしかなかった法令遵守が，いつの間にかコンプライアンスと同等の意味を有し，さらに，コンプライアンスは法令遵守のためのツールである，という倒錯した理解につながります。この，法令にさえ違反しなければ構わない，という開き直りが，業務品質を落とす口実となり，見えないところはどうでも構わない，という隠蔽体質につながるのです。

見えないところでも丁寧な仕事をする，という職人的で，日本の産業の強みだった長所は，コンプライアンスは法令遵守，という誤った理解によって，少しずつ蝕まれてきました。つまり，コンプライアンスは法令遵守，という理解が，企業体質を強くするどころか，企業体質を弱くする隙を与えているのです。

3．正しい理解

コンプライアンスを正しく理解するポイントを確認しましょう。

1つ目は，誤った理解の裏返しです。

すなわち，法令遵守はコンプライアンスの一要素ではあるが，その全てではない，という点です。法令遵守だけでなく，より高いレベルを目指さなければならないのです。

2つ目は，法令遵守を超える部分の理解です。法令を超えるレベルを目指すと言っても，一体，何をすれば良いのでしょうか

その手掛かりとして，complianceの語源を確認します。

compliance は complyの名詞形ですが，これは，complete（完全な）＋apply（提供する）が合体した言葉と言われています。「完全なものを提供する」という意味であり，①違法という意味は含まれていません。また，②法令遵守でイメージするような受動的なベクトルではなく，むしろ能動的に働きかけていくという意味で，ベクトルとして逆向きの方向性を有しています。

すなわち，complianceは，職人的な完全な仕事を社会に提供し，「社会の一員として認めてもらえるように」，自ら社会に対して働きかける（アピールする→applyにつながる）ことを内容にします。この意味で，IRやCSRと同様，

企業の積極的な活動が必要な概念と理解すべきなのです。

　このことから，complianceは，「法令遵守」ではなく「社会適合」等のように，会社と社会の関係性やベクトルを包含した言葉に訳されるべきなのです。

　3つ目は，機能です。

　コンプライアンスを，法令遵守以上のレベルで理解すると，①会社と社会のギャップを積極的に理解し，克服しよう，という行動につながります。社会に受容してもらおうとなれば，社会の常識と会社内の非常識のギャップを積極的に埋めよう，社会に認めてもらえるようにより高いレベルの仕事をしよう，という意識につながるのです。

　また，②隠蔽体質も改善されます。透明化の進んだ現代社会では，不透明な企業は「怪しい」企業であり，社会が存在を許しません[10]。このような認識が，開示に耐えられる透明なプロセスや企業文化につながるのです。

4．Be Gentlemen!

　このように整理すると，コンプライアンスという言葉は，プライドや誇り，インテグリティなどの言葉と同じであることに気づきます。

　たとえば，クラーク博士が作成した札幌農学校の校則は，たった1行，Be Gentlemen! だけだったそうです。

　すなわち，校則や規則，マニュアルなどを細かく決めていけばいくほど，生徒は自然と受け身になってしまいます。さらに，マニュアルに書いていないからいいじゃないか，と開き直った言動を許してしまいます。このことがさらにルールが細かくなっていく原因となり，悪循環に陥ってしまいます。

　そして細かなルールと，それを守らせようとする他律的受動的な停滞した雰囲気が形成されてしまうのです。

　けれども，Be Gentlemen! は，生徒にその内容を白紙委任しています。

　生徒は，自分で判断しなければなりません。誇り高きGentlemenとは何かについて，社会の変化や置かれた状況の違いに応じて，柔軟に考え，自分で結論

---

[10] 例えば不二家事件では，食品の品質自体には問題がなかったにもかかわらず，多くの取引機会を失い，倒産の危機を迎えたと言われています（D1.7）。

を出すことにつながります。

これにより，自分自身と社会との関係を自分自身で認識し，自律的に働きかけていく，活動的な雰囲気が形成されていきます。

complianceという言葉も，本来は札幌農学校の校則のような機能を果たすことが期待されていたはずなのです。

5．おわりに

コンプライアンス対応とリスク対応の関係も確認しておきましょう。

謝罪と釈明の記者会見で，「あってはならないことが起こりました」と発言する場合がありますが，この発言は決して好ましくありません。すなわち，「あってはならない」と言ってはならないのです。

というのは，ミスをミスとして認めて，受け入れなければ，万が一ミスが起こった場合，それを隠そうとしてしまうからです[11]。もちろん，会社をつぶすような重大なコンプライアンス違反は許されませんが，神ならぬ人間です。多くの場面で，人間がミスを犯すことは，一定割合でやむを得ないことを前提に，それを減らす工夫をすべきなのです。

このことから，一部でよく言われる「コンプライアンス違反は犯してはいけないもの」というイメージから離れ，一定割合でのミスを前提にした「リスク対応」と位置付ける方が，隠蔽防止にとって有効なのです。大きいリスクの場合にはリスクを回避すべきであり，チャレンジすべき場合にはリスクをコントロールしてリスクをとる，特に，PDCAサイクルを適切に回して，リスクを常に監視し，コントロールすることの方が，見ない振りをしたり隠したりすることよりも，ずっと現実的な評価と対応を可能にするからです。

コンプライアンス違反は絶対にしない，という勇ましい標語が，隠ぺいを助長しているのです[12]。

（久保利）

---

11 『続不祥事』8講「高速増殖炉『もんじゅ』のナトリウム漏れ事故」99頁参照。
12 『続不祥事』14講「不祥事対策にもコスト・パフォーマンスの意識を」では，形容詞に頼って説明するな，「万全の備え」はありえない，と指摘されています。ここでの問題意識と全く同じです。

1-9 監査と法務の位置付け

<用語解説>

　傍観しているだけの部門，自ら決断しない部門，など，会社の現場から歓迎されることが少ない部門として，似た立場にある部門だが，ガバナンスと内部統制を分けて考えると，両者の違いが明確になってくる。

事例　内部統制の在り方を調べ始めた社内弁護士のAは，効率的な会社組織を提案しようと思い立った。

　Aの提案は多岐にわたるが，目玉の一つは，監査部門と法務部門の統合である。会社業務を詳細に検証する監査の機能と，法的なリスクに対応する法務の機能を合体すれば，強力なコンサルティング機能を手に入れることができる，という考えである。

◆ 対応例

　Aの提案を聞いていた法務部長Bは，「なるほど，両者の機能に着目するのは，とても具体的だね。」と，Aの着眼点を評価してくれました。

　「だけど，もう一段掘り下げて欲しいな。監査の機能の目的は何か，法務の機能の目的は何か，両者を合体させることで，それぞれの本来の機能が損なわれないのか，というところまで検討してくれるかな？」と話しました。

　Aは，「経営に役立つ情報の収集や処理，という整理が間違えているのですか？」と気色ばんでいます。しかし，Bはニコニコしながら首を傾げています。

◆ 分　析

1．はじめに

　監査部門と法務部門は，ともに，会社のリスクに対応するうえで重要な役割を果たします。

　けれども，会社組織論の観点から見てみると，両者の位置付けが異なり，期

待される本来の役割も異なることが分かります(B1.2)。

そこで，会社組織論の観点から，両者の位置付けや役割の違いを分析しましょう。両者の位置付けを明確にすることによって，「ガバナンス」と「内部統制」の違いも明確になります。

2．法務は特捜部？

著者（芦原）が法律事務所から社内弁護士に転じたのは，1999年晩夏でした。その当時，社内弁護士は極めて傍流であり，社内弁護士として会社に就職するためには弁護士会（常議員会）の個別承認が必要でした。数十人もいる常議員会では，私の予定収入まで開示させられたのです。

そこでは，かつて，「自由と正義の担い手である弁護士が，資本の手先に成り下がることは許されない」「いや，社内弁護士は会社の『特捜部』として，会社の不正を暴き，社会正義の実現に貢献してくれるはずだ，だから承認しよう」などの議論が大真面目になされていた，とのことです。私の就職承認議案の際に同じ議論がされたかどうかはわかりませんが，多くの弁護士の社内弁護士業務の理解は，所詮，その程度でした。

ところで，法務は社内の不正を暴くのが仕事なのでしょうか？

答えは，Noです。残念ながら，常議員会での議論は，会社の法務の役割を正しく認識していなかったのです。

もちろん，不正を隠すのが仕事ではありませんし，結果的に，不正が暴かれることもあるでしょう。

しかし，法務は，①法的なリスクを中心としたリスクに関し，会社自身が対応できるようにして，②社長が適切にビジネス上の決断ができるようにするのが仕事です。

つまり，①法務は，不正を未然に防げるようにすることが仕事です。

すなわち，もちろん自ら法的リスクの発見や対応を行うことも重要な業務ですが，会社の現場の感度を高め，会社全体のリスクセンサー機能やリスクコントロール機能を高めるのが仕事です。言わば，会社の免疫力を高めるのが仕事であって，事後的に不正を暴くことは，本来の仕事ではありません。

また，②法務は，社長の決断をお膳立てするのが仕事です。

すなわち，ビジネスはギャンブルではありませんから，チャレンジするためには十分な調査と十分な検討が必要です。リスクを十分認識し，リスク対策を十分行ったうえで，リスクをとる（チャレンジする）のであれば，仮にチャレンジに失敗しても責任を問われる可能性が減ります。法務は，チャレンジするための条件を整え，社長に決断をさせるのが仕事です。社長の決断を検証する側の人間ではありません。

つまり，法務は，コロンブスと共に船に乗り込み，適切な冒険が行われるようにコロンブスの相談に乗り，アドバイスをする立場にあるのです (D4.9) 13。

3. 監　査

これに対して，むしろ監査の方が，上記の「特捜部」に近い面が多いように思われます。これは，監査は社長を助けるのが仕事なのではなく，社長の仕事が株主の意向に沿っているかどうかを検証するのが仕事だからです。法務の位置付けに関する上記①②に対応させて，監査の立場や役割をもう少し詳しく見てみましょう。

監査は，①社長の業務を，事後的に検証するのが仕事です。

すなわち，事後的に関わりますので，事前の決定や遂行そのものに関与しません。このように，事後的であるために，特捜部の捜査と共通します。

また，②株主のための仕事です。

すなわち，社長の決断を助けるのが仕事ではなく，社長の決断が適切だったかどうかを検証するのが仕事です。社長を助けてしまえば，検証内容の信頼性が損なわれてしまいます。判断が適切だったかどうかを，第三者的な立場から検証する，という意味で，特捜部の捜査と共通するのです。

例えば，軍隊には「軍監」という役職があります。戦線に赴き，作戦立案の過程に立ち会ったり，時には戦線まで状況を見に行ったりしますが，原則として自ら銃を取って戦うことはしません。前線での出来事を客観的に正しく記録化し，状況を総司令部に報告します。コロンブスの業務に，もし仮に監査が付くとした場合には，スペイン国王に業務記録を報告する仕事として，一緒に船

13　法務のその他の機能や役割について，B1.5。

に乗り込んでいたことでしょう。監査は,「軍監」と似た業務を行うのです。

4．2つの会社組織論による分析

両者を,本書冒頭から使用している分析に基づいて整理しましょう。つまり,ガバナンスに関する上の逆三角形と,内部統制に関する下の正三角形の中での位置付けを考えてみます。

まず,法務です。

これは,①事前の意思決定過程から経営に関与し,②社長の決断を助けることが仕事ですので,下の正三角形に含まれます。株主総会に対して報告責任を負うわけでも,第三者委員会的な立場に立つわけでもなく,社長のスタッフの一人であり,ボスは社長です（直接または間接）。

これに対して,監査です。

これは,①事業活動を事後的に検証し,②（本来的には）株主による社長のコントロールの判断材料を提供することが仕事ですので,上の逆三角形に含まれます。もちろん,会社経営陣に対して監査結果を報告しますが,それはボス（株主）に対する本来的な業務上の報告ではなく,株主の判断として,経営に関わる重要な情報であって,経営側と共有した方が良いという判断が（暗黙の裡に）あるから共有されているにすぎません。もし,経営のスキャンダルに関する事項であれば,株主に報告はされても,経営側と情報共有されなくなるはずなのです。

このように,会社の中で,同じように第三者的な立場に立っているにもかかわらず,法務と監査は,①経営判断の過程に関与するかしないか,②ボスは誰か,という点で,全くその立場が異なるのです。

5．監査の仕事

ところで,法務の仕事については,この後で少し詳しく検討する機会がありますので,ここでは監査の仕事について,ポイントを確認しておきます。

まず,業務の場所です。

会社法の機関としての監査をイメージすると,会社の現場にいるというよりは,現場からの報告を受けるにすぎず,自ら現場に赴くことがないように思う

人がいるかもしれません。

　しかし,「軍監」の例からも分かるとおり,実際の業務プロセスを検証するためには,現場に立ち会ったり,現場の担当者から直接話を聞いたりするのが一番です。監査は,上の逆三角形の一部を構成しますが,業務内容は,下の正三角形の内部での活動が適切かどうかを検証することにありますので,業務の場所は,事業の現場になるのです。

　次に,役割です。アドバイザーとしての役割も負うのでしょうか。

　たしかに,せっかく客観的な立場から会社業務を検証していますので,経営判断に役立つ有意義なアドバイスが期待されるところです。

　しかし,監査が経営側にアドバイスしたり,経営側が監査の事前了解を取ったりすると,いざというときに株主側が経営側の責任を厳しく追及することができなくなります。株主側と経営側は,構造的に利害が対立する立場にあり,監査は,この利害対立に関わる業務を行うのです。やはり,理念形としては,原則として,監査は経営判断の過程に当事者として関与できないのです[14]。

6. おわりに

　ここでは,法務と監査の微妙な違いを際立たせることで,ガバナンスと内部統制の違いを強調しました。

　しかし,これはあくまでも理念形です。ガバナンスに関する会社法の規定からして,ここでの理念形と異なる構造になっています。

　ですから,ここでの議論は「こうでなければならない」という規範的な意味ではなく,会社のさまざまな組織を設計・運用する際,「こう位置付ければどう機能するだろうか」という分析のツールとなるべき議論です。別の個所で,2つの三角形を組み合わせた組織論について,これはツールであると説明したのは,このような趣旨です。

(芦原)

---

[14] 実際,アメリカの弁護士と話をしていると,独立取締役の独立性中立性と,監査役の事前関与の否定について,非常に厳格に考えています。利益相反に対して非常に敏感であり,誰がボスであるのかを常に意識して行動しています。社長が監査役にアドバイスを求めることがあれば,経営者としてのセンスが疑われるほどです。

1−10　衆議独裁

＜用語解説＞

特に「独裁」という用語に毒があり，暴走を助長することが懸念されるが，上手に使えば経営陣や従業員にメッセージを浸透させるツールとして使える。メッセージを，雰囲気だけで決定するのではなく，会社組織論からの分析も行うのがポイント。

事例　内部統制の在り方を調べ始めた社内弁護士のAは，法務部長Bから，社員や経営者向けのメッセージを考えてはどうか，ついてはいくつかの会社で導入している「衆議独裁」というメッセージについて，会社組織論から見てどのように位置付けられ，どのような効果が期待されるのかを分析するように，指示された。

◆ 対応例

Bの指示を聞いたAは，「『独裁』なんてメッセージを採用している会社が，本当にあるんですか？　ブラック企業じゃないですか？」と質問しました。

これを聞いたBはニコニコしながら首を傾げて，言いました。「いや，それが違うんだ。もちろん，毒のある表現なのでマイナス効果も懸念されるけど，それを上回る効果があるからこそ，メッセージとしている会社があるんだから，そのバランスをよく見極めて欲しい。」

◆ 分析

1．はじめに

「衆議独裁」については，法務のツールとして別のところで検討しました(A2.26)が，ここでは，会社組織論の観点からのツールとして検討します。

「衆議独裁」という用語は，民主的な言葉と非民主的な言葉の組み合わせであり，特に「独裁」という，印象の悪い用語が用いられていることから，最初

は否定的に感じる方も多いと思います。

しかし，これを会社組織論の観点から見た場合には，簡潔にその要点を示しており，使い勝手が良い用語なのです。実際，いくつかの企業の社是やポリシーとして採用されていますので，その内容を分析しましょう。

2．コーポレートガバナンスとの関係

まず，コーポレートガバナンス（上の逆三角形）の視点から見ると，どのように整理されるでしょうか。

まず「衆議」ですが，株主総会や役員選任委員会を意味すると解すれば，ガバナンスの構造に合致します（スペイン国王の時代の発想ではありませんが）。

次に「独裁」ですが，スペイン国王がコロンブスにインド航路開拓の業務を委託したことが，その裏腹として，コロンブス自身が船団を指揮することを前提にしています。「独裁」とは，排他的な権限を与えられている意味である，と解釈できますので，コロンブスを船団長と指名することの結果としてコロンブスが排他的な権限を有することになった，という意味で考えれば，「独裁」部分もガバナンスの構造に合致します。

この場合，コロンブスにはスペイン国王が重石として頭の上に乗っかっています（上の逆三角形）から，その権限をスペイン国王のために活用しなければなりません（忠実義務）[D1.3]。すなわち，ガバナンス（上の逆三角形）を前提にする限り，排他的な権限を与えられたとしても，そこにはおのずと限界が伴っています（構造的限界）ので，経営者による濫用や悪用を許容する意味での「独裁」とは異なる意味に解されるのです。

このように，「衆議独裁」は，多数の株主の利害を調整する点（衆議）と，所有と経営を分離し，有能な経営者に資本を託す点（独裁）という，株式会社制度上重要なルールの基本的な考え方を示しているのです。

けれども，「独裁」には権限の濫用や悪用を許容するニュアンスもあります。

すなわち，経営者に対するガバナンス（上の逆三角形）上のコントロールが効かない状況で「衆議独裁」という言葉だけが独り歩きしてしまえば，経営者による権限の濫用や悪用に対する歯止めが無くなってしまいます。

けれども，会社組織論のツールとして「衆議独裁」という用語を活用する場

合には，このような濫用や悪用の余地のある意味として解釈することはできません。

したがって，「衆議独裁」という言葉は，ガバナンス（上の逆三角形）の観点から見た場合には，特に毒の強い「独裁」部分について，ガバナンス構造上の重石が効いていることを当然の前提とし，経営者は経営に責任を負っているという自戒を込めて用いることを前提にすれば，ガバナンス（上の逆三角形）の構造に合致する言葉なのです。

3．内部統制との関係

次に内部統制（下の正三角形）の観点からも分析しましょう。

内部統制の観点から見るということは，社内での意思決定に関わる用語，ということになります。そして，社内体制は自由に設計できますので，ガバナンス（上の逆三角形）の観点から見るよりも非常に多様な解釈が可能になります。

例えば1つ目は，制度設計の視点です。

すなわち，意思決定機関と執行機関を分けるべきである，そして，意思決定機関（会社であれば経営者）はできるだけ多くの意見を聞いて選任されるべきだが，執行機関は経営者が責任を持って勝手に決めればよい（独裁），と解釈することが可能です。実際，わざわざ執行役を設ける考え方は，このような考え方を表しています。

経営者は経営について全責任を負う以上，それをどのように実現するかは，経営者が責任を負う限り経営者が自由にすれば良く，そのための人選や組織設計は，経営者が自由に行えるのです（独裁）。

2つ目は，プロセスの視点です。

すなわち，特定のプロジェクトのリーダーとして全権を任されるべき者（独裁）は，その前提として皆の意見を聞かなければならない，という解釈です。社内組織やプロセスに関し，全てについていちいち意思決定機関と執行機関を分けるわけにはいきません。むしろ，プロセスを工夫して適切性を確保したいと考える際に，会社のプロジェクトとして権限を得るためには十分なプロセスが必要，逆に言うと，十分なプロセスが会社を代表する正当性を与える，という視点を与えてくれるのです。

3つ目は，制度設計とプロセスのどちらか，という話ではなく，両者のバランス問題である，という解釈です。

すなわち，意思決定過程では組織の正当性と経営判断のプロセスの両方で合理性を確保させつつ（衆議），執行段階では組織的にもプロセス的にも，経営の裁量を広く認める（独裁），と考えるのです。実体法的なルールの整備に加え，これにプロセス（手続法）と組織体制（組織法）の両方が加わることでデュープロセスが確保されます(D3.6, D4.3)が，このうちのプロセスと組織体制の両方に対して配慮することが重要である，と示しているのです。

さて，3つの整理の違いを強調しましたが，しかし3つの見方の違いは相対的です。「衆議」に関し，組織とプロセスのどちらか，あるいは両方か，というだけのことです。

それよりも，この3つに共通している「独裁」部分を，見ておきましょう。

これは，執行に関して責任の所在を明確にする，という意味があります。

すなわち，執行に関して「独裁」権限を与えるということは，一度「衆議」によって決まったことに対して，執行の段階でボイコットしたり異議を述べたりすることが許されない，ということになります。これは，安全弁がない，という否定的な評価も可能ですが，その点は「衆議」の方で確保されるので，その点のデメリットよりも，決めたことを邪魔させない，というメリットが上回る，と評価できるでしょう。デュープロセスを尽くして決まったことが実現できない，ということになれば，経営者は責任をもってチャレンジできなくなるのです。これは，適切にリスクをとってチャレンジしなければならない社長の職務(D1.2)を妨害することにほかならず，社長の株主に対するミッションを実現する装置である下の正三角形（内部統制）(D1.1)の在り方として，不適切なのです。

あるいは，執行の段階で異議が言えるのであれば，「衆議」段階での検討が甘くなってしまいます。後で蒸し返せるのだから，ここでは様子見だ，となれば真剣に議論や検討が行われなくなり，もしそうなれば，デュープロセスを尽くしたと言えなくなります。「衆議」段階での議論や決断の正当性を確保するためにも，「独裁」は重要なのです。

4. ツールとしての機能

以上の分析を踏まえ,「衆議独裁」がツールとしてどのように使えるのかを考えましょう。

まず,ガバナンスです。

要は,経営者は株主の言うことを聞け,経営者は株主の信認があるからこそ権限があるのだ,という意味の標語として使えますので,経営者の暴走を戒める標語として使えるでしょう。

けれども,これはわざわざ経営者の側から打ち出すべき内容ではありませんし,株主の側から打ち出すにしては,「独裁」という言葉が,経営者に必要以上の権限を付与しているような印象も与えます。

つまり,ガバナンスのツールとして使えなくはないが,あまり効果的ではない,と評価できるでしょう。

次に,内部統制です。

要は,プロセスを充実させ,権限と責任を明確にしろ,ということです。するとこれは,会社の内部統制の重要性を,実際に内部統制の当事者である全従業員に理解させ,常に意識させることになります。ガバナンスでは消極的に機能した「独裁」という毒のある表現も,内部統制では,任されればそれに応じた権限と責任が与えられるのだ,一度決定したものは忠実に執行されることになるから,言いたいことがあれば先に言え,という意味で,デュープロセスを尽くそうというモチベーションとして働く面も出てきます。

5. おわりに

最近は,会社の理念やポリシーを,標語などのメッセージで示すことが多くなりました。「衆議独裁」を分析したように,メッセージはガバナンスや内部統制のツールとしても重要ですので,メッセージを決める際は,単にその雰囲気やイメージから検討するだけでなく,会社組織論の観点からも分析し,その役割や機能を十分に活用できるメッセージを選びましょう。

(芦原)

1-11 法と経営学の対話

＜用語解説＞
会社組織論を検討する際，同じく会社を組織として捉え，その活動や体制の在り方を検討対象とする経営学は，実効性のある内部統制（下の正三角形）の在り方を検討するうえで，極めて有用である。

事例　内部統制の在り方を調べ始めた社内弁護士のAは，より実効性の高いモデルを探すために，経営学のテキストを購入した。
　Aの机に置かれた経営学の書籍を見て近寄ってきた法務部長Bに対し，Aは，経営に受け入れてもらえるモデルを考える参考に，と思って経営学に興味を持ったが欲張りだろうか，と気弱な質問をした。

◆ 対応例

Aの気持ちを聞いていた法務部長Bは，「なるほど，経営学は実際の事例が基本となっていて，特に君のように理論から考えるタイプの人には，いい刺激になるよ。」と，Aの着眼点を評価しました。

そのうえで，ニコニコと首をかしげながら言いました。「むしろ，実際に会社に勤めた経験があると，とても理解しやすいから，もっと積極的に経営学からヒントを探して欲しいな。」

◆ 分析
1．はじめに

経営学の意義に関し，「どんな原理で運営されたときに，組織が効率的なものとなり，社会的に有益なものになりやすいのか，そういったことを研究するのが，経営学である。」と説明されます[15]。

15　『経営学入門』はしがきiv頁

すなわち，①組織運営に関し，②効率性と③社会的有益性を追求するための④原理を研究する学問です。

他方，内部統制（下の正三角形）は，①会社経営に関し，②③適切にリスク管理を行い，経営判断とそれに基づく運営が行われるべき体制やプロセスを意味します。

ここで，リスク管理を，経営と別の問題であって，単なる手続上の問題と位置付ければ，経営学との関連性は認めにくいでしょう。

しかし，適切な経営活動のために，リスク管理はチャレンジの一部であって，表裏一体である，と位置付ける場合(D1.2)，すなわち「適切に儲ける」ためのツールと位置づけた場合には，リスク管理（内部統制）も，①組織運営に関し，②効率性（チャレンジするためには，リスクが適切にコントロールされていなければならず，リスクコントロールにも効率性が求められる）と，③社会的有益性（会社のチャレンジが社会に受け入れられる（＝コンプライアンス））ことが必要となり，④その原理が活用されるべきことになります。

今後，具体的に経営学などの成果を検証していきますが，まずは，その大きな構造などについて，内部管理（下の正三角形）との連携可能性を探りましょう。

2．法と経営学の関係

『経営学入門』は，以下の2つを基本目的にしています（はしがきv頁）。
①　経営現象の理解のための枠組み，概念，理論の提供
②　有効な経営行動の提示と，それがなぜ有効かの論理の提供

つまり，経営学を学ぶということは，①自分の経験を整理し，②自分のなすべきことへの示唆と論拠が得られることを目的にしています。

この視点は，内部統制（下の正三角形）の観点からも有用であり，経営学の中に内部統制が組み込まれる必要性を示す根拠となります。

すなわち，①上手にリスク管理し，適切にチャレンジし，成功した（失敗した）経験を整理する枠組みが必要です。②また，先人の経験を無駄にするのではなく，その蓄積から，リスク管理の在り方（しかも，経営に役立つリスク管理の在り方）が導かれ，学べることも必要です。

このように,『経営学入門』の目的は,内部統制(下の正三角形)と経営学を融合させるべき立場にも合致するのです。

3.「企業」観と内部統制

『経営学入門』は,最初に「企業」を定義します。

そこでは,①まず,「企業」を,製品やサービスに対して技術的な変換と付加価値を加えて市場に供出し,その過程で情報を蓄積する存在と位置付けています(1頁～)。経済学的に見た場合の企業であり,市場でのプレーヤーとしての位置付けを明確にしています。

この視点は,内部統制(下の正三角形)の観点からも,検討の前提となる重要な視点です。なぜなら,企業が市場で活動しなければ利益を上げることができず,内部統制(下の正三角形)の本来の目的を達成することができないからです。むしろ,市場で利益を上げられるようにリスク管理をすることが目的ですので,企業が市場のプレーヤーであることは,所与の前提なのです[16]。

②次に,「企業」を,ヒトとカネの結合体と位置付けています(5頁～)。検討対象である企業の構造に着目しています。

この視点は,内部統制(下の正三角形)の観点からも,実際にどのようにリスク管理されるべきであるか,という検討対象そのものです。むしろ,内部統制(下の正三角形)という概念自体が,ヒトとカネの結合体の構造や動きを問題にしていますので,この点も,所与の前提なのです。

このように,経営学と内部統制(下の正三角形)が検討対象とする「企業」は同一のものなのです。

4.『経営学入門』の体系と内部統制

『経営学入門』は,体系の組み方自体が「経営とは何か」に対する答えである,としたうえで,①環境のマネジメント,②組織のマネジメント,③矛盾と発展のマネジメント,という3つの基本的な枠組みを示し(はしがきii頁～),

---

[16] このことから,企業が市場に受け入れられる状態を維持することが重要となり,コンプライアンスが重要な問題となります(D1.8)。コンプライアンスは,会社が市場に参加する最低条件ですので,コンプライアンスも,経営学の重要な要素でなければなりません。

この枠組みの中でテキストが構成されています（6頁～）。

このうち，①環境のマネジメントは，会社経営活動の1つとして，会社が外部環境を受け入れ，働きかけることを問題にします（9頁～）。外向きのマネジメント，とも言えます（13頁）。

内部統制（下の正三角形）から見た場合も，例えば事業会社固有の業法的な規制や監督を意識したリスク管理が必要となるなど，特に外部環境の受容が，体制や運用の前提となります。

②組織のマネジメントは，人間の集団をマネージすることを問題にします（11頁～）。本書では，下の正三角形をたびたび人体に例えていますが，「経営学入門」でも組織のマネジメントを人体に例えて説明し（13頁）[17]，内向きのマネジメント，とも言えます（13頁）。

内部統制（下の正三角形）から見た場合も，本書では組織法的な視点からの検討の重要性を指摘し，例えば法務部をどのように位置付けるべきなのかを検討しています[D1.9]が，その意味で全く同じ問題意識です。

③矛盾と発展のマネジメントは，組織活動に着目し，企業活動が矛盾する要請に直面し，それを克服して発展することを問題にします（13頁～）。

内部統制（下の正三角形）から見た場合も，本書では手続法的な視点からの検討の重要性を指摘し，例えばデュープロセスによるリスクコントロールの重要性などを検討しています[D3.6]が，その意味で全く同じ問題意識です[18]。

このように，『経営学入門』が示す経営学の目的や構造は，内部統制（下の正三角形）の目的や構造と全く同一であり，両者を統一的に検討する必要性が示されるのです[19]。

---

[17] 「体」が全て「脳」にコントロールされているのではなく，例えば血管が切れればそれを補修するように自律的に傷の周辺部分が変化し始める，という例を示し，組織自体の協働的な活動の重要性を指摘しています。「体」部分の活動は，本書でも，例えば「リスクセンサー機能」に関して論じているところであり（D3.4），本書とテキストは，全く同じ問題意識とイメージで議論しているのです。

[18] 『法務の技法』でも，例えば「対立する利害の把握」（A1.6）など，組織活動やプロセスに関するノウハウを検討しています。また，対立する利害の1つを「リスク」に置き換えてみれば，リスク管理が，経営そのものであることを容易に理解できます。

5．おわりに

　法律家は，内部統制（下の正三角形）に関し，せいぜいCOSOやPDCAなど(D4.2)，一般的なツールの内容を理解する程度で，リスクと経営活動を本当に一体のものとして判断し，処理し，対応するための姿を提示できていません。

　他方，経営の側も，リスク対応に関し，経営と切り離して考えられるものではなく，むしろ一体として適切に処理する効率的な方法を模索すべきである，という意識が薄いように思われます。

　リスク対応とチャレンジは，「適切に」「儲ける」ために結びつくものであり，むしろ表裏一体である．そのための橋渡しとなる概念として「デュープロセス」「リスク管理」等の概念が活用されるべきである，という認識を共有することによって，法と経営学の対話が始まるように思われます。

　このことは，内部統制（下の正三角形）と経営学の取り組み方が共通している点からも，説明ができます。

　すなわち，いずれも譲れない大命題があって，そこから演繹的にあるべき理想の姿が描かれるのではなく，さまざまな経験や失敗を踏まえて学んだものを，試行錯誤を繰り返しながら導入し，磨き上げていく，という帰納的な方法で形作られていく点です。

　このような取り組み方が，内部統制の在り方や経営学を，時代や環境の変化に適応させることを可能にしているのです。

（芦原）

19　さらに，『経営学入門』では組織の重層構造を指摘しています（15頁〜）。そこでは，「マネジメントの入れ籠構造」が図解されていますが，下の正三角形と非常に似た図となっています（D1.1）。この意味でも，会社の在り方に対するアプローチが同一であることを理解できます。

● おまけ小説　法務の小枝ちゃん ●

第1章　基礎理論

　社長秘書の「お蝶夫人」からの内線電話を取った。
「小枝さん，今ちょっとよろしいかしら，社長室にお越しいただける？」
　はい，すぐ行きます，このメールを出してから。

　ここは，埼玉の素材メーカー，武田化成の工場兼本社。私は，父親の弁護士の顧問先のこの会社に社内弁護士として就職した。法律事務所勤務経験もないまま社内弁護士としてキャリアを開始したが，ついに，子会社ニイベンの法務部長を拝命した。光栄なことだ。
　工場の中を見渡せる中2階の社長室に近づいてきた。階段を上りながら見上げると，工場を見下ろすガラスの壁越しに，お蝶夫人のほか，杉田一社長（ニイベンの副社長でもある）とその息子の杉田茂人事部次長（ニイベンの社長室長でもある），ニイベンから，佐藤社長，田中副社長，人事部長から昇進した稲葉人事担当役員，私の親友でニイベン業務専念のために転籍して昇進した山野桜子財務部長の顔が見えた。今日の呼び出しは，社長の自慢話ではなさそうだ。
　ちなみに，仲良しの赤尾人事部長と青木法務部長は，示し合わせて遅めの夏休みを取り，渓流釣りに行くと言って，山に籠っている。
「どうぞ。」
　お蝶夫人が扉を開け，中に招き入れる。私と入れ替わりに，部屋の外に出た。

「おや，ニイベンの皆さん，いらしてたんですね。桜子も元気？」
「うん，小枝も元気そうね。今日は，杉田社長に相談があって来たのよ。」
　我が杉田社長（父親の方）が話を引き取った。
「小枝，今日はニイベンの今後に関するフリーディスカッションだ。そこに座って。」
　佐藤社長，説明をお願いします。
「はい」と佐藤社長（ニイベンの社長）が礼儀正しく引き取った。
「木ノ内さんのお陰で，今では後ろのことを心配せず，ビジネスに専念できます。本当にいつもありがとう。ところで，武田化成の子会社になって最初のヤ

マ場，武田化成のシステム構築に目途が立ってきたことは，小枝さんもご存知ですね。」

「はい，もちろん。」

「そこで，いよいよこの経験を活用して，武田化成以外の会社に対して営業をかけて，事業を大きくする時が来た，と考えています。」

田中副社長も，そのために飛び回っているので，今日は欠席です。

話はこうだ。

武田化成のシステム開発の成功はおそらく間違いなく，現場の士気も上がっているし，武田化成のようなメーカーが社内システムを開発したいというニーズは間違いなくあるから，いよいよ本格的に営業をかけていきたい。

ついては，①武田化成がニイベンに追加出資する。さらに武田化成は，②同業者や取引先でシステム開発を検討している会社をニイベンに紹介し，営業協力を行う。他方，③ニイベンも人員の大幅な増強を行う。

だから，稲葉人事担当役員と桜子財務部長が同行していたのだ。

さらに，と佐藤社長は続けた。

「グループ会社が支えてくれるということが，こんなに心強いことだったのか，と本当に感謝しているところです。これは，私たち経営だけでなく，話を聞く社員の全員が口をそろえて言うことです。そこで，武田化成のシステム開発の完了や増資のタイミングに合わせて，④社名も『武田システムズ』に変更しようかと考えているんです。」

ニイベンという名前に対する愛着ももちろんあるけれど，ずっと武田化成に入り浸ってシステム開発に没頭し，まるで同じ会社の社員のような一体感ができているこの時期に，グループ会社としての一体感をより強固なものにしたいのです。まだここにいるメンバー以外に話していませんが，皆，歓迎してくれるはずです。

佐藤社長が，いつもの穏やかな口調に，しかしいつもよりも情熱をこめて話してくれた。

あら，随分と盛りだくさんだったのね，今日のお話は。

まだまだ小さい会社だけど，ニイベン，いや，武田システムズの大変革がこれから始まるのだ。

「小枝，法的な問題じゃないかもしれないけど，何が問題になるんだ？」
息子の杉田茂が話を振ってきた。
「そうね，議論を分けると分かりやすいわ。」
「まず，武田化成と武田システムズの関係。投資家と経営者の関係だけど，スペイン国王とコロンブスの関係に例えられるの。コーポレートガバナンスや，単にガバナンスと言われる問題がこれ。」
「次が，武田システムズ内部の体制。コロンブスがどのようにサンタマリア号はじめ三艘の船をコントロールするのか，という組織体制の問題と思えば分かりやすいはずよ。内部統制と言われる問題がこれ。」
「つまり，今回追加投資するので，それに合わせて，どこまで武田化成が口出しするのか，武田システムズの経営体制をどのような体制にするのか，というガバナンス上の問題を決めなきゃいけないわ。」
「それに，営業部隊の増強に合わせて，会社組織や人事制度も見直すでしょうから，ニイベンの内部統制上の問題も決めなきゃいけないの。」
私は，2つの3角形を描いて，ガバナンスのことと内部統制のことをかいつまんで話をした。実際にこれから，白いカンバスに新しい絵を描こうとしている人たちだけあって，とても熱心だ。しかも，何かトラブルがあって対策を考えるのではなく，夢を形にしていく前向きな作業だ。
一つひとつ説明するたびに，イメージが共有されていく。
一つひとつ議論するたびに，情熱が伝染する。
一つひとつ確認するたびに，走り出したい衝動が高まっていく。
口に出さなくても，気持ちが一つになっていくから，このプロジェクトもきっとうまくいくよね。
一人ひとりの目をのぞき込んで，私の勘違いでないことを確認しながら，けれども気持ちの高ぶりを抑えながら，話し続けた。

第2章

ガバナンス

2－1　アメリカ型とヨーロッパ型

<用語解説>
　コーポレートガバナンスのあり方を考える際に重要なのは，会社は誰のものかという視点である。これについては，株主のものと考えるアメリカ型と多数のステークホルダー（利害関係人）のものと考えるヨーロッパ型がある。

事例　法務部長Ｂに命じられ，株主対策を整理していた社内弁護士Ａは，プレゼン資料の１頁目に，全体を貫く理念を書くことにした。そこで，法務部内の先輩に尋ねてみたところ，株主の利益を最大化することだという意見と，会社を取り巻くステークホルダー（利害関係人）の利益をバランスよく増大させることだという意見に分かれた。

◆ 対 応 例

　社内弁護士Ａが悩んでいるのを見て，法務部長はＢは，自分の机の後ろに置かれたキャビネットの中から２冊の本を取り出しました。「これらはいずれも，会社は誰のものかについて書かれた本だけど，片方はアメリカの議論を紹介したもので，もう片方はヨーロッパの議論を紹介したものなんだ。読み比べて，今，日本が目指している考え方を検討してみるといいよ。」Ｂは，そう言って，それら２冊の本をＡに手渡しました。

◆ 分　　析

１．はじめに

　上の逆三角形のテーマであるコーポレートガバナンスは，経営者に対する規律付けの仕方を論ずるものです。そのため，そもそも誰のために規律付けるのかを論ずることが重要になります。この点，大きく分けると，株主のためにその利益を最大化することを目的として規律付けるという考え方と，株主のみならず，債権者，取引先，従業員，消費者，地域住民など会社を取り巻く様々な

ステークホルダー（利害関係人）のためにその利益を合理的に調整することを目的として規律付けるという考え方とが対立しています。前者がアメリカで一般的な考え方であるのに対し，後者はヨーロッパで支配的な考え方です。

2．株主利益最大化モデル

株主利益最大化のモデルは，会社が稼いだ利益から最後に分け前をもらうのは株主であるということを，前提にしています。つまり，株主の利益を最大化することは他のステークホルダー（利害関係人）の利益を底上げすることになり，経済社会全体の利益を最大化することになると考えているわけです。

しかし，この考え方には異論もあります。例えば，株主に回す配当を大きくするためには，利幅の大きな取引をしたり，経費を削減したりすることが必要です。そのため，どうしても交渉力の弱い下請け企業や従業員のところに皺寄せが生じ，株主の利益の最大化が必ずしもすべてのステークホルダーの利益を最大化しないといった矛盾が生まれます。また，債務超過に陥った会社では，すでに株主に残る財産はなくなっているので，株主としては，残った資産を一か八か冒険的な投資に振り向けて財産の回復を図ることが利益になりますが，そうした行動は少しでも債権を回収したい会社債権者の利益と矛盾します。さらに言えば，環境保全や消費者保護のために費用をかけるよりも，その分を配当に回した方が株主利益につながるといった問題も指摘できます。

3．ステークホルダー型モデル

こうした考え方をとるのであれば，もはや株主利益の最大化とは言えないとして，主にヨーロッパでは，ステークホルダー型モデルが提唱されています。このモデルでは，株主も，会社債権者，取引先，従業員，消費者，地域住民などと並ぶ1つのステークホルダーに過ぎないのであって，必ずしも株主利益が優先されるとは考えないことになります。こうした考え方は，「企業の社会的責任」論という形で展開されることもあります。

しかし，このモデルは，結果として偏った利益調整に陥ると社会的富の最大化に反する結果をもたらすことや，特定のステークホルダーから利益の増大を迫られた際に，他のステークホルダーの利益を言い訳に，実際には誰の利益も

図ろうとしないことが許される危険性があることなどが指摘されています。

　言い換えれば，株主が利益の最大化を求めてプレッシャーをかけることをしないと，経営者は，糸の切れた凧のように無監視の状態となり，結果として，社会的富の増大を妨げることになるというわけです。

4．「時間」の要素を取り入れる

　そこで，株主利益の中に「時間」という要素を取り入れる考え方が出てきます。株主が「目先の（近視眼的な）」利益にとらわれると，会社債権者や取引先，さらには従業員などといった他のステークホルダーの反発を買い，企業の収益が少なくなります。その結果，株主利益を損なうことになるくらいなら，「長期的な」観点から他のステークホルダーの利益にも配慮した方が，かえって株主利益の最大化につながると考えるわけです。

　そもそも株主の中には，高配当と株価の上昇がもたらす短期的な利益を追求するタイプの投機的な株主と，長期間にわたり株式を保有することによって確実に収益を得たい投資的な株主とが存在しています。後者の代表格は他人から預かった財産を受託者責任を負いながら運用する機関投資家で，年金基金や生命保険会社などがこれに当たります。

　現在，日本では，こうした機関投資家に議決権行使の基準を公表させる施策（スチュワードシップ・コード）が実施されており，これにより，株主の長期的利益を実現するために会社がどのようなビジネスモデルを追求しようとしているのかについて，会社の経営者と機関投資家とがしっかりと対話することが奨励されています。

　この方式は，とかく株主の短期的利益の追求に偏りがちなアメリカ型のモデルと，株主からのプレッシャーが弱まることで経営者の怠慢を許してしまいがちなヨーロッパのモデルの弊害を乗り越え，両者の良い面を伸ばすものとして注目されます。日本の企業にとっての長年の課題は，世界水準に比べ見劣りするとされてきたROE（Return on Equity；自己資本利益率）をどうやって引き上げるかということです。この数字に縛られると，どうしても短期的な利益の追求に走りがちですが，機関投資家との対話を通じて，しっかりとしたビジネスモデルを構築することが求められます。

　　　　　　　　　　　　　　　　　　　　　　　　　　　　　（野村）

2-2 社外取締役

> **＜用語解説＞**
> 社外取締役は，会社の関係者でない人，という意味ではない。社長ではなく，株主がボスであることを正しく認識できること，経営の専門家であって，社長をはじめとする経営陣を牽制し，チェックできることの2つが，その条件である。

> **事例**　法務部長Bから，株主対策の整理検討を指示された社内弁護士のAは，ガバナンスの在り方についても興味を抱いている。
> そこで，社外取締役の候補者のリストを作成することとした。Aは，Bに対し，社長の部下として相応しい人材の条件について，質問した。

◆ 対応例

Aの机に積み上げられた，様々な経済新聞や経済雑誌を眺めながら話を聞いていた法務部長Bは，「なるほど，社外取締役の選任が，会社経営を妨害する目的ではなく，会社経営に役立たせる目的である，という理解は正しいね。」と，Aの着眼点を評価してくれました。

「けれども，社外取締役は，社長の部下なのかな？　人選も大事だけど，その位置付けや役割を，まず最初に明確にしないといけないよ。」と話しました。

◆ 分　析

1．はじめに

ガバナンス（上の逆三角形）の重要性が叫ばれて随分長くなりますが，最近もその機能強化が叫ばれています。

例えば，証券取引所によりガバナンスコードが採用され，上場会社に対するガバナンスの強化が図られています。これは，証券取引所が定めるものですから，各上場会社のガバナンスを強化することによるマーケットの強化を目的とします。さらに言えば，日本の上場会社のガバナンスを強化することによって，

日本の上場会社の透明性や信頼性を高め，地盤沈下が指摘されて久しい日本市場の信頼を高めることを目的としています。

　ガバナンスの強化は，上の逆三角形を見れば容易にわかるとおり，突き詰めれば株主による経営者に対する牽制機能の強化に他なりません。会社法の仕組みも複雑になってきましたので，株主が経営者を牽制する方法も非常に多くなりました。したがって，ガバナンスの強化に関わる問題は非常に多岐にわたります。

　けれども，ガバナンスの基本的な考え方を理解し，実効的なガバナンス体制を構築するうえで，社外取締役の位置付けや機能を理解することが役に立ちます。経営の専門家を牽制するために経営の専門家を雇う，という手法は，誰でも思いつくことであり，会社法の歴史の中で最も古い牽制機能に含まれるものの，長らく日本では社外取締役制度が機能せず（存在しなかった，とも評価されうる），いまさらながら，その制度上の整備と運用の強化が叫ばれるようになってきた問題だからです。

　ここでは，各国の会社法制の詳細な比較ではなく，社外取締役の本来の役割を検討します。理念的な意味での社外取締役であり，例えば日本の会社法の解釈論ではありませんので，ご留意ください[1]。

2．社外取締役の位置付けと役割

　社外取締役は，誰の部下でしょうか。また，そのレポートライン(B1.3, 1.4)は，誰につながっているのでしょうか。

　これは，社外取締役が「上の逆三角形」と「下の正三角形」のどちらに帰属するのか，という問題です。

　答えは，株主の部下であり，「上の逆三角形」に帰属する，です。

　すなわち，コロンブスに資金と権限を与えたスペイン国王が，コロンブスの業務遂行を監督するために，同じように優秀な船乗りを雇ってサンタマリア号に同乗させ，コロンブスの仕事ぶりや判断の的確性を専門家としてチェックし

---

[1] 例えば，日本の会社制度の「監査役」は，ここでの「社外取締役」に近い位置付けである（不徹底だが）ことに気づいてください。

てもらい，牽制してもらうことを考えたとしましょう。スペイン国王自身が，専門的な事業の遂行状況を監督することは，能力的にも現実的にも限界があるからです。

この場合の，コロンブスの業務を監督するもう一人の船乗りが，社外取締役です。経営者側が雇うコンサルタント（下の正三角形）ではなく，株主側が雇うコンサルタントや公認会計士（上の逆三角形）のようなものです。

すなわち，「所有と経営の分離」によって経営から切り離され，しかも経営的な素養が期待されない株主が，専門性の高い（この傾向は，時代と共にますます高まっていきます）経営者の業務遂行を監督し，牽制するためには，専門家の力が必要になってくるのです。

このように位置付けると，監査部門[D1.9, 2.3]と共通することに気づきます。いずれも株主にレポートラインがつながっている（上の逆三角形に帰属する）からです。

けれども，監査部門は，①会社経営の現場に入り込む，すなわち「下の正三角形」の中に入り込むことによって，会社経営の現場を詳細に監査し，②その結果を株主に報告する点に特色があります。

他方，社外取締役は，①会社経営の現場に入り込むことは，必ずしも当然の業務内容となりませんが，②単に株主に報告するだけでなく，株主に代わって経営者を選任・解任する権限なども有します[2]。

3．社外取締役の機能

さて，会社経営者の立場に立って考えてみましょう。

社外取締役が，このような役割を実際に果たし始めたら，会社経営者は非常に窮屈に感じるはずです。同じ経営の専門家が，自分の業務を分析し，場合によっては自分を解任するのですから，気が抜けません。

さらに，この社外取締役が監査部門や公認会計士と連携し，三様監査を行うようになれば[D2.3]，会社内部の経営状況に関するリアルな情報と，会計の専

---

[2] 監査役（会）に，代表取締役の解任権を与えるべきである，という議論もありますが，同じ問題意識です。

門家による専門的な分析力を背景に，より牽制機能が高くなります。

そうなると，これまでの感覚の会社経営者にとって脅威です。会社で一番偉かったはずの社長が，社外取締役に怯えて暮らすことになるのです。

当然，反発が予想されます。

例えば，経営が委縮してしまい，自由な判断ができなくなってしまう，すなわち，リスクをとってチャレンジすることができなくなってしまい，経営者のミッションである「適切に」「儲ける」こと(D1.2, 3.1)ができなくなってしまう，という批判が起こりそうです。あるいは，経営者が委縮してしまうと，経営者の威信や権威が失墜してしまい，内部統制（下の正三角形）(D3.1)が機能しなくなってしまう，という批判も考えられます。

しかし，自分自身が大株主でない限り，経営者は所詮「チーママ」「雇われマダム」でしかありません。どんなに権限が与えられても，経営している会社は他人からの預かりものですから，適切に管理し，負託に応えるべき「忠実義務」を負っています(D1.2, 1.3)。

むしろ，「社長」「会長」という肩書が間違いでした。会社で一番偉いのは株主であり，「社長」「会長」は，株主の下僕です。にもかかわらず，「社長」「会長」が，会社の中だけでなく外でもチヤホヤされ，会社を自分の持ち物のようにしていた時代の方が間違いだったのです。

日本では，会社同士の会議の場でも，偉い人がもったいぶって登場して，若い人たちに説明させたりする図が頭に浮かびます。また，株主総会でも，社長自身が質問に直接回答しないようにシナリオが準備されている場合が，未だに多数を占めます。さらに，日本の経営者は，面倒なIRやCSRを広報担当役員に放り投げてしまう傾向があります。

ところが，欧米の会社では，トップ自らがステージの上で，原稿も持たずにさっそうと会社の業績を説明しています。

この差が生じる原因の1つには，欧米では，自分が語る機会があるのにわざわざ部下に語らせるのは，威張っているだけで実は何も分かっていない無能な奴と評価される(B2.5)，という文化的な違いも上げられます。それに加えて，欧米の企業では，株価が経営者の評価に直結し，株価の下落で資産が減らされたと感じる株主は経営者を簡単に解雇する点も重要なポイントです。欧米企業

の経営者は，たしかに報酬が高いかもしれませんが，その分リスクも高く，日ごろから自ら矢面に立って証券アナリストなどへの業績説明会を行っているのです。

　つまり，欧米企業の経営者は，会社の外では，自分がリーダーとして適していることのアピールに邁進しつつ，会社の中ではリーダーとして役員たちを厳しく指揮し，約束した会社の成長の実現のために鞭をふるっているのです。

　そして，この株主の次に偉いのが社外取締役です。「取締」という肩書は，従業員を「取り締まる」ためのものでも，形式的についているものでもなく，本気で社長を「取り締まる」ことを意味します。一番偉い株主の代理人として，下僕である社長に対し，受託者としての説明責任を果たすよう強く求めていくのが，社外取締役のミッションなのです。

4．おわりに

　社外取締役制度を受け入れるために，さらにいくつかのポイントがあります。

　まず，社外取締役に，業務上は社長の部下であり，取締役会の場だけ社長のお目付け役，という矛盾する2つの立場を負わせないことです(D2.7)。株主の部下，というレポートラインがはっきりし，ボス意識の強いアメリカですら，経営者を監視するはずの社外取締役が，株主よりも経営者に対して同情的になる傾向が生じてしまい，新たに「独立取締役」制度が設けられました。

　これまで，みんな社長の部下だった日本ではなおさらです。まずは，社外取締役の上司は株主であり，社長ではない，ということを，組織図や権限設定，会議での席順や会議の運営など，あらゆる場面で明確にする必要があります。

　次に，社長にとっても社外取締役の存在が役立つことを明らかにする必要があります。

　例えば，社会からの非難も厳しく，どのようなことで経営者の責任が問われるかわからない状況で，株主の代理人である社外取締役を納得させれば，まずは一安心(A1.3)，というメリットは，本気で会社の社会的責任を心配している社長にとって，非常に心強く感じるはずです。

　このように，株主や社外取締役に対して説明責任を果たせるように常に意識するべき立場を，上手に活用する知恵も必要となるのです。　　　　（久保利）

2-3 三様監査

＜用語解説＞
「三者三様」を連想させ、「バラバラ」「統制がとれていない」イメージを与える用語だが、ガバナンス上重要な3つの機関が協働することにより、実効性の高いガバナンスを目指す。3つの機関の緊密な連携が重要である。

事例
法務部長Bから、株主対策の整理検討を指示された社内弁護士のAは、ガバナンスの在り方についても興味を抱いている。
そこで、三様監査の検討を開始したが、会社の内部機関である監査部門と、会社法上の機関である監査役や公認会計士とは、その位置付けが異なるため、連携することは構造上許されない、という結論に至った。

◆ 対応例

Aの報告を聞いたBは、「なるほど、ガバナンス（上の逆三角形）と内部統制（下の正三角形）の違いを、かなり理解してきたようだね。」と、Aの着眼点を評価してくれました。

「だけど、会社組織論上の構造的な問題があれば何もできない、というのも厳しすぎないかな？ 実際にできるところからやってみることで、会社組織論上の構造的な問題に対する違った解決策が見つかるかもしれない。」と話しました。

◆ 分析

1. はじめに

最初に確認します。「三様監査」という用語をご存知でしょうか。
①公認会計士の監査、②監査役の監査、③内部監査部門の監査、この3つの監査のことです。わざわざ3つの監査を並べるのは、3つの監査が有機的に連携することで、その効果を最大限に活用しろ、という意味が含まれるのです。

3つの監査が連携して相乗効果を発揮すべきである，ということは，別の言い方をすると，同じような業務を3つも無駄に行うのではなく，3つを有効に活用しようということです。これは，企業経営の効率化の観点からも，ガバナンスの観点からも，当然のことです。

　問題は，この3つの違いや相互関係です。この3つは，どのような関係にあるのでしょうか。この3つは，連携することでその効果を本当に高めることができるのでしょうか[3]。

2. 関　係

　三様監査の解説を見ると，A：①公認会計士の監査は，社外監査，②監査役と③監査部門の監査は，社内監査，あるいは，B：①公認会計士と②監査役の監査は，法定監査，③監査部門の監査は任意監査，などの整理が見られます。

　たしかに，いずれも間違いではありません。

　Aは，機能面，例えば日常的な活躍の場などに着目したものであり，Bは，会社法が要求する組織かどうか，という視点です。

　これに対し，本書の「2つの会社組織論」から見た場合には，C：①公認会計士，②監査役，③監査部門(D1.9)，いずれも，ガバナンス（上の逆三角形）に所属することになり，いずれも同じ位置づけになります（理念形として）。誰がボスであり，誰のための業務か，という視点から見れば，3者の違いはないのです。

　しかし，ABCの違いは見方の違いに過ぎず，どれが正しいか，という優劣の問題ではありません。会社組織の制度設計の観点から見て，有益な視点が導き出せればそれで充分です。ABCの視点の違いを活用して，会社組織論の観点から何か有益な情報を見つけ出しましょう。

---

[3] 特にアメリカでは，似たような機能を有する部署を複数設置して競わせる，という方法が，政府機関の組織構造にも見受けられます。有名なのは，CIA，NSAとFBIで，これらの対立が盛り込まれた映画など，見たことがあると思います。ところが，さらに海軍，空軍，海兵隊がそれぞれ情報機関を有し，国防省にも情報機関があるなど，まるでスパイが1つの産業として成り立っているような状況です。
　ここでは，3者の競争ではなく，協働の観点から検討します。

3. 機　　能

　これだけの機関が協働すれば，きっと役に立ってくれるでしょうが，問題は何に役立つのか，という機能の分析です。

　まず，誰のために働くのか，というレポートラインの問題から検討しましょう (B1.3, 1.4)。

　そのためには，③監査部門の業務から整理します。監査部門は，社内の業務（下の正三角形）に精通していますが，経営判断プロセスに関与することを想定していません。経営判断に加わるのではなく，むしろその過程や内容を検証し，監査します (D1.9)。内部統制（下の正三角形）の様子を監査対象としますが，それは株主のためです（本来的には，株主にレポートラインがつながるべきです）ので，ガバナンス（上の逆三角形）上の機関となります。

　このように，レポートラインという観点から見れば，③監査部門は，①公認会計士や②監査役と，同じ位置付けになります。

　次に，専門性を検討しましょう。同じ位置付けであっても，専門性の違いがあるのです。

　まず，②監査役です。これは，理念的には社外取締役であり，経営者を解任する権限も有すべき立場にあります（法制度によって異なります）(D2.2)。株主に雇われた経営のプロであり，経営のプロとして，経営者による経営判断の在り方を監督します。

　①公認会計士は，同じく株主に雇われていますが，会計のプロであり，会計の立場から経営を監督します。経営者の決算に否定的な意見を述べれば，決算承認されなくなるなど，会計に関しそれなりの権限を有しますが，常任の機関ではなく，経営者の解任などの権限までは有しません。

　③監査部門は，日本の場合，法定の機関ではありませんが，多くの会社で設置されているようです[4]。理念的には，株主のための機関とすべきですが，上記のとおり，内部統制上の機関（下の正三角形に属する機関）と位置付けられているようです。その特徴は，会社の現場において会社の日常業務を監査する点にあります。

4　上場審査では，監査部門の整備状況と運用状況が重要な審査項目となります。

この，監査対象の違いから見た場合，①財務，②経営，③日常業務がそれぞれの対象となり，この3者を組み合わせれば，会社業務全体が縦と横から網羅的にカバーされることがわかります。例えば，3つの光源で部屋を照らすため，影の部分が生じにくくなるのです。

　さらに，有する権限や機能を組み合わせてみましょう。すると，①決算承認や②経営者の解任など，古今東西共通する経営の強力なツールである「金」「人」の両方(D1.3)を有することになり，相当な牽制効果が期待されます。

　すなわち，強力な権限を背景に多様な観点から会社業務を検証することで，監査の実効性を高めるのです。

4．問題点

　ところが，実際にこの3機関が協働して三様監査を行う上での障害がいくつか考えられます。

　その中でも，特に問題となるのが，③監査部門の位置付けです。

　たしかに，③監査部門は日常的な業務遂行を監査対象にしますので，社内にオフィスがあり，様々な社内業務に直接関与します。そのためか，多くの会社で，社長の下にある内部統制上の機関（下の正三角形に属する機関）と位置付けられています。

　こうなると，③監査部門と②監査役・①公認会計士は，構造上の利害対立が生じます。

　例えば，軍政に関して言えば，実際の戦線にまで軍監がついていきますが，だからと言って，作戦の内容について口出しをしません。あくまでも公正中立な立場からの検証と記録化に努めます。すなわち，委託者である株主の立場から，受託者である経営者の業務の監査を行う立場にある者が，事前の経営判断プロセスの中で経営側にアドバイスなどをすれば，その点について，事後的に厳しい措置を講じることができなくなってしまい，牽制が効かなくなってしまいます。この点で，構造上の利益対立が生ずるのです(D1.9)。

　多くの日本の③監査部門が，株主の部下ではなく，社長の部下として位置付けられつつ，経営の在り方を監査する，という，もともとかじ取りの難しい立場にあるうえに，株主の部下であることが明確な①公認会計士や②監査役と協

働しにくい立場にもなっているのです。そこで，三様監査の実効性を本当に確保するためには，③監査部門の会社組織論上の位置付けを整理し（本トピックで指摘するように，報告先を株主にするなど），①公認会計士や②監査役と協働しやすい体制にすることが望まれるのです。

　この問題は，独立性は高いが情報接近性の低い組織（①②）と，情報接近性は高いが独立性の低い組織（③）の二者択一でなく，組み合わせて活用する方向を指向するものと位置付けられ，注目に値します。

5．おわりに

　会社経営者に対する株主からのコントロールが弱いといわれる日本のガバナンスには，直すべきところが沢山あり，他で検討した②社外取締役（監査役）の位置付けや権限の明確化（D2.2）のほか，ここで浮き彫りになったように，③監査部門の位置付けや権限の明確化も重要な課題となります。

　とは言うものの，まずはできるところからガバナンスを強くしていくことは，悪いことではありません。

　会社組織設計の根本的な問題について，直ちにドラスティックな対応ができない場合でも，そのことを口実に対応を先延ばしにするのではなく，できることに取り組みながら，より本質的な問題の対策を検討していくことで，それぞれの会社に応じた適切な会社組織が見つかることになるのです。

　例えば構造上の利害対立の問題についても，③監査部門が全ての業務領域を漏れなく監査するのではなく，事業年度ごとにテーマを設けて監査することが多いでしょう。そこで，例えば，ある年に③監査部門が業務遂行の観点から詳細に監査した領域について，翌年は②監査役が経営的な観点から厳しく監査する，などの運用上の工夫もしながら，両者の構造上の利害対立を回避し，三様監査の実効性を高める方法も考えられるはずです。

　そして，このような工夫は，③監査部門の監査結果を②監査役が活用し，より深く監査することが可能になるなど，ガバナンスと内部統制の連携を促すことにもなるのです。

　　　　　　　　　　　　　　　　　　　　　　　　　　　　（久保利）

2-4 第三者委員会

> **＜用語解説＞**
> 名称は様々だが，社外メンバーが会社業務を検証するために設置される，非常設の機関。最近は，会社経営者の判断を追認するにすぎない「名ばかり第三者委員会」も散見され，第三者委員会の実効性や信頼性の確保も重要な課題である。

> **事例**　法務部長Bから，株主対策の整理検討を指示された社内弁護士のAは，不祥事が発生した場合の危機対策についても興味を抱いている。
> そこで，第三者委員会を検討したところ，①迅速に対応でき，②会社業務に詳しいことから，内部統制（下の正三角形）上の機関として第三者委員会を設置し，社長が委員の任命権者になる，とする案を作り上げた。

◆ 対 応 例

　Aの報告を聞いたBは，「なるほど，会社業務に対して深く突っ込めず，説得力のない第三者委員会も見受けられるから，会社業務を深く調査する点に配慮したのは，とても良いね。」と，Aの着眼点を評価してくれました。
　「だけど，組織論上の問題も考えないと，『名ばかり第三者委員会』のように，経営陣の経営判断をチェックできなくなってしまうよ。」と話しました。

◆ 分 析

1．はじめに

　事故調査委員会，外部調査委員会，独立委員会など，名称は様々です。主に会社の不祥事の際，事故原因を調査し，再発防止策を提案するための，非常設の機関です。社外メンバー中心ですので，「第三者委員会」の名称で代表します。
　第三者委員会は，どうやら日本でしか見られない独特な機関のようです。そ

れは，第三者委員会のメンバーの報酬は，調査対象となる経営者が支払うことと理解され，メンバーの選解任権も経営者が有することになるとすると，第三者委員会と経営者の間に構造的なコンフリクトが生まれるからです(B1.8)。同様の問題は，公認会計士の報酬制度でも指摘されています5 (D2.8)。

しかし，マスコミで取り上げられるような大きな不祥事が発生すると，当たり前のように第三者委員会が設置されます。

では，構造的な欠陥をはらむにもかかわらず，なぜ，ガラパゴス諸島での生物の進化のような日本独特の慣習として，第三者機関が広く設置されるのでしょうか。ここでは，特に重要な2つの理由に着目しましょう。

1つ目は，社内の調査機関（監査部門など）の機能が不十分であり，社内調査では十分実態解明ができず，実効性のある再発防止策を策定できない，という理由が考えられます。これには，社内の機関に実は十分な調査能力があるものの，その結果を他の部門が認めようとしない場合（調査機関自身の影響力や社内での調整能力がない場合）も含まれます。

2つ目は，第三者委員会の与える印象です。中立で，専門性が高く，権威もある，という印象から，メディアや世論の理解を得やすく，不祥事に対する非難を終結させることが期待できる，と考えるのでしょう。

2．実　態

実態はどうでしょうか。「第三者委員会報告書格付け委員会」6が検討した内容から，特徴的な事例7を見てみましょう。

まず，日産とスバルです。いずれも完成車の検査者が無資格であった事実が隠蔽されていた事案で，膨大な数のリコールや莫大な損失など，甚大な影響が生じました。いずれも大手法律事務所による調査報告書が提出されましたが，調査期間が短くて独立性・中立性・専門性に疑問符がつけられたり，会社組織論上の組織体制やプロセスに関する調査と内部統制上の問題点の指摘がある

5　『続不祥事』10講「オリンパスの不正会計事件」など。
6　http://www.rating-tpcr.net/
7　「コンプライアンス①（日本産業の劣化）」(D1.7)で，いくつかの概要を紹介しています。

（独立性・中立性はそれなりに認められる）ものの，技術的な調査（専門性）が不足したりするなど，大手法律事務所の報告書であっても内容が必ずしも十分でないことが明らかとなりました。

　特に問題なのは，東芝が2015年5月に設置した第三者委員会が，子会社ウエスチングハウス社ののれんの減損問題を調査対象から外した事例です。明白で重大な問題について，第三者委員会が調査を回避したのですが，企業社会では，このことが，同年12月の同子会社による旧CB&Iストーン＆ウェブスターの買収とその後の経営危機を招いた，という認識になりつつあります[8]。

　また，東洋ゴムグループの免震・防振ゴム性能偽装事件では，外部弁護士による調査の専門性だけでなく，独立性・中立性にも問題があり[9]，調査が行われたにも関わらず，大阪地検特捜部などの捜査対象となってしまいました。

　けれども，問題のある第三者委員会ばかりではありません。

　たとえば，商工中金融資先データ偽装事件では，第三者委員会自らが，危機対策融資の稟議書添付資料の改竄を発見しただけでなく，現場で広く行われていた不正融資まで発見しました。不正融資は100店舗，4,800件，2,600億円，2度の業務改善命令と，800人以上の懲戒処分にまで及びました。もっとも，このような不正をなくすためには，競合する民間金融機関とのかかわり方や金融行政上の監督の在り方など，経営の根幹にかかわる本質的な改革（完全民営化など）が必要ですが，そのような改革はいまだ実現しておらず，第三者委員会の限界も明らかとなりました。

　また，2016年に設置された三菱自動車の燃費データ偽装事件に関する第三者委員会では，①競合他社のトヨタの燃費問題の専門家であったメンバーも選任し，専門的な分野についてかなり踏み込んだ調査が行われ，②三菱自動車の社風の問題（自動車産業のミッションを忘れ，自動車に対する熱い思いを欠く，法軽視の文化や内部からの警鐘を無視する姿勢）の指摘など，内部統制（下の正三角形）の問題にまで踏み込んだ指摘が，特に注目されます。その後，販売

8　『続不祥事』2講「WECの巨額損失隠蔽問題と東芝の経営悪化」
9　報告書は，「この委員会は自ら調査をし，調査結果により問題を評価するものではない」と，自らその限界を明らかにしており，内容的にも，社内調査の表面的な追認でしかありません。

数は激減しましたが，三菱自動車は日産の傘下に入り，業績の上方修正も行われるなど，その後の経営再建にとって，第三者委員会の意見書が少なからず貢献しているようです。

3．問題点とその克服

　第三者委員会が機能するのか，それとも経営陣の誤った判断を追認するだけに終わるのか，この違いはどこから生ずるのでしょうか。
　第1に，人選が重要です。
　特に，技術的な要因が大きい不祥事の場合に，技術的な素養のないメンバーだけで構成された委員会が，さらに，技術的な問題に踏み込む権限も与えられていない状況であれば，調査結果が貧弱になることは誰にでも容易に想像されることです。
　本来，適切なメンバーを選任するのは社外取締役の役割でしょうが，社外取締役にそのような能力や人脈がない場合には，諮問委員会のような機関を設置する方法も考えられます。いずれにしろ，経営陣や従業員と信頼関係を構築しつつ，他方でその非を厳しく糾弾でき，それを可能とする能力が必要です。
　第2に，組織的な位置付けが重要です。
　結論的には，第三者委員会は，内部統制（下の正三角形）上ではなく，ガバナンス（上の逆三角形）上の機関と位置付けられるべきです。
　すなわち，法務部門のように，経営者の経営判断を安全にするため事前の意思決定プロセスに関与するのではなく，監査部門のように，株主によるチェックや監査の実効性を高め，経営者を牽制するために，事後的に業務内容やそのプロセス，組織体制を監査するのが，第三者委員会の業務内容です [D1.9]。
　そのための位置付けです。常設の機関ではありませんが，スペイン国王がコロンブスの業務遂行の適切性を検証するために，他の航海の専門家を雇って検証させるとした場合と同様，社外取締役と同じ位置付けになるべきです [D2.2]。
　このように，社外取締役と同じ位置付けにすることによって，①監視対象の経営者にとって不都合な事情も調査報告すること，すなわち，経営者の保身のためではなく，依頼者である株主や会社の将来のために活動できるようになります。②業務内容に踏み込んだ検討を行わせるために，同様の立場にあるべき

内部監査部門や，会計の専門家である公認会計士と連携し，より会社業務に踏み込んだ検討が可能になります(D2.3)。さらに，③コロンブスをチェックする航海士のように，調査対象に関する専門家を雇うことも可能となります。

4．おわりに

　理想形は，第三者委員会を株主総会が直接設置することですが，特に公開会社で迅速に株主総会を招集できない場合，容易ではありません。

　そこで，例えば①第三者委員会の報告先や委員の選解任機関を社外取締役にし，間接的に株主総会の下に設置すること，②M&A対策のポイズン・ピルのように，不祥事が起こった場合に設置される委員会として，その主要な条件を予め株主総会で承認しておくこと，等が考えられます。

　例えば，②の方法（アイディア）です。

　上場会社であれば，独立取締役を置くようになりますが，緊急時には，この独立取締役を招集権者兼議長として，一定の予算も与えて第三者委員会を立ち上げさせ，調査をさせ，さらに，臨時株主総会の招集権限と手続きを定め，調査結果を臨時株主総会に報告させる，などのルールを，定款に定めておくのです。このようにすれば，海外の投資家に全く理解されることのない，日本固有のガラパゴス的な第三者委員会ではなく，株主のために株主によって選任された第三者委員会を組成することができます。このことで，海外のステークホルダーにも合理性を説明できるようになるのです。

　仮に，ガバナンス的な手当てができない場合でも，第三者委員会の実効性を確保する工夫をし，単なる経営者の追認機関に終わらないようにしましょう。例えば，ゼンショーの事例では，第三者委員会の報告が功を奏して，株式時価総額が1,500億円から3,000億円に回復したと言われます。第三者委員会はコストがかかりますが，株主が享受する会社の価値を回復させる（ゼンショーの事例では元の株価以上にその価値を増進させた）ことも期待できるのです。優秀な調査チームの獲得のためには，お金を惜しんでいる場合ではないことも，理解しておきましょう。

（久保利）

2−5 内部通報制度

<用語解説>
　一部の会社では，実際に機能している事例もあると聞くが，多くの日本の会社では，導入したものの機能していないと言われる。近時の不祥事の多くは，内部通報制度が機能すれば，問題が小さいうちに対応できたように思われ，実効性ある内部通報制度の構築と運用が望まれる。

事例　法務部長Bから，株主対策の整理検討を指示された社内弁護士のAは，不祥事が発生した場合の危機対策についても興味を抱いている。
　そこで，内部通報制度の検討を開始したところ，①内部統制上の本来のレポートラインが機能すれば，内部通報制度の必要性は小さいこと，②内部通報制度を導入しても，上司に対する不満が通報されるだけで，本当に重要な通報は少ないこと，などの消極的な意見を目にした。

◆ 対 応 例

　そこでAは，Bに対し，内部通報制度の導入を前提とした検討をすべきかどうか相談したところ，Bは，「なるほど，内部通報制度のデメリットも把握することは，とても重要だね。」と，Aの着眼点を評価してくれました。
　「けれども，会社組織の設計は，1つの制度だけで完璧な結果を出そうとするのではなく，いくつかの制度を上手に組み合わせて，それぞれの副作用を抑えながら，安全で確実なものにしていくのがコツなんだ。」と話しました。

◆ 分　析

1．はじめに
　内部通報制度は，公益通報者保護法によって制度化されるなど，会社組織論上，極めて重要な制度ですが，未だに内部通報制度の不備に基づく不祥事が多く見受けられます。

内部通報制度の不備事例の検討と，会社組織論上の問題点を整理しましょう。

2．実　態

例えば，東レグループは，検査データについて，2016年7月にデータ改竄を把握したのに，2017年11月になって初めて公表しました。事実の把握や対応の遅れ自体が最も問題ですが，東レが公表に踏み切った理由も問題です。「インターネット掲示板上の書き込み」を理由としていますが，これは，社内の正式な報告ラインや内部通報制度が機能していなかったことを意味します。

同様に，数多くのデータ改竄事件（日本の産業界の劣化が懸念されます[10]）でも，数年から数十年の長期にわたる隠ぺいが明らかとなっています。やはり，社内の正式な報告ラインや内部通報制度が機能していなかったのです。

さらに，オリンパス事件（内部通報した社員を配置転換するなど，不適切な処分を行ったとして争われた事件）では，当該配置転換を人事権の濫用とする最高裁判決が出され，会社による内部通報制度の軽視や邪魔物扱いが問題にされています。

3．原因分析

内部通報制度が機能していない原因は何でしょうか。詳細な分析をする余裕はありませんので，多くの事例で共通する重要な2点を検討します。

1つ目は，内部統制（下の正三角形）の機能不全です。

例えば，①通報内容の確認よりも先に通報者探しが行われ，②同僚や上司が内部通報を「秩序違反」と認識するだけでなく，③内部通報を適切に処理すべき担当者までが，通報内容よりも，内部通報されたこと自体を問題視し，④報告を受けた上司や役員も，「握り潰し」等をはかる事態になり，⑤人事上も，内部通報者が保護されたり優遇されたりするのではなく，むしろ全く逆に，左遷されるなどの不利益を被る，などの対応が行われるのです。

このことにより，会社の不祥事を見逃せない従業員は，社内の正式な報告ラインや内部通報制度を信頼できず，監督官庁やメディア，SNSなどに「垂れ込

10　神戸製鋼グループ，日産，スバル，三菱マテリアルグループなど（D1.7）。

む」ことを考えてしまいます。会社の自浄作用の機会が奪われるだけでなく，中長期的にも，業務品質の低下を招き，会社経営者を「裸の王様」に貶めてしまうのです。

2つ目は，制度設計上の問題です。

多くの場合，通報者の保護，会社の報告対応義務や結果報告義務などが，内部通報制度の重要な要素とされ，従業員に約束されていますが，それが全くの空文であり，実効性がありませんでした。

中長期的に見れば，内部通報制度が機能すれば会社のリスク対応力が高まり，会社体制も強靭になるはずなのですが，経営者や会社従業員は，どうしても目の前の不利益に恐怖を感じ，自らの保身に走ってしまうのです。

つまり，通報者の保護や会社の対応義務などが定められていても，この「自己保身」を克服できませんでした。すなわち，内部統制上の制度（下の正三角形の制度）と位置付けている限り，内部通報制度には限界があるのです。

4．再発防止策

この原因分析を踏まえた再発防止策を検討しましょう。

1つ目は，順番を逆にしますが，会社組織論上の問題です。

より抜本的な制度設計上の変更としては，内部通報制度を，ガバナンス上の制度（上の逆三角形の制度）と位置付ける方法が考えられます。すなわち，自分の上司である会社経営者にとどまる問題ではなく，経営者に対するボス（言わば「大ボス」）となるべき株主に対する通報とし，株主の経営者に対するチェック機能の1つと位置付けるのです。

これに対しては，本来の上司である内部統制上のレポートラインを無視するもので，内部統制秩序を破壊するのではないか，という批判が考えられます。

たしかに，とりわけレポートラインが誰につながり，誰がボスになるのかを常に意識している欧米の企業では，自分の部下Cが自分Bを飛び越して直接自分の上司Aに報告をする事態を，極端に嫌います。場合によっては，Cの命令違反を理由に，BがCを解雇することすらあります[B1.3]。

けれども，これらを100％認めると，内部通報の余地が全くなくなり，上司の不正を上に報告することができなくなり，会社の自浄作用が働かなくなって

しまいます。

　このように，レポートラインを厳密に維持することは，責任の所在を明確にし，内部統制力を高める要因となるものの，構造的な欠点もあるのです。

　そこで，実際にBの裏切り行為が合理的に疑われる場合など，極めて限られた場合ですが，CからAに対する直接の報告が認められています。

　内部通報制度も，この発想の下に導入された制度であり，本来のレポートラインの機能不全に備えた，緊急の安全弁です。本来のレポートラインが機能していない場合の，緊急連絡網ですので，内部統制秩序への侵害を理由にする反論は理由になりません。完璧な制度など存在しませんから，壊れかけた内部統制秩序を回復するための緊急手段も設けておく必要があるのです[11]。

　そして，究極の「大ボス」である株主に対する通報制度とすることで，経営者や従業員の「自己保身」による妨害も克服可能となるのです。

　これに対しては，企業秩序を重視する立場からの反感も考えられます。すなわち，内部通報にはロクな内容のものがなく，「チクリ」を煽り，従業員相互の不信感を助長するだけで有害である，という意見です。

　けれども，重要な情報が稀にしか上がってこないことと，緊急の安全弁の必要性は，問題の次元が異なります。そもそも，稀な事態のために緊急の安全弁を設置するのであって，稀だから不要，というのは批判になり得ないのです。

　2つ目は，内部通報制度自体の機能強化です。

　すなわち，通報者保護，会社の対応義務，対応結果通知義務などの工夫ですが，本書以外の様々な場所で議論されていますので，詳細は省略します。

5．おわりに

　ここでは，内部通報制度の機能強化に関し，2つのアイディアを紹介しま

11　さらに，Whistle Blower制度（内部通報制度）やGate Keeper制度（ゲートキーパー制度）も，同様の位置付けで整理することが可能です。すなわち，極めて高度な守秘義務を負い，レポートラインを厳密に守らなければならない社内弁護士などの専門家であっても，その高度な守秘義務の例外として，極めて限定された状況にある場合に限られますが，自らが認識した違法な状況について，適切な機関に通報すべき義務が負わされるのです。日本への導入の可否については意見を控えますが，少なくとも，このような「緊急の安全弁」という理解を踏まえた議論が必要となります。

しょう。

　1つ目は，報奨制度です。通報することで報奨金が出るとするもので，アメリカのドッドフランク法により，一定の場合，SECに通報したWhistle Blowerに報奨金が出されます。日本では法制度もなければ，導入した事例も聞きません。金で同僚を売るのか，という意味で，日本人にとって潔くなく，受け入れにくいかもしれません。けれども，不正を見逃すことはそれ以上に潔くないはずです。そして，不祥事による会社の損害を考えれば，会社にとっても十分割に合うはずです。

　2つ目は，リーニエンシー制度です。これは，通報者にメリットを与える点では報奨制度と同様ですが，通報者自身が不祥事に関与している場合であっても懲戒処分をしない，という点で，すなわち利益が得られる，というのではなく，不利益を免れるという点で，異なります。独禁法で導入されている制度を，会社の組織設計でも活用するのです。

　そして，リーニエンシー制度が機能すれば，内部通報を義務化する，など，より踏み込んだ制度設計も現実的になるのです（飴と鞭）。

　なお，現在公益通報者保護法の改正が検討されています。改正の動向に注目して，法に先がけて会社制度の改善を図りましょう。　　　　　　（久保利）

2−6 誤訳の罪

＜用語解説＞

会社経営に関し，とりわけリスク管理に関わる重要な概念に対し，明らかな誤訳が散見される。これによって，企業のリスク管理や自浄作用に大きな悪影響が生じている。言葉の持つイメージに流されず，事実を見極めることが重要である。

事例 社内弁護士のAは，ガバナンスの在り方についても興味を抱いている。そのなかで，コンプライアンスという言葉が法令遵守と訳されていることが，誤った運用につながっている，といういくつかの論考に出会った。

◆ 対応例

Aの机に積み上げられた，様々な経済新聞や経済雑誌を眺めながら話を聞いていた法務部長Bは，「なるほど，法令違反でないから（偽装も）問題ない，という神戸製鋼の副社長の開き直り[D1.7]は，もしかしたらコンプライアンスの誤訳が原因かもしれないね。」と，Aの着眼点を評価してくれました。

「だけど，誤訳はこれだけじゃないよ。ほかにも，いくつか重大な誤訳があるはずだ。だからと言って，誤訳のせいばかりにしない対策も考えなきゃいけないよね。」と話しました。

◆ 分析

1．はじめに

企業不祥事が問題になるたびに，ガバナンス（上の逆三角形）不全が問題にされています。

その根本的な原因は，もちろん，会社のガバナンス（上の逆三角形）や内部統制（下の正三角形）の機能不全が主な原因であり，多くの場合，責められるべきは会社自身です。

けれども，マスコミをはじめとして，一部専門家まで用いている「誤訳」も企業不祥事に少なからず影響を与えています。

そのうちの最大の誤訳は「コンプライアンス」です。詳細は「コンプライアンス②（原因と対策）」(D1.8) で検討しましたが，これを「法令遵守」と誤訳した結果，法令に違反していないから良いじゃないか，という開き直りを生みました。そして，この開き直りが日本産業界の職人気質を奪っています。日本産業界の劣化の元凶であり，非常に罪深い誤訳です。本来は，「社会適合」などの訳語があてられるべきでした。

ここでは，さらに，ガバナンス（上の逆三角形）に関係する2つの「誤訳の罪」を明らかにします。

2．コーポレートガバナンス ≠ 企業統治

企業に限らず，不祥事が発生した場合，「ガバナンスが効いてない」「コーポレートガバナンス不全だ」などと非難されます。それは，会社の社長，国家の元首，官庁のトップ，学校の理事長，など，組織のトップの怠慢や能力不足を非難し，その個人的責任を追及する文脈で用いられます。

しかし，これは明らかに誤訳です。

これのどこが誤訳かというと，「ガバナンス」「コーポレートガバナンス」という用語を，「トップの暴走」「トップの背任」のように，トップの誤りを非難する用語として用いている点です。

すなわち，この用法は，責任の所在の問題と，コントロールの主体・客体の問題を区別しておらず，コーポレートガバナンスという概念が本来果たすべき機能を理解していません。

第1に，コーポレートガバナンスは，コントロールできているかどうかが問題なのであって，経営の失敗そのものを非難するものではありません。コントロールが効く体制や運用の問題であり，非難されるべきは，コントロールすべき人がコントロールしなかった点にあります。

第2に，この観点で見た場合，トップはコントロールされるべき客体にすぎません。トップをコントロールすべきは，社外取締役を含む取締役会のはずです。これは，「社外取締役」(D2.2) で詳しく検討しましたが，主権者（スペイ

ン国王，株主）が，下僕（コロンブス，経営トップ）を自ら直接コントロールすることができない（専門性など）ことから，下僕をコントロールする役割を代理人（社外取締役）に与えるのです。

　そうすると，コーポレートガバナンス不全が問題になった場合，その責任を負うのは社外取締役（もしくは社外取締役を選任し，ガバナンス体制を構築すべきだった株主自身）であり，トップではないはずなのです[12]。つまり，トップはトップとしてしっかりと責任を負ってもらう（これは，ガバナンスの問題ではなく，経営判断や政治判断そのものの責任）が，それだけでなくトップへのコントロールを怠った者もしっかりと責任を負ってもらう（これが，ガバナンスの問題），ということが大事なのです。

　そして，このような誤訳は，重大な問題を引き起こします。

　それは，トップだけが非難されることにより，本来のコントロール体制が機能しない状況がそのまま放置されてしまうことになるのです。

　実際，声高に「ガバナンスの問題」が指摘された事案で，本当にガバナンスの責任，すなわち監督すべき人が監督しなかった責任が追及された，という報告はなかなか耳にしません。

　さらに，コーポレートガバナンス不全を理由にトップを非難する限り，トップ自身が監視体制を構築すべきだった，ということになってしまいます。

　これは，トップにとってはしめたもので，実効性のないチェック機関の設置でお茶を濁すことが可能になります。あるいは，仮にトップを交代させる場合でも，しっかりした監視体制を作らなかったトップの責任である，として，今度は全ての責任をトップに押しつけ[13]，トップを選任した者が本来負うべきガバナンス体制構築不備の責任やトップに対する監督不行届きの責任の追及を逃れ，さらには，本当に必要なガバナンスの根本的な強化を講じないままに終わらせることが可能になってしまいます。

---

[12] 同様の関係は，日本国憲法の予定するガバナンス体制でも生じます。すなわち，首相の誤りが問題になった場合，ガバナンス不全を問題にするのであれば，それは首相をコントロールしなかった国会の責任であり，ひいては国会議員を選出する制度の欠陥（国会の怠慢）や，そのような国会議員を選んだ国民の責任なのです。

[13] いわゆる「トカゲのシャッポ切り」です。

日本人には，性善説が根底にあるからなのか，権限を与える代わりにチェック体制を作る，という発想が薄いように思われます。チェック体制を作ることは，相手を信頼していないことになり，大変失礼なことだ，という発想です[14]。

　このように，コーポレートガバナンスという用語には，トップに全幅の信頼を与えることを前提にした「企業統治」という訳語ではなく，「経営監督」「経営者管理」などのように，与えられた権限内での運営であることが示される訳語が当てられるべきだったのです。

3．アカウンタビリティ ≠ 説明責任

　企業に限らず，不正や不祥事が疑われる状態になった場合，自ら身の潔白を明らかにするように求められますが，その際「アカウンタビリティを果たす」ことが求められ，釈明の記者会見が行われ，「説明責任」が問題になります。

　しかし，これも誤訳です。

　まず，本来の言葉の意味を検討しましょう。同じ「責任」が問題となる用語であるResponsibilityとAccountabilityの違いです。

　Responsibilityは，respond＝re（＝back，返す）＋spond（＝to promise，約束する）から派生した単語です。すなわち，「（神に対して）約束をもってお返しをする能力」という，キリスト教的な意味が本来の意味であり，「そのような能力を持つ者に課される義務という負担」という「責任」になったようです。すなわち，個人としての道徳や心の内面に関わる精神的問題だったのです。

　これに対し，Accountabilityは，ac＝（〜へ）＋count（数える）から派生した単語です。Accountが会計報告ですので，会計的にしっかりと報告する，という「責任」を意味します。

　しかし，単に報告すればよい，という意味ではありません。会計報告はすでに起こってしまった事象を正確に報告することを意味しますので，既に生じて

14　原子力発電所のチェック体制についても，チェック体制を作ることは原発が安全でないことを認めることになってしまう，という理由から，形だけのチェック体制しかできなかったことが指摘されています（D4.7）。
　　なお，性善説の問題点については，「性善説とロイヤルティ」（D4.4）参照。

しまった問題について，言い訳をしたり曖昧にしたりすることではなく，むしろ既に生じてしまった問題について，その内容を詳細に分析した後に，必要であれば責任を認めたうえで，その原因や詳しい内容を報告する，という意味が含まれます。コロンブスがスペイン国王に対して負うAccountabilityは，成果が思わしくない場合の言い訳ではなく，どのような費用や利益が生じたか，どのような航海だったのか，などについての事実を漏らさず報告する責任であり，責任がある場合にはそれを甘んじて受けたうえでの報告義務なのです。

　すなわち，「説明責任」と誤訳されてしまったことによって見受けられる影響には，①責任の自認が前提のはずなのに，逆に，責任を否定し，言い逃れするために「説明責任」を用いています。②さらに，本来の責任の所在と説明責任とは別であると考えられているためか，辞任するなど，本来の責任を負わされる場合には，十分な説明をせずに逃げ出してしまう場合も見受けられます。

　このように，アカウンタビリティという用語には，言い逃れを認めるような「説明責任」という訳語ではなく，生じた責任の内容を報告するという意味で，「結果報告義務」「責任報告義務」のような訳語が当てられるべきだったのです。

4．おわりに

　ここでは，コンプライアンス（≠法令順守），コーポレートガバナンス（≠企業統治），アカウンタビリティ（≠説明責任）の誤訳とその罪を検討しました。

　特にマスコミの報道では，言葉の持つイメージが先行して，確認すべき事実が曖昧なまま，誤った方向に議論が進んでいる場面を多く見かけます。

　本来であれば，誤訳を正し，本来あるべき意味を的確に表す訳語に切り替えていく必要があります。

　けれども，既に定着した訳語を変更することは，現実的に極めて難しいことです。

　そもそも，内部統制や経営も同じですが，適切な判断は，言葉のイメージではなく，しっかりとした事実に裏付けられるべきものです。言葉の持つ危険を十分理解し，言葉のイメージに振り回されず，事実をしっかりと見極めて，適切なリスク管理と適切な経営判断をしましょう。

　　　　　　　　　　　　　　　　　　　　　　　　　　　（久保利）

2-7　ガバナンス不全の背景①

＜用語解説＞
　会社組織論を検討する際，日常的にリスク管理することが何よりも重要であり，内部統制（下の正三角形）の方がガバナンス（上の逆三角形）よりも重要だが，ガバナンスも，最後の拠り所として重要である。

事例　内部統制の在り方を調べ始めた社内弁護士のAは，ガバナンスについても検討すべきかどうか，法務部長Bに意見を求めてきた。
　Aの机に置かれた経営学の書籍を見た法務部長Bは，相変わらず熱心だな，とつぶやきながら，Bの意見を述べ始めた。

◆ 対応例

　法務部長Bは，「なるほど，日常的にリスク管理されるべきで，非日常的なガバナンス（上の逆三角形）に頼っていては，リスク管理上かえって危険だから，君の問題意識も良くわかるよ。」と，Aの着眼点を評価しました。
　そのうえで，ニコニコと首を傾げながら言いました。「けれども，ガバナンスと内部統制のどちらかが万能なのではなく，どちらも万能でないのだから，その優劣を問題にするより，組み合わせ方を考えるべきではないかな。」

◆ 分析

1．はじめに
　企業の不祥事は，その原因の多くが内部統制（下の正三角形）にありますが，ここではガバナンス不全が原因の1つである事案を紹介します。
　ここでは，主に『不祥事』『続不祥事』で詳細に分析され，報告されている事例の中から，ガバナンス不全の実例を見ましょう。これらの書籍は，ガバナンス（上の逆三角形）だけでなく，むしろ内部統制（下の正三角の形）の観点からの的確で詳細な原因分析がされており，非常に参考になります。もちろん，

ガバナンス部分の分析も非常に的確ですので，ここでは主に，ガバナンス部分の分析をもとに，検討を行います。

ところで，実例を検証する立場としては，ガバナンスが機能した事例も参考にしたいところです。

たしかに，内部統制（下の正三角形）に関わる経営の成功例は，経済誌や書籍で非常に多く紹介されています。そもそも経営学は，経営の成功事例からそのエッセンスを抽出し，整理している部分が非常に大きい学問ですので，成功例の研究も当然のことです。

最近は，法律の世界でも実証研究が盛んになっています。例えば，社外取締役の義務付けが業績に与える影響については，各種の研究がなされています。

例えば，アメリカでは，取締役会の過半数を独立取締役とする規制が導入されていますが，その前後で，企業業績の向上につながったとする有意なデータは認められませんでした。一方，韓国でも大規模上場企業の取締役会において，その過半数を社外取締役にすることが義務付けられましたが，この場合は，企業の業績が有意に向上したとの実証結果が得られています。

このように，社外取締役を1つとってみても，その効果は未だ十分に実証されていません。最近では，取締役の裁量が働きやすいキャッシュリッチな会社では社外取締役が有意義であるが，小規模な会社の場合には，社外取締役を導入するコストがかえって業績の足を引っ張っているなど，様々な研究がなされていますが，いまだ定見が得られない状況にあります。

このようにガバナンスがもたらす効用は未知数のため，ガバナンスの実例研究では，どうしても失敗例から学ぶことが中心になります。

2．投資家の機能不全

ガバナンス（上の逆三角形）上，スペイン国王に該当する株主等の投資家が会社の所有者であり，会社自身の処分など重大な事項に関して最終的な決定権限があります。自分の財産は自分で守るのが基本ですので，投資家自身がその気になれば，ガバナンスは機能するはずです。

ところが，特に公開会社の場合には，投資による利潤にしか興味のない投資家が多く，株主総会や株主代表訴訟による牽制がなかなか機能していません。

そのような状況にもかかわらず，投資家の判断や行動が，単なる牽制不足にとどまらず不祥事の原因になる場合があります。これは，①投資家の立案したビジネスモデルが不適切であり，不祥事を誘引する場合，②投資家自身が，不正に関与している場合（会社から資産を搾取するなど），③代表者と取締役会の人選が不適切な場合，等が考えられます。

このうち，①投資家の立案したビジネスモデルが不適切であり，不祥事を誘引する場合については，新銀行東京の巨額損失事件[15]が参考になります。

すなわち，最大株主である東京都には，ⓐ中小企業への貸し渋りなどの問題が改善されつつあり，新銀行東京の存在意義が乏しくなったにもかかわらず，ⓑ審査能力も経験もない新設の銀行が，仮に十分な審査能力のある銀行にとっても運営が難しい，財務情報だけによる融資審査制度を採用し（不良債権増加），ⓒ開業後3年で地方銀行の中位クラスに成長するプランとする（過剰投資誘発），等の原因があると分析されています。

次に，②投資家自身が，不正に関与している場合（会社から資産を搾取するなど）については，大王製紙会長による特別背任事件[16]が参考になります。

すなわち，ⓐ創業家一族が絶対的な影響力をグループ各社に及ぼしている状況下で，ⓑ創業家一族出身のグループ社長自身がバカラ賭博に数十億円つぎ込んだだけでなく，ⓒその融資をグループ会社に強要した。ⓓ創業家は，多額の融資に気づき，社長を降格し，融資金を返済させたものの，バカラ賭博が原因であることを見抜けなかった，等の原因があると分析されています。

さらに，③代表者と取締役会の人選が不適切な場合については，代表者の選任に問題がある場合[17]と，社外役員の選任に問題がある場合がありますが，後者は，次の取締役会の機能不全の原因が投資家にある場合を意味します。したがって，後者については，次の項で検討しましょう。

さて，投資家の責任とする場合，当然疑問が生じます。すなわち，会社は投

---

15 『不祥事』8講「新銀行東京の巨額損失事件」
16 『不祥事』9講「大王製紙会長による特別背任事件」
17 新銀行東京事件では，極めて専門性の高い銀行業務に関し，銀行業務を全く知らない経営者を選任しており，大王製紙事件では，創業者一族の中から，会社資産100億円以上を賭博につぎ込む経営者を選任しています。

資家（≒スペイン国王）のものなのに，なぜ投資家がガバナンス上の責任を負うのか，という問題です。

しかし，これに対しては，投資家であれば何をしても（何もしなくても）良いのか，という反論が可能です。

なぜなら，例えば，①新銀行東京事件では，東京都の出資金の原資は都民の税金だからです。

このように一見自分のお金を使っているように見えても，実は他人から資金を託されて運用している場合は少なくありません。生命保険会社や年金基金などといった機関投資家も同じで，投資先の会社のガバナンスを働かせることが，資金の運用を託された者（受託者）としての責任となります。その意味で，③ガバナンスが機能不全を起こすような役員の人選ミスは許されません。そのため，最近では，いわゆるスチュワードシップ・コードに基づいて，役員の選任議案については議決権の行使基準を明確かつ合理的なものとすることが求められています。

また，②投資家が自ら不正に関与するケースは，投資家が経営に対する影響力を持っている場合がほとんどなので，場合によって，事実上の主宰者として，あるいは事実上の取締役として，法的責任を負わされる可能性があります。

3．取締役会の機能不全

ガバナンス（上の逆三角形）上，社外取締役や監査役などの社外役員は，所有者である株主（≒スペイン国王）の代理人です。株主の受託者である経営者（≒コロンブス）を，株主に代わって牽制します(D2.2, 2.6)。株主にもガバナンス上の責任がある，と指摘しましたが，そうは言っても，通常の場合の株主は経営の素人であり，株式会社制度も経営の素人が株主として多く集まることを目的とした制度ですので，生来的構造的に株主による牽制には限界があります。

そこで，経営のプロを別に雇い，経営者を牽制することにしたのが社外役員です。社外役員は，株主のために働くものであって，経営者のために働くものではないはずなのです。

ところが，この牽制機能が十分働かず，しかもそれが不祥事につながる場合があります。

それは，①社外役員が牽制を働かせる能力がそもそもない場合，②利益相反により牽制を働かせられない状況にある場合，さらに③社外役員も不正に関与している場合が考えられます。

このうち，①社外役員が牽制を働かせる能力がそもそもない場合については，新銀行東京事件が参考になります。

すなわち，当時最先端だった委員会設置会社の形態が取られ，重要な案件は取締役会が決定すべきであり，取締役会がガバナンスを発揮すべきであったにもかかわらず，①取締役の中に銀行業務の経験者が一人も含まれていなかっただけでなく，学者や弁護士など管理者の経験すらない者が寄せ集められていたこと，②実際，取締役会では，異常なデフォルト率や巨額な一般貸倒引当金が報告されたにも関わらず議論が全く行われなかったこと，などが指摘されます。

次に，②利益相反により牽制を働かせられない状況にある場合については，上記大王製紙事件に加え，オリンパスの不正会計事件[18]が参考になります。

すなわち，①役員が財務や会社業務に暗いだけでなく，②会社と顧問契約を結んでいる弁護士，役員報酬を主な収入源とする元官僚，会社からの多額の寄付で運営されている財団の理事長，会社と取引のある広告会社や不動産コンサルティング企業の関係者，など，会社との利害対立が明確で，独立性のない役員がメンバーであったことが，社外役員による牽制の形骸化の原因であり，経営が敢えてそのような人選をしていた，と分析されています。

4．おわりに

さらに，社外役員でない者は，内部統制上は社長が最終的な上司であり，評価者であり，選解任権者である，という状況になります。すなわち，役員としての牽制を求められる時だけ，社長よりも偉くなり，日常業務では社長の部下になる，という無理な立ち居振る舞いが求められます。これも，ガバナンス不全の原因の1つです (D2.2)。

さて，次に，社外機関によるガバナンスについて検討しましょう。

(野村)

---

[18] 『不祥事』10講「オリンパスの不正会計事件」

2-8　ガバナンス不全の背景②

＜用語解説＞
ガバナンス（上の逆三角形）には，株主と社外役員のほかにも，公認会計士や社外委員会などの社外機関も関わるが，社外機関の不全が原因となる不祥事も報告されている。

事例　ガバナンスの在り方を調べ始めた社内弁護士のAは，外部機関の機能不全による不祥事の存在にも気づき，どのように取り扱うべきか，法務部長Bに意見を求めてきた。
　Aの開いている「不祥事」に関する書籍を見た法務部長Bは，良い本を見つけたな，とつぶやきながら，Bの意見を述べ始めた。

◆ 対応例

法務部長Bは，「なるほど，第三者委員会や専門家委員会は，不祥事発生後に設置されることが多いから，第三者委員会や専門家委員会の機能不全が原因となって，さらに新たな不祥事が発生してしまう，というのは考えられないと思っていたけど，実際にそんな事例もあるんだね。」と，Aの着眼点を評価しました。

そのうえで，ニコニコと首を傾げながら言いました。「問題は，日本では，社外の専門家の意見を簡単に信頼してしまう傾向がまだまだ強いのに，実際には経営の判断を追認するだけの外部機関が多い点にあるね。その問題の背景を明らかにすることが重要だね。」

◆ 分　析

1. はじめに

前問に続き，『不祥事』『続不祥事』の事案と，それに対する同書の分析（そのうちでもガバナンス（上の逆三角形）に関する検討）を参考に，ガバナンス

の在り方を検討します。

2．公認会計士の機能不全

　ガバナンス（上の逆三角形）上，スペイン国王に該当する株主に代わって，その専門性を武器に，コロンブスに該当する経営者の活動を，主に財務の観点から検証するのが，会計監査人です。公認会計士という国家資格を有する者または監査法人だけが就任できる役職で，財務の専門家であり，役職上も中立性独立性が求められますから，ガバナンスが十分機能すると期待されるところです。最近の法改正でも，その選任や報酬については，業務執行を行う取締役ではなく，監査役や監査（等）委員にその決定や同意を求めることで，会社からの独立性が高められています。

　しかし，実際には公認会計士に対する行政処分が数多く見受けられる[19]だけでなく，その機能不全が不祥事の原因の1つとなっている事例が見受けられます。

　例えば，大王製紙会長による特別背任事件[20]は，バカラ賭博で100億円を超える浪費をした社長に対し，その関連会社から異常な貸付が行われていた事案ですが，①監査法人は，2010年7月には，大王製紙の経理部と共にこの異常な状況を把握していたにもかかわらず，適正意見を出していました。②さらに，事件発覚後の2011年12月には，本事件とは関係のない部分で，過去5年間の有価証券報告書の訂正を行い，「不正貸付事件の関係で金融庁が調査に入る前に，（…）あわてて過去のウミを出してしまおうとした」と指摘されています。

　以上の経緯から，会計士事務所が不正貸付に対し牽制する機会は少なからずあったにもかかわらず，それを怠ったことが，不正貸付の拡大の一因だった，と評価されるのです。

　次に，オリンパスの不正会計事件[21]では，バブル崩壊による多額の運用損を，「とばし」などによって10年以上隠蔽していた事案ですが，監査法人は，オリ

19　『不祥事』128頁～129頁では，2006年から2012年までの間の行政処分として，10件の処分例が示されています。
20　『不祥事』9講「大王製紙会長による特別背任事件」
21　『不祥事』10講「オリンパスの不正会計事件」

ンパス側に対して，疑惑が濃厚な「のれん」の一時償却を求めるなどの行動を取ったものの，①1999年に「とばし」が内部告発で発覚して168億円の特別損失を計上していて，「とばし」の予見可能性があり，②その実行者が財務部門の重要ポストに座り続けており，③同時期に960億円もの損失が受け皿ファンドに移転され，④その後も多額の資金が塩漬けになっており，⑤例えば，外国銀行に対する残高確認状に関して，担保設定などの引き出し制限事項を再確認するべきなのにこれをせず，⑥M&Aを用いたスキームによるとばし事態を見逃し，あるいはそのことを伏せていました。

これらの行動から，監査法人も「共犯者」であり，一般投資家を蔑ろにした，と評価されるのです[22]。

3．外部委員会の機能不全

ガバナンス上の外部機関として，特別に事情のある場合に設置される「第三者委員会」などの外部委員会については，既に別に検討しています(D2.3)が，ここでは，機能不全が不祥事の原因にまでいたった事例を見てみましょう。

上記「不祥事」の中で，特に外部委員会への言及があるのは，オリンパス事件です。

この事案では，外部委員会が様々な場面で関与していますが，その第1は，損失を分離する「とばし」スキーム立案段階での関与です。すなわち，事業実態のないペーパーカンパニーを高額で買収するために，社内で事業投資委員会を立ち上げました。この委員会は，スキームを主導していた役員が委員長であり，客観性を確保するために監査法人の意見が求められていました。しかし，買収する会社の成長率が数十倍から千倍以上，という極めて楽観的かつ単一のシナリオの下に，でたらめな評価をおこなっていました[23]。

この外部委員会の意見が，その後のスキームの推進の大きな根拠になったことは間違いなく，「不祥事」の原因と評価できるのです。

第2は，監査法人がスキームの問題点をオリンパス側に質したことを受け，

---

22 その後，監査法人が変更されますが，新しい監査法人も，過去の経緯については知らないフリをした，と評価されています。
23 この監査法人は，後に金融庁から業務停止3か月の行政処分を受けています。

オリンパス監査役会が設置した委員会です。この委員会は，独自の調査やヒアリングを全く実施せず，オリンパス側の説明を鵜呑みにして報告書を取りまとめており，オリンパスに対する牽制機能を全く果たしていませんでした。

この委員会の意見が，オリンパスに対する牽制を働かせようと動き始めた監査法人の解任[24]と，新たな監査法人（オリンパスの言いなりになる監査法人）の下での隠蔽継続につながります[25]。すなわち，解任されてしまった前任の監査法人が問題提起したのが2009年4月，解任されたのが5月，情報誌による「とばし」報道を受けて調査に着手したウッドフォード代表取締役が突然解任されたのが2011年10月です。真相は，その後に設置された第三者委員会によってようやく明らかにされました。

このように，2009年時点の委員会の意見によって，隠蔽期間をさらに数年間伸ばすことにつながったのですから，この委員会の意見も「不祥事」の原因と評価できるのです。

4．インセンティブのねじれ

ここで，ガバナンス上，本来は経営に対する牽制が期待されるべき外部機関が，実際には機能していない背景を検討しましょう。

その最大の理由として指摘されているのが，わが国の会計監査の制度的欠陥です。これは，ガバナンス（上の逆三角形）上，スペイン国王に該当する投資家のために，コロンブスに該当する経営者に対する牽制を働かせるべき立場にある公認会計士などの外部機関が，実はその報酬を経営者（コロンブス）から受け取っている，という「インセンティブのねじれ」です。

本来であれば，コロンブスの財務報告の検証を行わせる専門家は，スペイン国王が雇い，スペイン国王がその報酬を定めて支払うべきです。ここで，コロンブスの財務報告の検証を，コロンブスの雇った専門家が行うことになれば，

---

[24] 監査法人が会計監査人として適正意見を出した翌日，会計年度の途中であるにもかかわらず，この監査法人は解任されてしまい，新しい監査法人に新会計年度の監査が依頼されました。

[25] 新しい監査法人は，以前の監査法人が問題にしたスキームの経緯については知らないフリをした，と評価されています。

よほど強靭な信念がない限り，構造的にコロンブスの言うことの方に重きを置くようになっていきます。特に，誰がボスであり，自分は誰のために働くのか，という意識の強い欧米の人たちから見た場合，経営者に選解任権や報酬決定権を握られている人が，経営者に対して厳しいスタンスをとれると信じる人はいません。利益相反が明白であり，構造的な問題があると言い始めるに決まっています。

このような構造的な矛盾が「インセンティブのねじれ」であり，わが国の「第三者委員会」「社外委員会」などの外部機関の構造的な欠陥でもあるのです(B1.8, D2.4)。

そこで，会社法は，株主総会で審議する会計監査人の選任・解任の議案は，経営者ではなく，監査役（会）や監査（等）委員会が決めることとし，その報酬を経営者が決める場合には監査役（会）や監査（等）委員会の同意を求めることにしています。しかし，これでは不十分で，報酬の決定権も監査役（会）や監査（等）委員会に持たせるべきだという意見は少なくありません。

5. おわりに

日本では，社外の専門家の意見であれば，それだけで独立性や中立性があると思ってしまう風潮があり，外部機関による牽制に対し，過大な期待があります。

しかし，結局，誰がその報酬を支払うのか，という構造によってその性格は大きく影響されます。外部機関も，うまく機能すればガバナンス上，有益なツールとなりますので，第三者委員会に関して検討したところ(D2.4)を参考に，構造設計や運用の際はこの点を特に注意しましょう。

すなわち，運用の問題としては，それぞれの状況に応じて，適切に問題点を見つけ出し，分析できる能力を有する専門家を選ぶこと（人選），だけでなく，ガバナンス（上の逆三角形）上の対策として，経営からの影響を受けないような構造に近づける方法が考えられます。　　　　　　　　　　　　（野村）

● おまけ小説　法務の小枝ちゃん ●

第2章　ガバナンス

　緑川部長に呼ばれて会議室に行ったら，藤堂部長が緑川部長と話し込んでいた。
　緑川部長は財務部長，藤堂部長は営業企画部長。
　財布を握っている緑川部長と，「悪だくみ」専門の藤堂部長しかいないところに呼び出されたのだから，胡散臭さがプンプンする。
　もちろん，「悪だくみ」と言っても，犯罪を計画しているわけではなく，極秘に検討される戦略的な案件のことだし，武田化成は，法の隙間をかいくぐるような大それたことをやる会社ではない。ただ，真面目で正直でお人好しな職人さんたちに任せると，ロクな駆け引きもできずに良いようにあしらわれてカモにされかねないから，世間のオオカミやハイエナたちと上手に駆け引きをする役割りが必要，ということ。
　しかも，「悪だくみ」専門なのに，未だに週末はテニスをしていて，引き締まった体のさわやかなおじ様だから，いっそう質が悪い。この間は，私と桜子の行きつけのイタリア料理店のオーナーシェフをたらしこんでいた。そのあと，藤堂部長がお客さんと一緒にそのお店に行ったら，イタリアから取り寄せたばかりの，日本初上陸のワインをご馳走になったよ，と無邪気に報告してくれた。オーナーにかなり気に入られているらしい。私たちの行きつけのお店を気に入ってくれたことが嬉しい。
　小枝君の紹介のお店だから，報告しとかなきゃね。小枝君も，そのワインが残っているうちにお店に行かなきゃ。
　はい，ありがとうございます。早速桜子と行ってきます。
　この，人たらしめ。小声でつぶやいてみる。
　やばい。さわやかに藤堂部長に話しかけられると，いつも血圧と脈拍数が上がってしまう。

　小枝さん，急に呼び出してごめんなさい。青木法務部長がまだ山から下りてこないから，来てもらったの。
　背筋を伸ばして腰かけているだけだが，緑川部長には，相変わらず威圧感がある。しかも，力みがない。同じ女性として，カッコいいと思う。

「公認会計士事務所から，今年の法定監査の際，ガバナンス体制について監査したい，という内々の連絡があったの。法定監査の対象ではないけど，特に公開会社に対するガバナンス問題が最近うるさいので，早めに確認しておきましょう，と言ってたわ。」

ポイントが押さえられていて，話が早い。カッコいい。

すると，藤堂部長が話を続けた。

「それに，武田システムズのガバナンス体制も考えなきゃならない。武田化成は，自分自身の説明責任を考えなきゃならない一方で，武田システムズへの関与の仕方も考えなきゃならず，今，ちょうど板挟みの状況なんだ。」

「こういう逆境から何かひねり出すのは，小枝君の得意技だからね。小枝君が武田システムズのプロジェクトに関わっているし，ちょうど良かった。僕たちはラッキーだよ，ありがとう。」

まだ何もしてないのに，先にお礼を言われてしまった。

すでにたらしこめられている私が，藤堂先輩のお願いに逆らえるはずがない。

もちろん，喜んで。頼りにしてもらえているなら，本当に光栄です。頑張りますから，何でもおっしゃってください。

言いながら，随分とはしゃいでいる自分自身に少し呆れてしまった。

話はこうだ。

これまでも，「コーポレート・ガバナンスに関する報告書」を証券取引所に提出していたが，その記載内容に関して株主から問い合わせを受ける会社が増えてきていること，一部のマスコミは，その記載内容の合理性について疑問を示し始めており，例えば本当の「独立」取締役は存在するのか，みたいな議論もされていること，したがって，「コーポレート・ガバナンスに関する報告書」の記載内容について，それぞれの背景を詳しく確認しておきたい，とのことだ。

さすがに嗅覚が鋭いと言うべきか，武田化成が武田システムズに追加投資を検討していることを知らないはずなのに，公認会計士事務所の方から，ガバナンスに関するチェックを申し入れてきた。武田システムズへの投資判断について，株主総会の了解か，少なくとも報告が必要ではないか，という検討を始める矢先のことだ。当然，追加投資の前提として，その判断の合理性の説明も必要だ。

「コーポレート・ガバナンスに関する報告書」でも，経営計画などの株主との

共有が望ましいとされている。今回の追加投資は、ギリギリ突き詰めれば、共有しなければならない、というレベルのものではないかもしれない。

けれど、武田システムズへの追加出資は、トラブル対応などの後ろ向きの案件ではなく、前向きの案件だ。PRも兼ねて、武田システムズのことは株主総会か何かで株主に伝えておこう、という経営判断も十分あり得る。

あ、そうだ。

私は、以前から気になっていたことを切り出してみた。

「会社の不祥事が明らかになったとき、慌てて第三者委員会を設置することが多いじゃないですか。けど、結局は経営が雇った委員だから、経営の言いなりで、経営の合理性を裏付けることしかしていない、と批判されていますよね。」

「そこで、第三者委員会は経営に雇われたのではなく、株主に雇われたんだ、だからその内容には客観性があるし、経営の言いなりでもない、という立て付けにできないかな、と考えていたんです。」

「例えば、独立取締役制度があるけど、この独立取締役を、緊急時の第三者委員会の招集権者兼議長として定款で定めておけば、そして、第三者委員会の体制や手続きを予め準備しておけば、いざというときに慌てなくて済むんじゃないかな、と考えていたんです。」

藤堂部長と緑川部長は、ホホウ、という顔をしているが、まだあまりピンと来ていない様子だ。武田システムズの話と直接関係があるわけではないのに、今、慌てて議論する必要はないよね、でも、せっかくの機会だから、一緒に検討しても良いかな、という感想だった。

武田システムズのガバナンス体制と武田化成自身のガバナンス体制の両方をこの機会に整理しておかなければならないから、父の知り合いの弁護士で、以前も上場のときに相談した弁護士に相談しよう。独立取締役と第三者委員会の問題もついでに相談しよう。

その際、公認会計士にも一緒に参加してもらおう。前向きな案件なんだし、早目に状況を理解してもらう方が、準備万端まで黙っておいて一から説明するよりも良さそうだ。

そして、その時までに、やはり武田システムズへの追加投資の話は、武田システムズの事業拡大のプランと一緒に、もう少し煮詰めておかないといけない。結局、ビジネスとして適切かどうか、ということが重要な問題なのだから。

今後の段取りが決まった。
　さて，早速弁護士先生に連絡しようか，と席を立とうとしたときに，一つ言い忘れていたわ，と緑川部長が声をかけてきた。
　「この件について，財務部では課長補佐の岡さんに担当してもらうことにするわ。だから，小枝さんは岡さんと直接やりとりしてくれるかしら。私をCCにつけてくださいね。」
　直接緑川部長が細かい作業をするわけではない，と判ってはいたが，岡さんご指名とは少し驚き。岡さんは，決して頭が切れるタイプではなくて，かつての桜子みたいに，時々つらそうな顔をして残業している。相変わらず緑川部長は，真面目な女性を育てようとしているようだ。
　そして，私は，岡さんが近くを通る藤堂部長や，緑川部長と話をしている藤堂部長の様子を，いつもまぶしそうに見つめていることも知っている。
　藤堂部長をまぶしそうに見つめる岡さんの様子が，頭から離れない。
　胸が苦しい。

第3章

内部統制の理論

3-1　リスク対応とは何か

＜用語解説＞
　リスク対応という用語は，議論の状況や目的に応じて，異なった意味で用いられるが，会社の内部統制上の重要な要素であって，会社がチャレンジするためのツールである，と位置付けることが，会社経営にとって有益である。

事例　内部統制の在り方を調べ始めた社内弁護士のAは，リスク対応の重要性を，内部統制の基本原則の中に明記すべきであると考え，その方向性を法務部長Bに相談した。
　Aは，リスクに関し，特に現場の意識が低いことが問題であると考えており，企業不祥事の事例をふんだんに示して，リスクの高い行動を戒める必要がある，と力説した。

◆ 対応例

　Aの提案を聞いていた法務部長Bは，「なるほど，現場がリスクに気づくことの重要性に着目するのは，とても良いね。」と，Aの着眼点を評価してくれました。
　「だけど，もう一段掘り下げて欲しいな。君の説明を聞いていると，リスクをとっちゃいけない，会社はリスクと無縁に活動するのだ，というようにも聞こえるけど，そうじゃないだろう。リスクの避け方だけでなく，リスクとの付き合い方も，考えなきゃダメじゃないかな？」と話しました。
　Aは，「会社がそんな簡単にリスクを負っていいとは思えません。それでは，現場の規律が緩む一方です。」と気色ばんでいます。
　しかし，Bはニコニコしながら首を傾げています。「本当にそうかな。会社はリスクをとらないといけないんじゃないかな。」

◆ 分　　析

1．はじめに

　リスク対応と聞くと，どのような印象を抱きますか？

　トラブルを未然に回避する手段，という印象ですか？

　特に海外で，テロや犯罪に巻き込まれないための対策，という印象ですか？

　答えは，ありません。企業活動におけるリスク対応が議論される場合，何に焦点を当てるかによって，リスク対応，という言葉の意味も微妙に異なってきます。

　すなわち，企業経営の健全性確保，企業不祥事防止，などに焦点を当てると，トラブルを未然に回避する手段，という意味に近づきます。他方，危機管理，などに焦点を当てると，特に海外で，テロや犯罪に巻き込まれないための対策，という意味に近づきます。

　このように，厳密に定義することが難しい概念ですが，本書では，リスク対応という言葉を，会社がチャレンジするためのツールと位置付けます。単に，損失を未然に回避する，危機的な状況を回避する，という消極的な意味だけでなく，利益の源泉である「チャレンジ」の重要な構成要素と位置付けるのです。

　リスク対応とチャレンジを結びつけ，積極的に，これを利益の源泉と位置付けることは，これまであまり具体的に議論されていませんが，このような位置づけは，会社の生来的な構造論から見れば，非常に理に適っており，しかも相当具体的な内容まで落とし込むことができるのです。

2．上の逆三角形から見たリスク対応

　まず，上の逆三角形（ガバナンス）の観点から見てみましょう。

　上の逆三角形は，主に株主（スペイン国王）と経営者（コロンブス）の関係を表しています。多数の株主が，集めた多額の資本を特定の経営者に託すのは，所有と経営を分離するためです。所有と経営を分離することにより，多額の資本を集めることが可能となり，個々の経営者の個人的な力量で事業内容が決まったり，事業の寿命が尽きたりするのではなく，大規模な事業を永続的に行えるようになるのです。

　ここで経営者は，非常に厳しい義務と重い責任を負わされていますが，託さ

れた資本をどうするのでしょうか。ミッションの問題です。

答えは，これを元手に，「適切に」「儲ける」のです。

株主は経営者に投資したのであり，株主は投資家の意向に応える，という関係にあるのです。

けれども，「儲ける」ために手段を選ばないのであれば，それは暴力団であり，マフィアです。経済市場におけるプレーヤーとして認められ，永続的に儲けるためには，市場のルールを遵守し，社会の一員として受け入れられなければなりません。「適切に」という修飾語（形容動詞）が付くのは，このような理由です。

少し丁寧に検討しましょう。

ここで「適切に」という用語を，「リスクを避けて」という意味に解釈することは間違いです。なぜなら，「儲ける」ためにはリスクをとることが不可欠だからです。リスクをとらなければ，事業は縮小するだけであり，とても永続的に「儲ける」ことができません。

むしろ「適切に」という用語は，「リスクに対応して」という意味に解釈されなければなりません。「儲ける」という本質的な要請と矛盾しない解釈が必要です。

そもそも「適切に」という用語は，会社が経済市場のプレーヤーとして社会に受け入れられるために置かれた修飾語ですので，会社のチャレンジが市場や社会から許容されるための，最低条件を満たすもののはずです。

そして，「経営判断の原則」に見られるように，十分検討したうえでの経営判断であれば，仮に損失が生じても経営者の責任は追及されませんから，この「十分な検討」が「適切に」の中身になります。

この「十分な検討」が問題になりますが，どれだけ儲かるのか，という面ばかり検討するのでは不十分であり，最悪な事態も含め，想定される損失や費用も含めた事業の可能性の検証が必要です。

例えば，食品素材のメーカーが新たな食材を開発する場合，食品の安全性の確保は絶対的な要請ですが，単に製造過程だけでなく，その後の流通過程も適切でなければ，食材が傷んでしまい，消費者に害を与えかねません（会社の損失として跳ね返ってきます）。流通過程のリスクを正しく認識し，そのような

リスクを減らすための検討や，実際に流通業者との業務内容を確認するなどの具体的な対策も含めて事前に十分対策を講じることが，リスク対応です。

これを，新食材の販売というチャレンジの側から振り替えてみれば，リスク対応がチャレンジのために必要で重要な構成要素であり，このようなリスク対応があるからこそ，新食材の販売にチャレンジできる，ということが理解できるのです。

つまり経営者は，ミッション，すなわち「適切に」「儲ける」ために，チャレンジをしなければならないこと，そのためにリスク対応が必須であること，逆に言うと，リスク対応が適切に行われれば，チャレンジが可能であること，が，上の逆三角形から導かれるのです。

3．下の正三角形から見たリスク対応

経営者の本来の職務である「適切に」「儲ける」ための具体的なツールが，下の正三角形で示される会社組織です。

すなわち，コロンブスはスペイン国王から，インド航路発見，という機会とミッションを授かります。両者の関係を表すのは，ガバナンス（上の逆三角形）です。

この機会とミッションを，コロンブスは，サンタマリア号以下3艘の船からなる船団と，その乗組員というツールを使うことによって実現させます。しかも，船団の責任者であるコロンブスは，船団のトップとして船団を取りまとめる必要があります。コロンブスが船団を統率するための様々な施策や言動が，内部統制（下の正三角形）になるのです。

ですから，このような上の逆三角形と下の正三角形の関係性を理解すれば，下の正三角形の中でリスク対応が適切に行われることが当然の要請であることがわかります。

なぜなら，ガバナンス（上の逆三角形）上，「適切に」「儲ける」ことがミッションとなっている経営者は，社長として内部統制（下の正三角形）を行い，経営を行う際には，このミッションにしたがって「適切に」「儲ける」必要がありますので，内部統制（下の正三角形）にとっても「適切に」「儲ける」ことが当然の目標となるのです。

詳細は，別の設問で検討することにしますが，その概要をまとめておきましょう。

　下の正三角形であらわされる会社事業は，常にチャレンジを繰り返しながら「適切に」「儲ける」装置です。そこでは，チャレンジの種類に応じた適切なリスクコントロールが，自助的自律的に行われなければなりません。

　車の運転に例えれば，アクセルを踏み込んだり，ハンドルを切ったりする度に，ブレーキを踏んで速度を調節したり，ウインカーを出したり，周囲の状況を確認したりして，リスク対応しているはずです。そのような安全確認が行われるからこそ，速度を上げたり進路を変更したりできるのです。

　車の運転の場合には，車に備わっている様々な計器類や機能を使いつつ，一人の人間がリスク対応を行いますが，会社事業の場合には，組織的にそのようなリスク対応がなされることになるのです。

4．おわりに

　株主から負託された経営者であって会社のトップである社長が結節点となり，リスク対応が，ガバナンス上の要請であると同時に，その要請に応えるために内部統制上の重要な要素となる，ということが理解できたと思います。

　ここでは，このような関連性を理論的な観点から整理しました。

　もちろん，実際にどのようにしてリスク対応し，チャレンジ可能な状況を作り出すのか，という経営に役立つ具体的な施策やヒントが重要になりますが，そのような会社経営上の施策や運用が小手先のものに終わるのではなく，有機的に連携して効果的なものになるためには，ここで検討したような本質的な理解も重要です。

　決して難しい理論ではなく，会社の生い立ちから考えれば自然と導かれるものですから，折に触れて，本質的な役割論にも思いを馳せてください。

(芦原)

3−2 内部統制報告書の限界

> **＜用語解説＞**
> 証券市場では，会社の魅力を高めるために，公開会社に対し，財務報告書の信頼性を高めるために内部統制報告書の作成を義務付けている。ガバナンス（上の逆三角形）だけでなく内部統制（下の正三角形）が，ここでも重視されている。

> **事 例**　内部統制の在り方の検討を始めた社内弁護士のAは，「内部統制報告書」こそ，内部統制のあるべき姿を示していると期待して，勉強を始めた。
> ところが，それが限られた領域に関する限られた対策であることに気づいたAは，内部統制報告書をどこまで重視すべきか，法務部長Bに相談した。

◆ 対応例

机の上に散乱する内部統制報告書に関する解説書を眺めながら話を聞いていた法務部長Bは，「なるほど，内部統制報告書に限界のあることに気づいたようだね。」と，Aの理解を評価してくれました。

「せっかくだから，どのような限界があるのか，もう少し突っ込んだうえで整理してみてくれないか。面白い報告を期待するよ。」

◆ 分　析

1．はじめに

上場会社は，有価証券報告書と合わせて，内部統制報告書を提出することが義務付けられています[1]。

これまで何度も述べてきたように，内部統制とは，経営者がリスクを適切に

1　金商法24条の4の4

管理するために構築する仕組みのことです。本書では，下の正三角形としてイメージしてきたものですが，実際には，従業員だけではなく，取締役会や経営者も巻き込んだ一連のプロセスとして構築されます。

立てた戦略から想定される出来事について，発生する確率と発生した場合のリスクを評価し，優先順位を付けながら管理方法を決定します。そして，情報の伝達やIT統制を駆使しつつ実際にリスク管理を行い，それを定期的にモニタリングすることで，再度戦略を立て直し，リスク管理の改善を図っていくわけです。つまり，いわゆるPDCAサイクルを回しながら，リスク管理を高度化していくわけですが，それを支える経営者の意識や企業風土等（これを統制環境といいます。）を整えることも，内部統制の1つと位置付けられます。

内部統制の目的は，大きく分けると，①財務報告の信頼性，②業務の有効性及び効率性，③資産の保全，④法令等の遵守（コンプライアンス）の確保と考えられています。これらすべてを目指した大きな内部統制の枠組みは，全社的内部統制と呼ばれますが，金融商品取引法によって開示が義務づけられている内部統制報告書は，このうち，財務報告の信頼性を確保するための体制だけを切り出して報告する形になっています。

その理由は，そもそも金融商品取引法に基づく内部統制報告書の制度は，度重なる粉飾決算を踏まえて，虚偽の有価証券報告書が作成・開示されないようにすることを，主な目的としているからです。言い換えれば，内部統制報告書に記載されている体制を完璧に整えたとしても，会社全体のリスク管理が面前であるとは到底言えないわけです。

この点を，もう少し掘り下げてみましょう。

2．財務限定

内部統制報告書は，財務情報の適正性を確保する目的で作成します。

この目的を見る限り，金銭的に評価される活動だけが対象であり，金銭評価が難しいノウハウやプロセス，その他の「見えざる資産」は対象外です。

けれども，会社の活動は全て金銭で評価されるものではありません[2]。内部統制報告書の記載内容が完璧だとしても，「見えざる資産」に関する状況は全く分かりませんので，内部統制（下の正三角形）の状況全体を正確に把握する

ことはできないのです。

つまり，内部統制報告書に関わる体制の整備は，財務の信頼性を確保するうえでは有効ですが，リスクをとってチャレンジをするために必要な体制は，それだけでは足りないからです。会社を人体に例えた場合，財務の信頼性が確保されれば，とりあえずは血管や心臓，血液などの循環器の健康が確保されたとは言えるでしょうが，リスクに気づくための神経系[D3.4]や，運動するための骨格・筋肉など，他の運動機能を強化しなければ，市場での競争に勝てるだけの運動能力を獲得できません。

すなわち，ここで作られる体制やプロセスは，「見えざる資産」のように金銭的に評価されない事業活動にまで広げていくことが重要なのです。

3．制度限定

会社の活動は全て経営組織や経営システムの「構造」だけで規律されるものではありません[3]。内部統制報告書の記載から立派な組織構造が確認できたとしても，それがどのような「場」で展開されているかが重要です。内部統制の世界では，この「場」のことを「統制環境」と呼んでいます。具体的には，組織が持つ誠実性や倫理観，経営者の意向や姿勢，経営方針や経営戦略，取締役会・監査役・監査（等）委員会の機能発揮状況，組織構造や組織慣行，権限と職責の配分，人事の方針などによって形作られます。それら全体をひっくるめて，「企業風土」とか「社風」などと言ってもよいでしょう。

内部統制報告書を作成する際には，その前提として統制環境についても評価しますが，報告書自体にそれが記載されることはありません。そのため，経営者が統制環境に問題はないと考えていることは分かりますが，それがどのような「場」なのかは，外部からは知り得ないといった限界があります。

---

2 『経営学入門』でも，「見えざる資産」の獲得や成長を重要な経営課題と位置付け，様々な場面で「見えざる資産」に言及し，それに関連する様々な問題を研究しています（『経営学入門』1章「戦略とは何か」）。見えざる資産とリスク管理の関係については，本書でも検討しています（D5,3）。
3 『経営学入門』19章「場のマネジメント」でも，「構造の議論だけでは経営現象の理解には不十分であろう。」（同511頁）として，「場」に関する様々な問題を研究しています。

さらに問題なのは,「プロセス下手の構造好き」[4]と揶揄される状況です。

これは,一見隙が無い合理的な組織やプロセスを作り,それがためにかえってビジネスの実情に合わず,効果的でない事務作業などの業務負荷ばかり増えてしまい,いわゆる「コンプラ疲れ」を作り出してしまう状況です。

そうは言っても,信頼できる体制がなければ,企業風土や「場」どころの話ではないでしょうから,まずは内部統制報告書に関わる体制づくりを始めなければなりません。

けれども,内部統制報告書に関わる体制の整備は,チャレンジできる会社に成長するための始まりにすぎません。立派な「器」を作って満足してしまうのではなく,その「器」の中に,企業風土や「場」を上手に作り出し,「仏を作って魂を入れず」という状況にならないことが必要です。あくまでも主役は中身であり,「器」は脇役でしかないはずなのです

4. ガバナンスと内部統制の結びつき

内部統制報告書は,財務報告に関わる報告書であり,もし当時存在すれば,経営者(コロンブス)が株主(スペイン国王)に報告すべきものと言えるでしょう。他方,報告の対象は内部統制に関する事項です。

このことから,内部統制報告書は,株主によるガバナンス(上の逆三角形)と経営が行う内部統制(下の正三角形)を結びつける重要な枠割を果たすことが理解されます。

2つの三角形に分けて説明していることから誤解する人がいるかもしれませんが,両者を完全に分断することが重要なのではなく,両者がうまく連動することが重要です。その意味では,上下の三角形は,経営者のところで重なり合っていると理解することもできます。

例えば,取締役会の機能発揮はガバナンス上の重要課題ですが,それは同時に「統制環境」の重要な要素でもあります。また,内部通報制度も,ガバナンス(上の逆三角形)と内部統制(下の正三角形)を有機的に関連付けるツールと位置付けることができます(D2.5)。

---

4 『経営学入門』523頁〜524頁,「PDCAおじさん」(D4.5)。

こうした内部統制報告書の機能を正確に理解しないと，もっぱら下の正三角形だけを重視した報告書になってしまいますので注意が必要です。

5．内部統制報告書の監査と経営硬直化の罠

内部統制報告書は，監査役や監査法人によって監査されます。

監査されるなら，それだけ慎重にチェックされるから良いじゃないか，と思われるかもしれませんが，下手をすると，それが経営の硬直化を招く危険がありますので，注意が必要です。

本来，内部統制（下の正三角形）は経営そのものであり，何が正しいかを探すプロセスではありません。そもそも正解がない分野です。そのため，臨機応変に対応していくことが求められます。したがって，監査役や監査法人による評価も，その評価時点での適正さを担保するものでしかありません。

この点をしっかりと理解しておかないと，これまで内部統制報告書に掲載していた体制と違う体制を導入しようとする場合，「これまで正しいと報告されていた制度を改めたということは，これまでの報告が間違いだったのではないか」などという主客逆転した議論が巻き起こってしまい，組織の硬直化をもたらしかねません。

6．おわりに

内部統制報告書を，株主に正しい情報を提供する，という面だけから見ると見えてこない問題点が，ガバナンス（上の逆三角形）と内部統制（下の正三角形）の関係から見ると，いろいろと炙り出されてきました。

内部統制報告書は組織の基盤づくりに貢献し，より良い内部統制の構築に向けた重要な第一歩となります。さらには，ガバナンスと内部統制とをつなぐ重要なツールでもありますので，魂のこもった報告書を作っていきましょう。

(野村)

3-3 リスクアペタイト

<用語解説>
　リスクアペタイトという用語は,「リスク許容度」がどこまであるのか, という会社の体力だけの問題ではなく, 積極的にどのようなリスクをとるのか, という会社の意欲の問題でもある。

事例　内部統制の在り方を調べ始めた社内弁護士のAは, リスク対応の重要性を, 内部統制の基本原則の中に明記すべきであると考え, その方向性を法務部長Bに相談した。
　Aは, リスク許容度を, 特に現場が認識していないことが問題であると考えており, 各部門に, これ以上受け入れ不可能なリスクを報告させてはどうか, と提案した。

◆ 対応例

　Aの提案を聞いていた法務部長Bは, 「なるほど, 現場がリスクの許容度を自ら検討するのは, とても良いね。」と, Aの着眼点を評価してくれました。
　「だけど, もう一段掘り下げて欲しいな。君の説明を聞いていると, 許容できるリスクを過少に報告する結果になる気がする。」と話しました。
　Aは, 「会社がそんな簡単にリスクを負っていいとは思えません。まずは, 現場にリスクを減らすという自覚を持ってもらうことが重要です。」と気色ばんでいます。
　しかし, Bは首を傾げながら, 「会社は, チャレンジして資本を活用し, 儲けなければ, 株主の負託に応えていないことになり, 社長は会社経営失格だよね。どうやったら適切にリスクをとれるのかを考えてほしいな。」

◆ 分　析

1．はじめに

　リスクアペタイトは，リスク選好と訳されます。リスクの好みを述べているだけのようにも聞こえます。さらに，「リスク」という言葉の持つマイナスイメージが影響しているのでしょうか，「リスク選好」という訳語があるにもかかわらず，「リスク許容度」のような消極的なイメージを抱く人が多いようです。

　しかし，appetiteは「食欲」ですので，本来の語感はこれと異なります。より積極的にリスクをとりにいき，しかも自らの体内に取り込む，というイメージがあります。

　そもそも，ビジネス上のリスクは，単純に避ければ良いものではなく，チャレンジするためには積極的にリスクをとりにいかなければならないものです。このようなビジネスとリスクとの本来の関係を，この「リスクアペタイト」という用語が的確に表していますので，少し詳しく検討しておきましょう。

2．規制対象

　実は，リスクアペタイトを明確化し，積極的に公表することが求められている事業者がいます。それは，銀行です。

　2008年に発生したリーマンショックは，世界の金融マーケットにリスクの連鎖をもたらしました。これを重く見た先進各国の首脳は，G20の下に金融安定化理事会（FSB）を設けて，国際的な金融規制の強化に乗り出しました。その成果の1つが，2013年11月に公表された「実効的なリスクアペタイト・フレームワークの諸原則」です。

　ここでリスクアペタイトのフレームワークと呼ばれているものは，金融安定化理事会によれば「リスクアペタイトを設定，伝達及びモニターするためのアプローチ全体」と定義づけられます。もう少しかみ砕いて言うならば，企業がビジネスモデルを構築し，中長期計画を立て，予算の決定し，予実管理や業績評価を行う際に，それらが常にリスクアペタイトを意識したものとなるような仕掛けのことだと言うことができます。

　こうした世界の潮流を受けて，わが国の金融庁も，平成25年事務年度の金融

行政方針以降，主として銀行に対し，リスクアペタイト・フレームワークを用いたリスク管理を求めています。また，わが国における新しい金融行政の方向性を示した2017（平成29）年の「金融モニタリング有識者会議」の報告書では，収益とリスクテイクと自己資本の間のバランスの重要性が謳われ，その考え方は2018（平成30）年6月公表の「金融検査・監督の考え方と進め方」や同年9月公表の「変革期における金融サービスの向上にむけて―金融行政のこれまでの実践と今後の方針―（平成30事務年度）」にも組み込まれています。こうした金融行政方針を受けて，主として大手金融機関では，リスクアペタイト・フレームワークの構築状況が金融モニタリングの対象とされています。

　こうした流れを受けて，既にメガバンクでは，自社のビジネスモデルに照らして，どのようなリスクを，どれだけ，またどのようにとり，どのぐらいの収益を上げるかについて，中長期的に検討し，それを経営管理の枠組みとして言語化した上で，あらゆる業務プロセスの中に浸透させるよう試みています。また，最近では，各地の地域金融機関でも，リスクアペタイト・フレームワークの考え方を積極的に取り入れるところが増えてきています。

3．リスクアペタイト・フレームワークの構築方法

　では，リスクアペタイトのフレームワークは，どのようにして構築されるのでしょうか。

　まずは，会社が目指すべき事業戦略とそれに対するステークホルダーの期待を明確化することが大事です。それを踏まえて，どのリスクを，どのように，どの程度とるのか（リスクアペタイト）を決め，それを文章（ステートメント）にまとめ上げることが必要になります。その際，大切なことは，リスクのリミットを定性的に示すだけではなく，具体的な数値をもって定量的に示すことです。これらの作業は，社長や財務担当役員及びリスク管理担当役員が主体的に取り組みますが，それを最終決定するのは取締役会の役割になります。

　重要なのは，こうして決定したリスクアペタイト・ステートメントを会社の業務の隅々に浸透させることです。現場の業務を常にリスクアペタイトに照らしながら軌道修正できるシステムを構築するわけですが，その責任は，各業務の部門長が担うことになります。業務執行の1つひとつについて，取りうるリ

スク量を割り振り，定量的・定性的観点から検証しながら業務執行を行っていくことになります。万一，第一線（フロント）でリスク許容度を超える業務がなされる場合には，第二線（ミドル）を担うリスク管理部署がアラームを鳴らすといったメカニズムが求められます。

その上で，第三線（バック）に位置する内部監査部門が，こうした一連のプロセスを定期的にモニタリングすることになります。長年にわたりわが国の内部監査は，書類の不備等を事後的にチェックする傾向が強かったわけですが，リスクアペタイト・フレームワークにおいては，フロントやミドルの担当者と一緒に走りながら，ステートメントとの抵触が起こる前に経営陣に情報を提供し，是正を促すことができるようにすることが大切です。このような態勢ができれば，従来どちらかといえばリスクに対して後ろ向きで，あえてリスクをとることに消極的だった銀行が，リスクと向き合いながら果敢にそれに立ち向かっていくことが期待できるようになります。

4. 影 響

こうした銀行の活動をどのように感じますか。銀行は大変だと思った方も多かったかもしれませんが，実は，こうした動きは事業会社にとっても他人事ではありません。

バブルの崩壊以降，金融庁は不良債権問題の処理を中心的な課題に据えてきました。しかし，それが収束して以降，徐々に金融庁の役割に変化が見られ，いよいよ平成30事務年度からは新しい時代へと突入することが高らかと宣言されました。キーワードは，「金融処分庁」から「金融育成庁」への転身です。

そもそも銀行業は，預金者から預かった資金を事業会社に貸し付ける等を行うことによって，事業会社を支える仕事です。ところが，バブル期の安易な貸し付けの結果，事業会社の倒産が相次ぎ，銀行が不良債権を抱え込んでしまいました。そこで銀行と金融庁は，新たな不良債権を発生させないことを重視するようになり，その融資の姿勢は保守的になりました。バブル崩壊の後遺症から脱却する兆しが見え始めたころに，リーマンショックが起こったことも，そうした保守的な融資姿勢に拍車をかける結果となりました。このことが，その後の日本経済の復活を遅らせる要因になったことは言うまでもありません。

そうした問題意識から，金融庁は，数年前より，銀行に対し，事業会社のビジネスモデルをしっかりと検証し，リスクをとる方向で事業性資金を提供するよう背中を押し始めました。背景には，このままでは銀行自体の生き残りもままならないという強い問題意識があります。なぜなら，すでに世界では，ファイナンスとテクノロジーの融合（これを両者の頭文字を合わせてFinTechと呼びます。）が著しく，銀行の収益の多くがIT事業者に奪われる事態が生じているからです。そこで，金融庁は，金融機関を「育成」するため，事業会社のリスクを積極的にとりにいくことを求めるようになったのです。

リスクのある事業会社に資金を提供しながら二度と不良債権問題を再発させないためには，何が必要でしょうか。答えは，簡単です。まずは，銀行自身が事業会社支援に関するリスクアペタイトを明確にした上で，資金の提供先である事業会社にも，リスクアペタイト・フレームワークの構築を促すことが必要です。乱暴な言い方かもしれませんが，今後銀行は，リスクアペタイト・フレームワークを有効に活用し，リスクをコントロールできる事業会社には資金を提供しますが，そうでない事業会社に対しては，いくらビジネスモデルや事業計画が魅力的でも安易に資金は提供しなくなる可能性があるというわけです。

5．波及効果

リスクアペタイト・フレームワークの構築は，日常の事業活動において，漠然としたまま放置されてきた事柄を明確にすることにつながります。また，個々の事業部門にとっては最適でも，会社全体にとっては不都合を招くといった事態（部分最適が全体最適に結びつかないケース）を未然に防ぐことができます。さらには，リスクがあることに気付いていても誰も是正できない「聖域部門」を無くすることで，企業不祥事の芽を摘むことが可能となります。

そして何よりも，経営陣はもちろん全従業員が一丸となってリスクに立ち向かっていくことによって，会社の中に活力が生まれ，ひいては収益の増加につながると言えるでしょう。

その意味で，リスクアペタイト・フレームワークは，最先端の内部統制システムとして，今後ますます注目を集めることになると思われます。　　（野村）

3-4 リスクセンサー機能

<用語解説>
リスク対応のポイントを2つに整理した場合,「リスクセンサー機能」と「リスクコントロール機能」をどのように会社に埋め込むか,が重要となる。このうちの「リスクセンサー機能」は,従業員全員が「神経」として機能する状態を作り出すことがポイント。

事例　内部統制の在り方を調べ始めた社内弁護士のAは,リスクセンサー機能を高めるのは現場からどれだけ報告が上がってくるかがポイントであると考え,組織やプロセスの方向性について法務部長Bに相談した。
　Aは,部門が責任を感じないから報告が上がってこない,したがって報告する責任を各部門に負わせてはどうか,と提案した。

◆ 対応例

Aの提案を聞いていた法務部長Bは,「なるほど,現場がリスクセンサー機能を担うという視点は,とても良いね。」とAの着眼点を評価してくれました。
「だけど,もう一段掘り下げて欲しいな。正式な報告を求めることで,かえって報告が遅れてしまうことがないだろうか。」と話しました。
Aは,「いえ,遅れさせないためにも,各部門に報告責任を負わせよう,ということだと思うんですが。」と気色ばんでいます。
しかし,Bはニコニコしながら首を傾げています。

◆ 分析

1. はじめに

リスクセンサーについては,別の機会に,主に法務の業務に関するツール(ヒント)として紹介しました[A2.4]が,ここでは,会社の内部統制上のツールとして検討します。

ここで，リスクへの対応を考える場合，大きく「リスクセンサー機能」と「リスクコントロール機能」の2つの機能に整理すると，便利です。
　すなわち，会社の活動を人間の活動に例えてみましょう。
　外的な侵害や内的な疾患など，人間を襲うリスクには様々なものがありますが，そのようなリスクは，まずは五感（六感？）によって感じ取られ，次にリスクへの対応が決定され，実行されます。リスクを感じる機能を「リスクセンサー機能」，リスクに対応する機能を「リスクコントロール機能」と整理することによって，会社組織も，人間の機能になぞらえて捉え，整理することが可能になるのです。

2. 主　　体

　リスクセンサー機能を保有する必要があるのは，会社自身ですが，会社組織論として検討しますので，そのリスクセンサー機能を，どの部門・担当者が負担するのか，というのが，リスクセンサー機能の主体の問題です。
　例えば，リスク管理部のようなリスク対応専門部門[5]を設け，そのリスク管理部にリスクセンサー機能を集約すべきでしょうか。また，法的なリスクについては法務部門がリスクセンサー機能を一手に担うべきでしょうか。
　答えはNoです。
　リスクセンサー機能は，会社の社員全員が担うべき機能であり，特定の部門や担当者に集約すべき機能ではありません。
　なぜでしょうか？
　会社組織を人体に例えてみましょう。リスクを感知するセンサーとして，例えば目や耳があり，視覚や聴覚は，これら目や耳に集約されています。したがって，確かに集約した方が良いリスクセンサー機能もあるでしょう。
　しかし，これらのセンサーがすべてのリスクを感知するわけではありません。むしろ，かなり多くのリスクは，身体の内外に張り巡らされた神経によって感知されます。1つひとつの神経は非常に単純で，痛いかどうか，熱いかどうか，など限られた情報だけに反応しますが，それが体中から集約されることによっ

---

[5] 後に検討するリスク統括部門（D3.7）とは，意味が異なります。

て，体の内外のリスクをより鮮明にします。

　すなわち，会社の各現場の各担当者が，自分の担当業務に関して「何かおかしい」と感じることが，リスクセンサー機能なのです。現場でなければ気づかない微細なサインが，会社にとって重大なリスクの兆候かもしれません。他方，現場にいなければ，そのようなサインに気づく機会すらありません。

　この意味で，感度の悪い会社で時々聞かれる，「なぜ法務がリスクに気づかないんだ」「何のためにリスク管理部を作ったのだ」という意見は，それが視覚や聴覚に相当する専門性の高いリスクに関する問題であればともかく，現場で気づくべきリスクに関して言えば，明らかに誤った意見なのです。

<u>3．現場の感度</u>

　さて，この意見のどこが誤っているのでしょうか。掘り下げましょう。

　1つ目は，現場の感度の問題です。

　すなわち，この意見をそのまま全てのリスクに当てはめてしまうと，現場の各担当者は，「何かおかしい」と感じる意欲を失い，危険を何も察知しないまま業務を行うことになります。

　これは，人体の一部について神経が麻痺していることを意味します。

　右足のふくらはぎの神経が麻痺していれば，例えばそこが火傷を負っても，アキレス腱が切断されても，それに気づかない，という極めて危険な状態になってしまいます。ふくらはぎに何か熱いものが近づいている，何か痛い，という予兆があれば，危険を避けられる可能性が上がりますし，実際に，火傷やアキレス腱切断を感じることができれば，早期の治療が可能になります。

　問題は，そのような現場のリスクセンサー機能を高める方法です。

　現場の担当者に対し，サインを日ごろから気に掛ける意欲を高め，その能力を高めるために，教育や風土づくりが重要になります。

　しかも，その方法としては，あまり難しい知識や理論を盛り沢山にするのではなく，あるいはマニュアルなどでいちいち確認しなければならない難しいものばかりを詰め込もうとするのではなく，「具体的」で「単純」なものの共有に努める方が，効果的です。

　難しい理屈よりも，身につまされるような豊富な具体例を豊富に盛り込んで

「イメージを共有」すること(D2.7),の方が重要です。

4. 伝　　達

2つ目の問題は,伝達の問題です。

部門だの役割だのを持ち出す人6は,多くの場合,部門として正式に報告するようなプロセスを考えています。

しかし,これでは敷居が上がってしまいます。部門として責任を持った報告をしなければならない,ということになれば,現場の部門がリスクとして確認した場合だけ報告され,未確認の「サイン」は報告されないことになりかねません。たしかに,何かが皮膚に触れたことを感じたからといって,その全てが危険なわけではなく,多くの場合,何が皮膚に触れたかを確認することができます。

ところが,危険が確認されなければ連絡が来ない,ということになれば,危険を確認する機会が大幅に失われてしまいます。

部門が報告をためらう理由は,例えば,自部門の運営がしっかりしていないと他部門から非難されたり,報告することによって余計な仕事が増えたり,その他,要するに面倒な問題に関わりたくない,という意識です。会社のリスクはそんなに多くはないけど,自部門の負担は確実に現実化するからです。

例えば,「違和感」(A1.2)という言葉があります。

それまで,「これで正しいか？」と聞いていたところを,「これで違和感ないか？」と置き換えてみると,相手の正直な感想を聞ける可能性が上がります。これは,正式な見解を求めているのではないこと,むしろ一緒に知恵を出し合おう,という姿勢が見えること,特に,専門的な知見を有する人に対し,専門的な知見がなければ気づかないことの教えを乞う,というニュアンスもあり,相手に対するリスペクトも感じられること,などから,敷居を下げる効果があるからです。

この「違和感」と似た問題意識で分析してみると,伝達方法のヒントが見つかります。

例えば,①未確認であっても早く情報伝達すれば評価され,報告が遅れれば,

---

6 「プロセス下手の構造好き」については,『経営学入門』19章「場のマネジメント」(D3.2)。

仮に確認していたとしても評価されない，という評価ルールを定めれば，早期報告が増えるでしょう。また，②詳細な報告を求めない，という評価ルールを定めれば，報告すべき従業員の負担が減るので，報告を躊躇ったり，報告せずに引き出しの奥にしまったりしてしまう可能性が減るでしょう。また，③仮に部門のミスが判明したとしても，そのミスを自部門から報告した場合には責任を軽くする（リーニエンシー）(D2.5)，という評価ルールを定めれば，部門として報告するインセンティブが高まり，部門での確認という名目で報告が遅れたり，部門として認識していないとして聞いていないフリをしたりすることを防げるでしょう。④報告すれば，解決に他部門が協力してくれるが，報告が遅れれば，自部門で解決しなければならない，というルールを定めれば，自部門で抱え込む風潮を減らし，お互いに協力し合う風潮を増やせるでしょう。そして何よりも，⑤素早い報告を良しとし，自部門の利益よりも会社全体を考えるようにする風潮を，日常的に様々な機会に情報発信し，教育することによって育て(A2.20, D5.12)，これらのルールの実効性を高めていくことが，最も基本的なことになります。これらがヒントになるでしょう。

5. おわりに

　リスク対応は，まずは，会社全体がリスクを感じることから始まります。

　組織がしっかりと出来上がっている会社にいると，情報が自動的に集まってくるように錯覚している人がいますが，現場からの情報は，意識的に現場に働きかけないと集まりません。

　例えば，民暴対策を長らくやっていると，警察への民暴照会に対する回答の精度にばらつきがあることに気づきます。警察全体として，暴力団排除活動に協力する，という方針があり，全国の警察に徹底されているはずなのですが，普段から暴力団活動状況に関する情報収集に熱心な所轄とそうでない所轄があり，そうでない所轄からの不十分な回答の場合には，自ら直接その所轄に話を聞かなければならないような場合もあります。

　このように，情報は自動的に集まるのものではないのです。

　社長を裸の王様にしないよう，まずはリスクセンサー機能が働いているかどうかを確認しましょう。

(芦原)

3-5 リスクコントロール機能

<用語解説>

リスク対応の2つ目のポイントである「リスクコントロール機能」は、専門部署に任せてしまいたい機能だが、現場部門の無自覚で無責任な判断を誘発する危険もある。制度設計だけでなく、その運用も視野に入れて、迅速性と専門性の両立を目指すべき問題である。

事例　内部統制の在り方を調べ始めた社内弁護士のAは、リスクコントロール機能を高めるためには、リスクに対して会社が一体として対応できる強力な体制が必要であると考え、組織やプロセスの方向性について法務部長Bに相談した。

Aは、原則として、リスク対応の専門部署としてリスク管理部を設置してリスクコントロール機能を集約し、全ての部門がその指揮命令に従う、という組織にしてはどうか、と提案した。

◆ 対応例

Aの提案を聞いていた法務部長Bは、「なるほど、会社が一体として対応すべきである、という視点はとても良いね。」とAの着眼点を評価してくれました。

「だけど、もう一段掘り下げて欲しいな。権限を集中することによって、現場が無責任にならないだろうか。」と話しました。

Aは、「いえ、現場部門に無責任な対応をさせないためにも、リスク管理部が常に目を光らせ、リスク対応への一体性を確保すべきです。一体性を確保すれば、現場部門の無責任な対応は自ずと減っていくはずです。」と気色ばんでいます。

しかし、Bはニコニコしながら首を傾げています。

3-5 リスクコントロール機能

◆ 分　析

1. はじめに

　リスクコントロールについては，別の機会に，主に法務の業務に関するツール（ヒント）として紹介しました[A2.5]が，ここでは，会社の内部統制上のツールとして検討します。

　ところで，「リスクコントロール機能」は，「リスクセンサー機能」と共に，会社のリスク対応の重要な要素となります。そして，「リスクセンサー機能」と同様，「リスクコントロール機能」も，会社組織を人間の機能になぞらえて整理することが可能です。

2. 主　体

　ここでも，リスクコントロール機能を，リスク管理部や法務部に集約してはどうか，という意見が出されるでしょう。

　たしかに，集められた情報を基に，「脳」がじっくりと考えたうえで，回避行動を取るかどうかを判断し，実際に判断行動を指示します。感じるかどうか，という「リスクセンサー機能」に比較すれば，①「リスクコントロール機能」には回避行動を取るかどうか，という判断や行動，②実際に体の各部に指示を出して実際に回避行動を取らせる，という指揮命令やリーダーシップが含まれます。単に感じるだけの「リスクセンサー機能」よりも，求められる判断能力や専門性が高く，相当程度の権限も必要です。

　したがって，「リスクセンサー機能」と異なり，その全てを現場部門が対応すべきである，とは言えません。特に高度な判断能力や専門性が必要な場合については，専門的な機関に「リスクコントロール機能」に関する権限や機能を集約すべき場面が多くなります。

　しかし，全ての「リスクコントロール機能」を集約してしまう，という意味であれば，やはりNoです。

　例えば「条件反射」を考えてみましょう（人体）。

　熱いヤカンに触れてしまった場合，瞬時に手を引っ込めますが，この場合は「脳」ではなく「脊髄」で回避行動を判断し，回避行動を命令します。熱さを感じた皮膚自身が判断したわけではありませんが，「脳」ではなく，より低レ

ベルでの判断となります。

すなわち，同じ「リスクコントロール機能」の中でも，特に素早い対応が必要な場合には，正式なプロセスによらず，簡易なプロセスが選択され，迅速性が優先されるべきなのです。

3．本部中心主義

たとえ話でイメージはできました。次に，そのイメージの内容を実際の業務に活用するために分析しましょう。その際，特にリスク対応の方法を決定し，実行すべき機関をどうするのか，という制度設計が問題になります。

その参考になる1つのツールが，「対立する利害の把握」^(A1.6)です。

すなわち，ルールは全て，何らかの対立する利害を調整するために設けられます（調整すべき利害がなければ，ルールは無用です）。その中でも特に，ここで行おうとする作業は，権限配分に関するルール作りです。

そこで，権限配分に関して対立する利害を把握することで，より効果的なルールの策定に役立てよう，という発想です。

早速，本件の対立する利害を確認しましょう。

一方の利益は，リスク対応の専門部門が判断することによって，専門性や統一性を担保することです。他方の利益は，迅速な対応が求められる事項について，現場による迅速な判断や対応を可能にすることによって，リスクの発生や拡大を防止するのです。

次に，この両者を対立したままにするのではなく，どのようにすれば両立するのか，両立するための条件を考えてみましょう。

迅速な判断や対応を可能にするためには，例えば現場の部門に決定権限を与え，迅速な決定を行うべき責任を負わせることが考えられます。しかし，現場に与える権限の範囲が不明確だと，何かとトラブルの素となります。

したがって，専門部門の判断が原則であり，現場の判断が例外であると定めることで，例外と原則のいずれか不明確な場合の基準を明確にする方法が考えられます^(A1.9)。そのうえで，現場部門の能力や権限に照らして，「現場に任せても大丈夫」と思われる範囲を定めるのです。

そのうえで，どのような場合にこの例外ルールが発動されるか，という条件

設定が必要になります。いろいろな定め方がありますが，他の権限配分に関するルールを適用し，一定の金額や種類について現場部門に任せる，という整理の方法は，当事者にとってわかりやすく，他の権限配分と一貫していて混乱を招きにくいと思われますから，1つの考え方でしょう。

このように考えた場合の結論を確認しましょう。

原則ルールは，専門部署に権限を集中します。

例外ルールは，現場部門に権限を与えます。例外ルールは，権限配分のルールに従って発動されます。

4．現場中心主義

他方，以下のように，原則と例外の関係を逆にする方法も考えられます。

この整理は，リスク対応の本来の位置付け方にも関わります。

すなわち，なぜビジネスで「儲ける」ことが可能なのかを，改めて考えましょう。その答は，ビジネスがリスクをとり，チャレンジするからです。リスクのないところにチャンスはなく，チャンスのないところで「儲ける」ことはできません。リスクを徹底的に避け続ければ，ビジネスはどんどん縮小していきます。

しかも，リスクはそれぞれのビジネスに内在しており，現場業務の中でも常に直面する問題です。リスクの兆候に気づくべきは現場であり[D3.4]，そのリスクへの適切な対応方法を最もよく知っているのも現場です。

このような状況で，リスク対応はチャレンジと一体であり，リスク対応なしにチャレンジすることは，ビジネスの本質を歪めてしまいます。リスク対応（特にリスクコントロール機能）だけを現場の業務から切り離して専門部署に委ねると，リスク対応が不完全なままチャレンジすることにつながり，非常に無責任で危険な状況になるのです。

すなわち，常にリスクを意識しながらチャレンジすることが重要であり，そのために，原則として現場部門がリスクコントロール機能も有する，と整理するのです。

そうは言っても，単に「感じる」だけのリスクセンサー機能に比較した場合，リスクコントロール機能はより高度な判断力や行動力，専門性，リーダーシッ

プなどが求められますので、専門部署のサポートが不可欠です。すなわち、リスクコントロール機能の専門性との両立は、現場部門によるリスクコントロールを、専門部署がその重要性の程度に応じてサポートすることで獲得するのです。

このような考え方は、せっかく専門部署を設けたのだから、そこに集約して効率化し、全社的に統一すべきである、という「本部中心主義」の考え方と対立する考え方です。

しかし、効率化を口実に現場が無責任になる危険を考えれば、効率性と専門性は、そのどちらか一方だけを強調すべき問題ではなく、常に両者を意識し、バランスを取るように心がけるべき問題であることがわかります。すなわち、制度設計ですべて片が付く問題ではなく、運用の段階でも、それぞれの事案ごとに応じた調整をすべき問題である、と考えるのです。

このように考えた場合の結論を確認しましょう。

原則ルールは、現場部門に権限を与えます。但し、重要性に応じて専門部署が関与します。

例外ルールは、専門部署に権限を集中します。例外ルール発動の基準の検討は省略します。

5. おわりに

ここでは、原則と例外の関係ばかり議論しました。

しかし、抽象的に議論しても、実際の制度設計は先に進みません。どちらを原則に定めるにしても、例外の範囲が明確で、合理的である必要がありますし、さらに重要なポイントは、実際の運用です。実際にリスク対応を行う現場部門の責任者と、これをサポートする専門部署の両方が、全社的な観点から判断し、行動できることが必要です。

そして、個別事案ごとに、迅速性と専門性のバランスに配慮した運用実績が積み重なることによって、次第に会社の実態に合致したルールが出来上がっていくのです。

(芦原)

3-6　デュープロセス

> **＜用語解説＞**
> 　刑事訴訟上の概念として生まれた「デュープロセス」という概念は，適切なプロセスによってリスク対応できる，という意味で企業法務でも活用可能であり，とりわけ，チャレンジのための内部統制確立に役立つツールである。

> **事例**　内部統制の在り方を調べ始めた社内弁護士のAは，法務部長Bから，チャレンジするためのツールをまとめるように指示された。
> 　Aは，実際に検討を始めてみて，一方で様々なツールに気づいたものの，他方で，「デュープロセス」という概念自体は，実はツールとして意味がないと感じている。

◆ 対応例

　Aの提案を聞いていた法務部長Bは，「なるほど，様々なツールでリスク対応の在り方を測る，という視点はとても良いね。」とAの着眼点を評価してくれました。

　しかし，Bはニコニコしながら首を傾げて，言いました。

　「だけど，もう一段掘り下げて欲しいな。様々なツールを見つけたり，様々なツールがツールとしてどのような特徴を有し，どのような場面で活用できるのかを整理したりするための統一的な尺度も必要だろう。」

◆ 分　析

1．はじめに

　リスク対応はチャレンジのために必要ですが，逆に見ると，きちんとリスク対応することによって，会社の選択肢が広がります。

　そして，リスク対応の最も重要なツールは，デュープロセスです。デュープロセスについては，別の機会に法務部門のツールとして検討しました(A2.6)が，

ここでは，会社のリスク対応（≒チャレンジ）のツールとして検討しましょう。

2．企業法務におけるデュープロセス

　デュープロセスという用語は，アメリカ合衆国憲法修正5条・14条や日本国憲法31条など，主に刑事訴訟法上の概念とされます（適正手続の要請）。すなわち，デュープロセスは被疑者や刑事被告人の人権であり，十分な弁明の機会が与えられなかったり，自白が強制されたりすると，たとえ実際に罪を犯していたとしても無罪になる，などと説明されます。

　企業法務でこの用語を用いる場合には，犯罪と必ずしも結びつけられず，しかし，経営者の経営責任を減らすものとして用いられます。例えば，デュープロセスを尽くした後の意思決定であれば，結果的にその判断が誤りだったとしても，経営責任を負わない（軽減される），という用法です。

　そして，この用法での「デュープロセス」は，「リスク対応」の方向性を示す機能を果たすことに気づくでしょう。すなわち，デュープロセスを尽くし，適切なリスク対応を行えば，経営者は責任を負わない（軽減される）のです。

3．議論の場

　デュープロセスの内容は，企業法務の場合，主に内部統制の問題（下の正三角形の問題）として位置付けられます。すなわち，デュープロセスを，会社の意思決定の責任を減免するための適切なプロセスである，と理解することによって，様々な場面で論じられるプロセス論を整理統合できるのです。

　第1は，「経営判断の原則」です。

　すなわち，取締役の第三者責任を減免する理論として日米の裁判所で確立している「経営判断の原則」の適用される場面が，デュープロセスが適用される場面と評価できます。

　ところで，「経営判断の原則」というと，これが適用されることによって取締役の責任が減免されるという法的な効果の方に注目が集まりますが，実際に重要なのは，これが適用される要件や，そのために必要な具体的な事実です。実際の事案の検証については，非常に多くの研究成果や文献が存在し，その詳細な検討は省略しますが，会社の事前の意思決定プロセスが十分であることを

裏付ける事実や証拠が多く認められる事案ほど，減免される可能性が高くなっている点が，特に注目されるべきポイントです。

第2は，メンタルやハラスメントなどに関する労働判例です。

すなわち，メンタルやハラスメントなど，会社の安全配慮義務や健康配慮義務が問題になる事案での裁判所の判断も，デュープロセスが適用されている場面と評価できます。

このことは，特に平成後の裁判例を検討すれば明らかです。そこでは，単に訴訟の対象となっている事案での会社側の過失の有無だけでなく，会社が日ごろからどのような体制やルールを設けていたのか，実際にどのように被害者のために会社が対応したのか，など，プロセスの良し悪しも詳細に認定されるのが普通になっています。

それ以前の裁判例では，事案の解決に直接関係のある論点，すなわち多くの場合は「過失」「因果関係」の認定に関わる論点だけが認定され，メンタルやハラスメントを予防すべき会社の取り組みの全てを認定するようなことを裁判所はしていませんでしたが，近時の裁判例では，「過失」「因果関係」に直接関係がないと思われるような会社の取り組みも，重要な事実として証拠によって認定しているのです。

これは，会社に日ごろからの取り組みを要求することになるので，厳しい面がある一方で，逆に，会社が日ごろから取り組みを行っていれば，減免の機会が増えることでもあり，事件が起こってみなければわからない，という状態から，予見可能性の高い状態に変化したことを意味します。

第3は，金融行政の実務です。

すなわち，金融行政の領域では，例えば，金融機関の顧客に対して「○○」してはならない，というルールが定められるだけでなく，それを防ぐための一定の体制やプロセス，さらにその定期的な検証と修正まで求めるようなルールとなっており，プロセスの良し悪しが重要な判断材料とされています。

ここでも，監督官庁の求める体制を整えなければならないので，金融機関は非常に負担が大きくなりますが，逆に，そのような体制が整っていれば，同じ不祥事が生じても，処分や指導が軽くなる可能性が高くなるのです。

第4は，社会的な非難です。

例えば，企業が不祥事を起こしてマスメディアや世論に非難される場合，近時は，原因分析と再発防止策（A3.4）の自発的な報告（記者会見など）が当然であり，そこでは，会社が事前に何を予見し，どのような予防策や次善の策を講じていたのかが，特にマスメディアから詳細に検証されます（A1.7）。

つまり，プロセスの良し悪しが社会的な評価のための重要な判断材料となっているのです。

以上のほかにも，デュープロセスが適用されるべき場面は数多くありますが，議論される場面が異なっているものの，これらに共通する「適切なプロセス」という概念を手掛かりに，適切な内部統制を行うための体制や手続きの在り方を分析することが可能になります。例えば，これらの共通点や相違点を分析することで，相互に応用可能なロジックやノウハウ，着眼点を容易に発見できるようになるのです。

4．おわりに

それでは，実際に「デュープロセス」という概念を設定することによって，どのようなメリットがあるのでしょうか。

1つ目は，会社の制度設計です。

これは，主に内部統制（下の正三角形）で応用されるところです。ガバナンス（上の逆三角形）に関するルールは，会社法などで，しかもかなりの部分が強行法として（関係者の利害調整の要請が強いから）定められているからです。商法から会社法が独立した際に，自由設計の領域が広がったとされていますが，内部統制（下の正三角形）の完全自由な領域とは比較にならず，「デュープロセス」を駆使して，制度設計でチャレンジするような事態は，考えにくい状況です。

では，内部統制（下の正三角形）でどのように応用するか，ということですが，例えば安全配慮義務や健康配慮義務に関する労働判例を参考に，ハラスメントやメンタルに対応する社内体制や手続きを整備する場合が，その具体例になります。

あるいは，会社のリスク管理体制を検討する際に，金融庁が銀行や保険会社などの金融機関に対して推奨している社内体制や手続きの中から，参考になる

部分を，金融庁のホームページから入手できる各種ガイドライン（検査マニュアル，監督指針，事務ガイドラインなど[7]）から抽出し，自社の体制やプロセスの設計に応用することも，考えられます。

そのうえで，技術的なルールだけを見るのではなく，設計した組織やプロセスを，実際に会社の業務にあてはめるとどうなるのかをシミュレーションしましょう。「ローリング」(A1.8)し，実際にどのように業務がなされるのかを検討するのですが，その際，特に経営判断につながる部分について，組織やプロセスが「デュープロセス」を満たすかどうか，という観点から検証するのです。

2つ目は，個別事案の運用です。

これは，会社で既に定めたプロセスや基準，マニュアルなどの社内ルールがあれば，まずはそれに従って業務を行います。

けれども，社内ルールも万能ではありません。穴を埋めたり修正したりすべき場合もあるでしょう。この場合，担当者は「デュープロセス」の尺度をあてはめながら，適切な対応を検討していくことになります。

例えば，想定しなかったトラブルに対する苦情に対応するために，単に苦情の原因を解明して再発防止策を講じるだけでなく，苦情客やそれに同調する人たちへの対策も同時に検討します。例えば，苦情客との折衝を打ち切るタイミングを見極めるために，十分な反論の機会を与えたかどうかを検討して判断する，などの活用が可能なのです。

そして，このような運用のレベルでみれば，ガバナンス（上の逆三角形）でも活用が期待できます。例えば，少数株主への対応については，少数株主の反論の機会などをどこまで考慮したのかを見極める際の基準になるのです。

このように，「デュープロセス」は，単なる正当化のロジックとして使うだけでなく，ツールとしても活用できるのです。
（芦原）

---

[7] 種類が多過ぎるからなのか，さすがの金融庁も整理しようとしています。

3−7　リスク統括部門

> **<用語解説>**
> 会社を人間の体に例えると，体中の皮膚に張り巡らされている神経のように，現場の全従業員が果たすべき機能と，脊髄や脳のように，経営に近い立場で全社的な観点からリスクを見極め，対応を決める機能の，両方が必要である。

> **事例**　内部統制の在り方の検討を始めた社内弁護士のAは，リスク管理は他人任せでなく現場の全従業員がリスクに気づかなければ駄目だ，という論調に共感している。
> むしろ，下手に法務部やリスク管理部があることで，現場がリスク管理を他人事と思ってしまうことが問題であり，リスク管理部はない方が良いのではないか，と感じている。

◆ 対応例

法務部長Bは，「なるほど，会社の現場や組織全体でのリスク管理の必要性に気づいたのは良いね。」と，Aの着眼点を評価してくれました。

「けれども，人間の体でも，体中に張り巡らされた神経網だけでなく，それを統括する中枢機関があり，それがないと人間は生存できない。中枢機関に相当する部門の必要性を考えてみてくれるかな。」

◆ 分　析

1．はじめに

リスクは全社員がそれぞれの立場で感じなければならない[D3.4]，と言いつつ，統合リスク管理[D5.2]だのリスク統括部門だのは，おかしいだろう，と言われそうです。

けれども，会社組織を人体に例えた場合，体中に張り巡らされた神経も必要だし，脳などの神経の中枢機関も必要だ，とお判りいただけるでしょう。

ここでは，この中枢神経としてのリスク統括部門の有用性について，具体的に確認します。

2．全社的なムード作り

1つ目に，会社全体のリスク意識を高める，という機能です。これは，会社全体の意識に関わる問題で，会社全体の連帯感などにも関わりますので，リスク統括部門と人事部門などが協力して行うべき施策でしょう(A2.28)。

全社的なムード作りが顕著な問題となるのは，会社の変革期です。変革に対して積極的に反対する勢力も，もちろん問題となりますが，それよりも大きな問題となるのは，現状に対し，積極的に賛成はしないものの，あえて変革することを支持しない，という消極的な守旧派です。本人は，情勢を見極めているだけでしょうが，消極的な守旧派が増えることは，変革派にとっての障壁がそれだけ大きくなってしまうのです。

このような状況の問題点を指摘したのは，幕末の幕臣，小栗忠順です。小栗は，欧米諸国との条約交渉や財政再建，様式軍隊の整備，横須賀製鉄所の建設など，様々な分野で活躍し，徳川幕府の屋台骨を懸命に支え続けた人物ですが，「一言で国を滅ぼす言葉は『どうにかなろう』の一言なり。幕府が滅亡したるはこの一言なり」と述懐したと言われるのです[8]。

このような状況の改善は，もはや各部門に任せていられない問題ですので，リスク統括部門が人事部門や経営と連携して，会社全体の問題として対応すべきなのです。

3．現場の誤解や呪縛を解く

同様に，現場の主体的な対応に任せていられない問題の例として，現場に誤解や呪縛がある場合です。

例えば，パワハラやセクハラで現場が委縮してしまう事例に関し，その原因の1つが，パワハラやセクハラは被害者の認識で全てが決まってしまう，という「主観説」です。実際の訴訟では，一般常識が判断基準になっていますので，

---

[8] 『続不祥事』18講「傍観者となった社員たちが企業を滅ぼす」

「客観説」です。しかし，どういうわけか，かなり多くのビジネスマンが「主観説」を信じ込んでいます。その結果，どんなに慎重に，良かれと思って対応しても，「これはハラスメントだ」と主張されれば，それですべてが水の泡になってしまう，と恐れおののき，委縮しているのです。職場で，上司よりも部下の方が偉い，という，学級崩壊とどこか似たような奇妙な状況が，あちこちで生じているのです9。

　ここでは，現場の管理職の誤解を，誰かが解かなければなりません。

　あるいは，身内への恐れではなく，外への恐れとして，モンスタークレーマーやモンスターペアレント問題があります。

　例えば，上尾保育所死亡事件では，幼い子供がかくれんぼをしていて死亡した事案ですが，その直接の原因である保育士による監視不十分は，モンスターペアレントによる苦情を恐れた保育士が増長する子供をしっかりと教育できなかったこと，などが原因であると分析されています10。

　ここでは，現場に対する呪縛を，誰かが解かなければなりません。

　あるいは，もんじゅ事故は，現場に配布されたマニュアルの細目（本休部分）とフローチャートに矛盾があるにもかかわらずそれが放置され，現場は細目に従った事案です11（この事案は，トラブルの原因や責任を現場に押しつけられた，言わばトカゲのしっぽ切りの典型例と評価できます）。

　ここでは，現場への指示が矛盾している状況を，誰かが解消しなければなりません。

　このように，リスク管理に関し，現場だけでは克服できない問題がどうしても発生しますので，このような問題に責任もって対応する部門として，リスク統括部門の存在意義があるのです。

4．全社的なリソース配分

　全社的なリソース配分は，経営陣の最大の関心事だから，リスク統括部門の出番はない，と思うかもしれません。

9　『続不祥事』15講「パワハラ問題から逃げずに正対せよ」
10　『不祥事』12講「上尾保育所における児童死亡事故」
11　「第8講　高速増殖炉『もんじゅ』のナトリウム漏れ事故」（『続不祥事』94頁～）

しかし，経営陣の関心は予算の取り合いだけであり，責任は押し付け合います。また，責任部署も明確でないリスク対応のために，積極的に予算を取ってまでして名乗り出る部門や役員は，なかなか現れるものではありません。

このようなときには，リスク管理の重要性や，リスク管理がビジネスと一体である点を考慮し，むしろ，責任を負ってもらうので予算もつけましょう，という議論こそなされなければなりません。

例えば，既に過去のものとなった技術の更新や，検査頻度の増加などを検討すべきなのに，逆に検査頻度が減少され，大惨事につながった「笹子トンネル事件」があります[12]。

このような，責任の押し付け合いや，責任を取ろうにも予算がない状況の問題点を克服する方法の1つとして，「コンプライアンス特別勘定」が提案されていますが[13]，これも，各部門に対応を任せていられない状況の例です。

このように，会社にとって重要なリスク対策が宙に浮いてしまうようなことがないように，全社的な問題であるならばこれを全社的なリソース配分の問題であると正しく分析し，経営判断に持ち込むなど，リスク対策のマネジメントを行う責任部署として，リスク統括部門の存在意義があるのです。

5．首に鈴をつける

4と似ていますが，例えばシンドラー事件では，日本のエレベーター保守事業会社が，未経験のシンドラーエレベーターの保守を安易に引き受けた点が大きな原因と分析されています[14]。ここでは，単に営業が無断で保守契約を引き受けた，という問題ではなく，会社全体が功利主義に走っていて，安全よりも収益を重視する風潮にあったことが問題なのです。

また，NHK社員によるインサイダー取引事件では，社内研修を無視するなど，一部のエリート社員（報道部門）の独善的な行動が原因の1つと分析されてい

---

[12] 『不祥事』11講「中日本高速道路の笹子トンネル事件」
[13] 『続不祥事』14講「不祥事対策にもコスト・パフォーマンスの意識を」
[14] 『続不祥事』7講「シンドラー社製エレベーター死亡事故」。誤解がありますが，この事件の責任は，シンドラー社にではなく，シンドラー社のエレベーターを保守する能力のない，独立系エレベーター保守会社による杜撰な保守にあることが，訴訟を通して明らかになっています。

ます[15]。ここでは，報道部門の社員のわがままについて，誰も不満や異議を述べずに受け入れてしまう風潮があったことが問題なのです。

このように，会社全体が誤った雰囲気にあるときに，そこで警笛を鳴らす存在として，リスク統括部門が活躍する余地があるのです。

6．決断させる

さらに，警笛を鳴らすだけでなく，むしろリスク対策のために背中を押すべき場合もあります。

例えば，不正会計事件が発生する会社の現場では，傍流事業であって何年も人事異動がなく，誰も手が出せない状況になり，他方，閉じ込められた者の不正の動機が高まるなど，全社的な戦略の問題に関わってきます[16]。

あるいは，近々システム更新だから，と対策を見送ったり[17]，企業イメージに関わるから，と対策を尻込みしたりする場合[18]もあります。

このような場合，尻込みする責任部署に対し，しっかりと責任を取らせるお目付け役として，リスク統括部門が活躍する余地があるのです。

7．おわりに

もちろん，リスク統括部門にも限界があります。例えば，最後の砦であるはずの監査部門まで隠蔽に加担すれば[19]，内部統制（下の正三角形）だけではリスクをコントロールできません。ガバナンス（上の逆三角形）的な対応も必要になるでしょう（役員解任など）。

しかし，リスク管理を現場に任せているだけでは不十分であることも，これまでの検討から理解できます。中枢神経としてリスク管理に関わる部門は，言わば参謀や番頭として (D4.9)，適切なチャレンジにとって重要なのです。

(芦原)

---

15 『不祥事』2講「NHK職員によるインサイダー取引事件」
16 『続不祥事』12講「不正会計事件を生み出す現場」
17 『続不祥事』9講「不正アクセスによる情報流出事件」
18 『続不祥事』16講「マタハラ問題を巡る企業の責任」
19 『不祥事』10講「オリンパスの不正会計事件」

3-8　学習と成長

<用語解説>
　経営は人を使うことである。そして，社会が変化し，会社も変化しなければならないから，従業員も変化しなければならない。現在の業務だけ効率的にできればよいのではないから，経営学では従業員の学習や成長が重要なテーマとなっている。リスク管理も，この研究成果が活用されるべき分野である。

事例　経営学の勉強を始めた社内弁護士のAは，リスク管理が経営学上の議論にどのようにはまっていくのか，に興味を持っている。
　勉強の過程で，経営学が，人の行動について内心の動きまで掘り下げて研究していることを知り，非常に感銘を受けた。

◆ 対応例

　興奮しながら，経営学にリスク管理を埋め込もうという発想は，正しかったんです，と話をするAの様子を見ていた法務部長Bは，「なるほど，経営学はどこか機械的で冷たい印象があったけど，随分と人間的なんだね。」とAの発見を評価してくれました。
　そこでBはニコニコしながら，言いました。「せっかくだから，その人間観察の部分にリスク管理の問題を埋め込んでみよう。経営学の成果をリスク管理でも活用できることや，逆に，経営学もリスク管理を意識すべきことが，より具体的に見えてくるかもしれないよ。」

◆ 分　析

1．はじめに

　『経営学入門』では，組織のマネジメントに関し，組織と命令だけで人が動くとは捉えていません。
　他方，内部統制（下の正三角形）は経営そのものであり，特にリスクセン

サー機能（D3.4）から見た場合には、全従業員が、それぞれの持ち場で「神経」として機能し、外部環境の変化など、それぞれの持ち場で気づくべき情報を感じ取ってもらわなければなりません。会社の免疫力や防衛力が低下してしまいます。

　従業員に、このような「神経」としての機能を果たしてもらうための働きかけ方について、経営学の成果を活かして検討しましょう。

2．個人の活動

　まず、会社と従業員の役割を分析します。人を使うのが経営ですが、人の使い方を知るために、驚くべきことに、経営学では人の内心の変化まで分析するのです。ここでは、その成果の概要を整理します[20]。

　① 組織に対する従業員の関与（行動）

　まず、会社が業績を上げる理由から分析が開始します。

　すなわち、会社が業績を上げるのは、従業員の業務活動（現在の協働の成果を決める）と学習（将来の協働の成果を決める）であり、特に学習は、会社が時とともに変化できる存在になるために必要なもの、とされます。既存の知識や経験だけでなく、試行錯誤して新たな知識を作り出すことも含まれるからです。

　② 従業員の行動を決める原動力

　次に、各従業員による業務活動や学習の選択を何が決めているのか、を分析します。

　すなわち、業務活動と学習を「身体」活動とすると、意思決定（頭）と心理的エネルギー（モチベーション、心）という、外から見えないものが、「身体」活動の原動力なのです。

　しかも、古代の強制労働ではありませんので、業務活動や学習に直接働きかけることはできません。意思決定と心理的エネルギーをとおして間接的にのみ働きかけられるのです。

---

20 『経営学入門』9章「組織と個人、経営の働きかけ」

③ 原動力を決める基礎要因

次に，意思決定と心理的エネルギーを決めている基礎要因を分析します。

複雑な心理的過程を単純化して整理していますが，基礎要因は4つあり，目的，情報（記憶されている情報や知識），思考様式（認識と判断のパターン），感情であるとされます。

つまり，経営は，この4つの要因に働きかけることによって，会社従業員の意思決定と心理的エネルギーを高め，方向性をそろえるのです[21]。

④ 従業員への働きかけ方

そこでいよいよ，経営による従業員への働きかけ方が問題になります。

具体的な施策に入る前段階の整理ですが，大きく分けると3つの働きかけがある，と分析します。

すなわち，戦略による働きかけ（経営者と会社戦略を共有すれば，ベクトルが揃いやすいし，やる気も出てくる），経営システムによる働きかけ（部門や肩書などの会社組織，給与や賞与などのインセンティブシステム，これらを動かす計画とコントロールのシステム），理念と人による働きかけ（経営の理想や経営者の人柄に共鳴する人は特にやる気が出やすい）の3つに，会社の施策（従業員への働きかけ方）は分類整理されるのです[22]。

3．リスク管理を埋め込む

この分析に，リスク管理，すなわち内部統制（下の正三角形）の観点も埋め込んでいきましょう。リスクをとることはチャレンジすることと一体であり，チャレンジすることが経営として「適切に」「儲ける」ために必要だからです。

---

[21] この③の過程を省略し，意思決定と心理的エネルギーに働きかける方法を直接検討しても技術的には整理可能でしょう。しかし，複雑な内心の過程に対し，繊細で緻密な働きかけをしようとする場合には，意思決定と心理的エネルギーをさらに分析し，その基礎要因へのアプローチを検討した方が良さそうです。経営学は，従業員の気持ちも理解しようと努力しているのです。

[22] ここまでが，『経営学入門』9章の内容です。続けて，10章から12章にかけて，このうちの経営システムの3つの方法（組織，インセンティブ，計画）について，それぞれの章でより深く検討していきます。それぞれについて，リスク管理の観点から好ましい戦略を分析し，提案できれば，と思いますが，現時点ではそこまで検討できる実例も乏しく，本書では断念します。

① 組織に対する従業員の関与（行動）

まず，従業員の行動について，どのように認識すべきでしょうか。

そこでは，現在の業績に関わる業務活動の中で，リスクに対する認識を持つだけでなく，将来の業績に関わる学習の中でも，リスクに関する学習を怠らないようにすることが必要です。

つまり，従業員に働きかける方向性として，金儲けのことだけを考えた行動や，金儲けだけ上手になれば良いという学習に走らないことを，経営は意識する必要があるのです。

これは，単に最低限のルールさえ守れば良い，という最近の安易で薄っぺらなコンプライアンス意識ではなく，人が見ていないところでも仕事の品質にこだわるような，本来の日本品質の復活を目指すこと，などが具体例になるでしょう(D1.8)。

② 従業員の行動を決める原動力

次に，リスク管理が重要であり，日常的な業務の中で常に全従業員が意識していなければならないことに関し，従業員の行動を決める原動力である意思決定（頭）と心理的エネルギー（モチベーション，心）について，理屈と感情（モチベーションやプライド）の両方で理解させ，納得させる働きかけが必要である，ということになります。

これは，研修などを行う場合に，戦略的に研修内容を組み立て，日常的に経営側からこのようなメッセージを発信し続ける，などの対策につながるでしょう。

③ 原動力を決める基礎要因

そのために，目的，情報（記憶されている情報や知識），思考様式（認識と判断のパターン），感情の4つの基礎要因に関し，従業員全員がリスク管理のために行動するに至るほどの影響を与えなければなりません。

すなわち，実際に行動に移せるだけの情報や具体例，具体的な手順などを示す必要があるのです。

④ 従業員への働きかけ方

この4つの基礎要因への影響は，3つの働きかけによって行われる総合的なものです。ここまで検討してくれば，リスク管理も，単に経営方針として示し

たり，リスク管理部門を作ったりするだけでは足りないことが理解されます。

例えば，リスク管理の重要性について，うわべだけの話ではなく従業員が共鳴できるような経営者のメッセージや社風の醸成が必要になります（戦略）。また，単に命令するだけでなく，営業成績のみならず，リスク管理まで配慮した質の高い仕事をすれば，給与や賞与などで評価されることが重要でしょう（インセンティブ）。さらに，経営者や上司自身が，リスク管理をしっかりし，従業員が共鳴してくれなければなりません（理念と人）。

このようなことは，「とにかく何でもやれ」と言われれば，箇条書き的に誰でも思いつくことです。

けれども，重要なことは，これらの施策がどのように会社の業績に好影響を与えるのかについて，それぞれの役割や位置付けを理解し，より効果的なものを作り上げていくことです。経営学の観点からの分析をリスク管理にあてはめてみることは，それぞれの施策の効果を高めることになるのです。

4．おわりに

経営学というと，組織と命令の体系と思っていました。

けれども，実際は人の精神活動まで踏み込んだ研究が行われています。これは，組織と命令だけでは組織が動かないこと（強制労働ではないから），したがって，従業員の自律的な活動を会社経営の中にどのように取り込むのかが重要であること，を意味します。

振り返ってリスク管理の在り方ですが，内部統制（下の正三角形）を人間の体に例えた場合の「神経系」に該当するリスク管理系のラインが機能してもらうためには，いやいや仕事をやらされているだけでは不十分であって，どうしても全従業員の自律的な活動が必要です。

このように，経営のかなり深い部分で，リスク管理は経営と一体になっているのです。

（芦原）

● おまけ小説　法務の小枝ちゃん ●

第3章　内部統制の理論

　今日は渋谷。
　ニイベン（武田システムズに商号変更することを，まだほとんどの人が知らない）に，法務部長として出社する日。渋谷の駅前が大規模再開発中で，来るたびに駅を出てからの通り道が変わってるような気がする。高校の文化祭の急ごしらえの迷路を歩いているみたい。
　桜子，転籍してどう？　何か変わったこと，ある？
　そうね，お昼の選択肢が増えたかしら。
　なるほど，じゃあ今日は，どこか連れて行ってよ。
　と，乙女二人の渋谷ランチのはずだったのに，なぜか杉田茂もついてきた。お蔭で，おしゃれな渋谷ランチのはずが，居酒屋の昼定食になった。
　ま，いいか。栄養のバランスは悪くないし。
　杉田茂が，魚の骨を外した左手の指先をちゅばちゅばしながら，珍しくぼやいた。
　「佐藤社長から，内部統制のイメージを急いで作ってくれ，と頼まれたんだ。」
　あら，それって自慢じゃないの，社長室長さま。
　桜子と私は，手を汚したくないから，煮込みハンバーグ。言ってみれば，おっきな洋風肉団子だね。サラダにお味噌汁やお漬物もついているし，栄養のバランスも申し分ないわね。
　「もちろん，佐藤社長が僕のことを頼ってくれるのは嬉しいけど，システムエンジニアは何考えているかわかんないからな。」
　LINEだの，チャットなんちゃらだの，Messengerだのって何種類も通信手段があって，いろいろと使い分けてるらしいんだけど，それっておかしいだろ？　見落とすかもしれないし，何か共通の1本だけにした方がいいんだ。
　さらに，杉田茂のぼやきが続く。
　なんで，すぐ近くに座ってるのに声をかけずにLINEで返事してくるんだ？　お互いに文字入力するよりも話した方が早いだろ。
　なんで，スマホを2〜3台も持った上に，アイパッドとラップトップまで持ち歩いてるんだ？　スマホ1台でスマートに仕事するんじゃないのかよ。

なんで，黒Tシャツに黒短パンで，サンダル履きなんだ？　近くのコンビニじゃなくて，ここは会社だぞ。
　ちょっと，杉田茂。厚切りジェイソンみたいな愚痴ばかり言ってるけど，それが，佐藤社長の指示と何の関係があんのよ？
「だから，そんな彼らを使いこなすことがイメージできないんだよ。そんな状態で，内部統制なんて描けるわけないだろ？」
　ふむ。彼らしいな。プライドが邪魔してるのね。せっかくここまで自分の弱点を認めているんだから，つまり，すでに兜一つ脱いでいるんだから，もう少しでプライドの呪縛から逃れられると思うけど。
「人事の稲葉さんと一緒に作ればいいんじゃない？　あの人，システムエンジニアのこと，とてもよく理解してるわよ。」
　いや，あの人はどうも苦手で。全てお見通しなところがあるよな。
　いいじゃない，稲葉さんと何も張り合う必要ないんだから。
　いや，やっぱりちょっと…
「そこで相談だけど，内部統制報告書に記載する程度の内部統制でどうだろう？　それなら，人事制度の細かい部分まで踏み込まなくてもいいよね。」
　お人好しの桜子は，うん，それなら私も協力できるわ，と合の手を入れる。
「駄目よ。内部統制報告書なんて，仏を作って魂を入れない典型例だ，本当に会社の内部統制を考えるなら，経営そのものを全て網羅しなきゃだめだ，リスク管理することと経営がチャレンジすることは表裏一体なんだ，って啖呵切ってたのは，あなた自身よ。」
　そうだよな，俺って，そんなこと言っちゃうよな。
「私も手伝うから，稲葉さんとここの3人で内部統制のプランを作りましょう。」
　頼りなさそうに私をじっと見つめて，こっくりと頷いた。
　桜子がニコニコと見つめてる。
　どうした，杉田茂。
　私に弱みを見せるなんて，お前らしくないじゃないか。
　よしよし。

第4章

内部統制の設計

4-1 不祥事予防のプリンシパル

<用語解説>
　日本取引所グループ（東証，大証など）の規制組織（「自主規制法人」）では，不祥事対応のプリンシパルに続き，不祥事予防のプリンシパルが準備されているが，後者は，その重点をガバナンス（上の逆三角形）から内部統制（下の正三角形）に移しており，証券市場でも，内部統制が重視され始めている。

事例　法務部長Ｂから，内部統制の在り方の検討を指示された社内弁護士のＡは，何気なく「不祥事予防のプリンシパル」に目を通した。
　そこでは，これまでガバナンス（上の逆三角形）のことしか議論してこなかった証券取引所が，内部統制の在り方を論じていることに気づき，慌ててＢに，その発見を報告した。

◆ 対応例

　パソコンの画面で開いている自主規制法人ホームページを眺めながら話を聞いていた法務部長Ｂは，「たしかに，証券取引所も内部統制に興味を持ち始めているね。」と，Ａの発見を評価してくれました。
　「けれども，これがよくあるチェックリストみたいに位置付けられてしまって，コンプライアンスの失敗と同じような失敗が起きないか心配だね。せっかくの「不祥事予防のプリンシパル」をどのように活用すべきなのか，活用方法を考えてみよう。」と話しました。

◆ 分　析

1．はじめに

　日本取引所自主規制法人は，2016年2月に「不祥事対応のプリンシパル」を策定し，不祥事の事後対応のあり方を提言しましたが，2018年2月に「不祥事予防のプリンシパル」の案を策定しました[1]。「不祥事『対応』のプリンシパル」

が，不祥事「発生後」の対応について，「不祥事『予防』のプリンシパル」が，不祥事「発生前」の予防策について，基本的な考え方（プリンシパル）をそれぞれ示しています。

この中では，コンプライアンス違反を予防する観点での提言がまとめられていますが，その多くは内部統制（下の正三角形）(D1.4)に関わるものです。すなわち，不祥事予防のためには，ガバナンス（上の逆三角形）(D1.2, D1.3)的な手法よりも内部統制（下の正三角形）的な手法の方がより現実的で，重要なのです。

コンプライアンスと言えば，従前はガバナンス的な問題が主に論じられてきました。しかし，これをリスクと捉え，リスク対応の一環として対応するという本書の問題意識から見た場合には，内部統制の問題が主流となります。したがって，「不祥事予防のプリンシパル」は本書の問題意識にも合致し，リスクコントロールや内部統制の参考になります。

2. 概　要

「不祥事予防のプリンシパル」は，経営陣・経営トップによるリーダーシップの発揮が重要，としたうえで，6つの原則を指摘します。

すなわち，①「実を伴った実態把握」，②「使命感に裏付けられた職責の全う」，③「双方向のコミュニケーション」，④「不正の芽の察知と機敏な対処」，⑤「グループ全体を貫く経営管理」，⑥「サプライチェーンを展望した責任感」です。

このうち，①「実を伴った実態把握」はコンプライアンスに関するルールです。「遵守」という言葉を使っている点が問題ですが(D2.6)，遵守の対象が法令に限られないことを明らかにしており，それなりに評価されるべき内容です(D1.7, D1.8)。

3. 内部統制の手法

けれども，「不祥事予防のプリンシパル」で特筆すべきは，内部統制（下の

1　http://www.jpx.co.jp/news/3030/nlsgeu000002yftc-att/fusyojiyoubouprinciple.pdf

正三角形）によるリスク対応の発想が全体を貫いている点です。

　すなわち，冒頭部分で，経営陣・経営トップによるリーダーシップの発揮が重要，としていますが，これは，経営におけるトップの責任の明確化など，会社経営上重要な要素です[2]。そもそも，内部統制（下の正三角形）は，スペイン国王から委託されたコロンブスが，船団を十分コントロールできることに例えられるとおり，「社長（＝コロンブス）による」コントロールの実効性の問題だからです(D1.10)。

　また，②「使命感に裏付けられた職責の全う」では，経営陣がコミットすること（トップの責任の明確化）[3]，その旨を継続的に発信すること（経営施策の徹底）[4]，事業実態に即した経営目標の設定や業務遂行（現実的な施策，経営のコミットメントなど）[5]，監査監督機関の積極的な活動（内部監査機能など），適切な組織設計とリソース配分（内部統治に関する会社組織論，予算，人事など）[6]，等を指摘しています。

　また，③「双方向のコミュニケーション」では，現場と経営陣の間の双方向のコミュニケーションの充実（情報と意識の共有など）(D5.7)，中間管理層の意識と行動の重視（リーダーの重要性と活用），コンプライアンス違反の早期発見（リスクセンサー機能）(D3.4)，等を指摘しています[7]。

　また，④「不正の芽の察知と機敏な対処」では，コンプライアンス違反の早期把握（リスクセンサー機能）(D3.4)，迅速な対処（リスクコントロール機能）(D3.5)，早期発見と迅速な対処，それに続く業務改善（PDCAサイクル）(D4.2)，企業文化(D4.6, D4.7)，等を指摘しています。

　また，⑤「グループ全体を貫く経営管理」では，グループ全体に行きわたる実効的な経営管理（内部統制，会社経営そのもの），自社グループ全体の構造や特性の把握の重要性（これも，内部統制，会社経営そのもの），各社の経営

2　『経営学入門』14章「リーダーシップ」，同20章「企業という生き物，経営者の役割」
3　注2
4　『経営学入門』13章「経営理念と組織文化」
5　『経営学入門』12章「計画とコントロール：プロセスとシステム」，同11章「インセンティブシステム」等
6　『経営学入門』10章「組織構造」，同15章「人の配置，育成，選抜」等
7　『経営学入門』9章「組織と個人，経営の働きかけ」，15章「人の配置，育成，選抜」等

上の重要性や抱えるリスクの高低等（これも，内部統制，会社経営そのもの），特に海外子会社や買収子会社の特性への配慮（これも，内部統制，会社経営そのもの），等を指摘しています[8]。

最後に，⑥「サプライチェーンを展望した責任感」では，取引先で問題が発生した場合も，サプライチェーンでの役割を意識する（リスクセンサー機能），それに見合った責務を果たす（リスクコントロール機能），等を指摘しています。

しかも，これら経営上，内部統制上の問題点や手法，注意点などについて，各原則に対する解説の中で，実際に問題となる事例が紹介されており，上記各指摘が単なる抽象的な理念で終わるのではなく，それぞれに具体的なイメージを伴った明確な目的や問題意識のあることが示されています。

また，ここで指摘された様々な問題について，ほとんどの部分が経営学で研究されている問題領域であるか，本書で内部統制（下の正三角形）に関する問題として検討されている領域であることも，簡単に対比させただけで十分理解できます。コンプライアンスやリスク対応の問題は，日常的な業務の中でこそ対応すべき問題なのです。

4．使い方

このように見ると，「不祥事予防のプリンシパル」は，例えば会社法の定める要件を1つひとつ確認し，それに該当するように形式を整えるような，言わばチェックリストのように使用するものではないことが理解できます。

なぜなら，会社経営の問題は，会社の実情に合った様々な施策を組み合わせ，それぞれの副作用を抑えつつ，それぞれの長所を生かしながら克服していくものだからです。

例えば，『経営層や中間管理職は，会社の置かれた状況やリスク対応の重要性を十分認識しているが，それが現場に浸透していない会社』を考えてみましょう。この場合に，関係しそうな事項を「不祥事予防のプリンシパル」から拾い上げてみると，トップからの発信を繰り返し行うこと（②），そのことを経営目標や人事考課上の目標として明確化すること（②），現場の人員や予算

8　本書7章,『国際法務の技法』1章

が足りないことが理由な場合には，必要なリソースを配分すること（③），現場担当者と上司や経営陣とのコミュニケーションを活発にする施策を打つこと（③），様々な施策の実効性を常に検証するPDCAサイクルを機能させること（④），等の事項が浮かんできます。そして，実際に会社が，リスク対応の重要性を現場に浸透させる場合には，会社の実態に合わせて，これらの施策をそれぞれ実行可能なプランとして具体化し，組み合わせ，実施していきます。

反対に，中間管理職の管理能力が問題となる場合には，これと重点が異なってきて，中間管理職の意識改善や能力向上の施策を打つこと（②），中間管理職の管理能力を高めるために必要な人材や予算を配分すること（②），等の施策の方が重要になってくるのです。

このように見ると，コンプライアンスは，ガバナンス（上の逆三角形）と内部統制（下の正三角形）の両方に共通する問題であること[D1.1]，これまでガバナンス（上の逆三角形）上の観点から，法律・財務的な観点からの検討が主になされてきました。しかし，実は，それを実行に移す内部統制（下の正三角形）上の施策が重要であり，経営学的，実践的な問題意識と実行が必要であること，がわかります。

5．おわりに

さらに，リスクやコンプライアンスの問題と会社経営の問題の関係について考えてみた場合，この「不祥事予防のプリンシパル」は，そのどこにもコンプライアンス部門やリスク管理部門を設置することを求めていません。

たしかに，専門部署を作ると，その部門が責任感を持って対応するので，リスク問題やコンプライアンス問題を会社全体に認識させる一定の効果があります。しかし，特にコンプライアンスの場合には，「法令さえ守れば何をしても良い」等の開き直りにつながる危険もあります[D1.7, D1.8]。

むしろ，「不祥事予防のプリンシパル」を通して確認すべきことは，リスクやコンプライアンスの問題は，経営の様々なプロセスの中で当然のように認識され，対応されるべきもので，それだけを不自然に切り離すものではないこと，経営自身の問題であり，切り離して誰かの責任にできる問題ではないこと，という本質的な理解なのです。

（久保利）

4-2 COSOとPDCA

<用語解説>
内部統制の話をする際に必ず参照されるのがCOSOレポート。2004年に示されたERM（Enterprise Risk Management：全社的リスクマネジメント）のフレームワークは，2017年に10年ぶりに改訂された。

事例　法務部長Bは「PDCA」が口癖だ。計画（Plan）を立て，それを実行（Do）し，その評価（Check）を踏まえて改善（Act）する。このサイクルを事業活動の中に組み込むことの大切さを，事あるごとに力説するB部長。ある時，B部長から内部統制の在り方の検討を指示された社内弁護士のAは，どの文献でも参照されているCOSOレポートを眺めながら，そこにPDCAサイクルと同じような考え方が組み込まれていることに気づき，その切り口で説明すれば，B部長に伝わりやすいのではないかと考えた。

◆ 対応例

社内弁護士Aは，COSOレポートとPDCAサイクルの関係を探るために内部統制に関する文献を読み漁った。その結果，両者の関係がおぼろげながら見え始めてきたが，調べていくうちに，ERM（Enterprise Risk Management：全社的リスクマネジメント）のフレームワークが2017年に改訂されていることを知り，果たして改訂後もPDCAの考え方は維持されているのかに関心を持った。

◆ 分　析

1．COSOとは何か

COSOとは，トレッドウェイ委員会支援組織委員会（The Committee of Sponsoring Organization of the Treadway Commission）の略称です。もともとは，通称トレッドウェイ委員会と呼ばれていた「不公正な財務報告に関する

全米委員会（National Commission on Fraudulent Financial Reporting）」が1972年に報告書を出したのを受けて，その勧告の実効性を支援するために組織されたものです。具体的には，アメリカ会計学会，アメリカ公認会計士協会，財務担当経営者協会，内部監査人協会，管理会計士協会が参加しています。

2．COSOキューブ

COSOは，その後の内部統制の考え方をリードすることになる「内部統制の統合的枠組み（Internal Control - Integrated Framework）」を1992年に公表し，さらに2004年には，その考え方を全社的なリスクマネジメントに拡大したフレームワーク（ERM ＝ Enterprise Risk Management：全社的リスクマネジメント）を示しました。

図1は，そのERMの考え方を図示したもので，四角形の形をとっているので，COSOキューブと呼ばれています。

図1：COSOキューブの概要

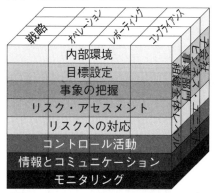

出所：COSO ERM 2004：Enterprise Risk Management-New Governance Model

このキューブは，前面に内部統制のプロセスが示されており，上部にその目的が記されています。つまり，上部に書かれている4つの目標，すなわち「戦略」の実現，「業務（オペレーション）」の効率化，「外部報告（レポーティング）」の適正化，「コンプライアンス」の実現を達成するには，前面に示された内部統制のプロセスを実施することが必要だというわけです。

3. COSOキューブとPDCAサイクル

　今回，社内弁護士Aが着目したのが，この前面のプロセスです。上から2段目の「目標設定」から最下段の「モニタリング」までを1つのプロセスとみて，その作業が繰り返されると考えてみましょう。

　分かりやすくするために，サッカーのワールドカップの試合になぞらえて考えてみます。まず大切なのは「目標設定」です。今回の試合で目指すべき勝ち点を3（勝利）とするのか，1（引き分け）とするかによって，試合の中で起こりうる出来事が違ってきます。果敢に攻めていけば，その分，カウンターで点数を入れられるリスクが増えるといった具合です。そこで，そうした予想される「事象の把握」を行った上で，その発生頻度と仮に発生した場合のリスクを分析する作業が必要になります。これを，一般に「リスク・アセスメント」と呼びます。

　多くの会社では，事業ごとにきめ細やかにリスク・アセスメントを行い，コントロールの優先順位を付けていきます。言うまでもなく，発生頻度が高く，発生した場合のリスクの大きいものから順に，優先順位が付けられます。それを色分けするとまるで地図のように見えることから，その一覧表は一般にリスク・マップと呼ばれます。このリスク・マップに即して「リスクへの対応」方法が決められ，実際に「コントロール活動」が行われるわけですが，その際に，重要なのが「情報とコミュニケーション」です。サッカーでも，選手同士のコミュニケーションは試合の勝敗を左右します。例えば，仲間のポジション取りに間違いがあればそれを指摘する必要がありますし，思わず相手にディフェンスを破られたら，直ちにそれを伝えることも不可欠です。

　こうした活動を通じて，目標通りの試合運びを目指すわけですが，もちろん思い通りにいかないことも少なくないでしょう。その場合には，思い切って目標それ自体を変更することも必要かもしれません。仮に，勝ち点1（引き分け）を目指すといった目標に変わりがなくても，相手チームに先制されてしまえば，その後は点数を取りにいかなければならなくなりますので，起こりうる「事象」は異なってきます。その場合に，新たに想定される事象について，改めてリスク・アセスメントをし直さなければなりません。いずれにせよ，「モニタリング」を起点として，何らかの改善が試みられることになるわけです。

以上のプロセスは，計画（Plan）を立て，それを実行（Do）し，その評価（Check）を踏まえて改善（Act）するといった流れになっているわけで，まさにPDCAサイクルそのものということができます。ただし，PDCAサイクルの考え方自体は，COSOの発明品ではありません。

4．統制環境の重要性

　COSOキューブに独創性があるとすれば，それら一連のプロセスを包み込む「統制環境」を最も上位の構成要素として位置付けた点を指摘できます。

　「統制環境」とは，具体的には，組織が持つ誠実性や倫理観，経営者の意向や姿勢，経営方針や経営戦略，取締役会・監査役・監査（等）委員会の機能発揮状況，組織構造や組織慣行，権限と職責の配分，人事の方針などによって形作られます。それら全体をひっくるめて，「企業風土」とか「社風」などと言ってもよいでしょう。

　例えば，ある会社がセクシャル・ハラスメントを防止しようと考えたとします。そこで，どのような場面でセクハラが起こりやすいのか，また，それが深刻化しやすいのかをアセスメントし，対応策を講じたとしましょう。具体的には，例えば接待の場で部下の女性に顧客へのお酌を強要したり，帰る方向が一緒だからといって，顧客とタクシーの相乗りをさせたりするようなことは，極めて危険であることから，それを禁止するルールを作ったとしましょう。しかし，ルールを作ったからと言って，セクハラを撲滅できるわけではありません。もしも，その会社の社風が「営業第一主義」であれば，営業のためなら多少のセクハラは我慢すべきだといった誤った考え方が社内に蔓延し，せっかく作ったルールはあっという間に形骸化してしまいます。それに対し，上司が率先してセクハラの撲滅に高い意識を持ち合わせていれば，セクハラを行うことが大きな減点となり，それを防止した方が高い評価を受けやすくなるため，自ずとルールは守られるようになります。

　こうした統制環境の重要性を喝破したことこそが，COSOの功績ということができます。

5. COSO・ERMの2017年改訂版

では，COSOキューブに表れているPDCAの考え方は，2017年の改訂版でも貫かれているのでしょうか。

改訂版では，5つの構成要素（①ガバナンスと文化，②戦略と目標設定，③パフォーマンス，④レビューと見直し，⑤情報・伝達・報告）と20の原則が示されましたが，それらがいずれも「リスク」と紐づけられているところに特徴があります。その背景には，企業を取り巻くリスクの高度化・多様化があると同時に，それを管理するリスクマネジメントの手法も高度化していることを指摘できます（例えば，最先端の管理手法であるリスクアペタイト・フレームワークについては，D3.3を参照）。

かくして戦略からパフォーマンスまでがリスクとの関係で展開されるダイナミックな動きを表すために，改訂版では，従来のCOSOキューブは姿を消し，新たに図2のような概念図が示されました。

図2：COSO改訂ERMフレームワーク図

出所：COSO『Enterprise Risk Management-integrating with strategy and performance』(2017年9月)

見た目はずいぶんと変わりましたが，上記の5つの構成要素のうち，その中心を占めている②③④がPDCAサイクルを表わしていることは明らかです。

その意味では，内部統制の基本にはPDCAサイクルが据えられているというA弁護士の発想は，引き続き正しい認識と言うことができます。　　　　（野村）

4-3 実体法，手続法，組織法

> **＜用語解説＞**
> 　法律の分類方法として「実体法」「手続法」「組織法」がある。内部統制の問題に関し，これら法規範が直接適用される場面は限られているが，それぞれ「ルール」「プロセス」「組織体制」に置き換えてみると，使いやすいツールとなる。

事例　内部統制の在り方を調べ始めた社内弁護士のAは，法務部長Bから，チャレンジするためのツールをまとめるように指示され，その一環として「デュープロセス」という概念をさらに分析するようアドバイスされた。
　Aは，実際に検討を始めてみて，様々な場面で「デュープロセス」の考え方が見受けられると気づいたものの，適用場面ごとに内容が異なり，共通項を探す意味がないと感じている。

◆ 対 応 例

　Aの中間報告を聞いていた法務部長Bは，「なるほど，『デュープロセス』には様々な適用場面がある(D3.6)，という視点はとても良いね。」とAの着眼点を評価してくれました。

　しかし，BはニコニコしながらⅠ首を傾げて，言いました。「だけど，もう一段掘り下げて欲しいな。適用場面の違いに応じた違いに気づくことも重要だし，そこが議論の出発点だと思うけれども，共通点を見つけ出せば，それはかなり有力なツールになるはずだ。適用場面が異なるのに共通している『何か』は，それなりに普遍性がある『何か』ということだからね。」

◆ 分　　析

1．はじめに
　法規範を分類する際，実体法，手続法，組織法に分類することがあります。

これで全てを分類できるわけではありませんが，リスク対応状況を確認し，チャレンジできる内部統制を確立するうえで便利なツールです。特に内部統制の場面では，これら法規範が直接適用される場面は少ないですが，それぞれ「ルール」「プロセス」「組織体制」に置き換えることによって，内部統制の検討に有効ですので，この3要素をツールとして検討しましょう。

ところで，実体法，手続法，組織法の定義は，実はよくわかりません。例えば，実体法は法律関係の内容を定める法律と説明されますが，これだけだとよくわかりません。権利や義務を定める法律と言えばわかるでしょうか。

しかし，手続法や組織法も，手続や組織に関するツールとして権利や義務を使っているので，権利や義務は実体法だけのものではなく，この定義は完全ではありません。

しかも，近時は実体法，手続法，組織法の全ての要素を含んだ法律も定められるようになり，これらの観念的な定義を厳密に行うことの意義が薄れています。

けれども，厳格に概念を定義できないとしても，実体法，組織法，手続法の概念を，ツールとして有効な範囲で定義できればそれで十分です。すなわち，チャレンジできる内部統制を構築するために，例えばアイディアを出し，問題点を整理し，制度を検証するために有用であれば十分である，と開き直ってしまえば，明確なイメージが共有できれば十分です[A2.3]。

その観点から，ここでは，実体法，手続法，組織法を，順不同ですが以下のように定義します。

組織法：取引主体となる組織（典型的には株式会社）のガバナンスや内部体制の在り方を定めるルール。内部統制の場面では，財務部，法務部，人事部，などの会社内部の「組織体制」。

実体法：取引主体間の関係を，貸借貸借表のように静的に定めるルール。民法のように，取引主体間の関係を権利義務で表現する法が典型。内部統制の場面では，各部門や各担当者が遵守すべき「社内ルール」。

手続法：取引主体間の関係を，損益計算書のように動的に定めるルール。訴訟法のように，実体法関係の認定プロセスを定める法が典型。内部統制の場面では，意思決定プロセスや検証プロセスなど，各部門や

各担当者が遵守すべき「社内プロセス」。

つまり，実体法，手続法，組織法の視点で内部統制を検討する，ということは，ルール，プロセス，組織体制の3要素を検討する，ということになるのです。

2．デュープロセス

まず，ルール，プロセス，組織体制の3要素は，デュープロセスの内容を具体化するために役立ちます。

すなわち，「やるだけのことはやった」「人事を尽くした」と言えるために必要な対策を検討する際，実体法的，手続法的，組織法的な対策が講じられているか，という観点から検討するのです。

新商品を販売するにあたって，新商品の品質，特に安全性に関する対策を講じる場合を考えましょう[9]。

例えば，実体法的な対策として，安全性を確認するチェックリストを作ることが考えられます。

手続法的な対策として，安全性を確認するプロセスとして，全品検査にするのか，抜取検査にするのか，それらを実際の製造工程のどこに嵌め込むのか，などを検討します。

組織法的な対策として，安全性に関する責任部署を設置するのか，従前の部門に担当させるのか，どのような権限と責任を与えるのか，などを検討します。

このように，ルール，プロセス，組織体制の3要素が整備されれば，必要な対策の最低限の形は整った，と評価されます。

というのも，この3要素は，経営判断の原則を適用する裁判例で共通して考慮されているだけでなく，健康配慮義務や安全配慮義務に関する労働判例や，金融機関に関する監督行政上のルールでも共通して考慮されているからです。

「対策」と言いつつ，「ルール」だけ整備して終わりにするのは，現在の社会状況を考えれば不十分です。また，「デュープロセス」という言葉から，「ルー

9　新商品の安全性について，デュープロセスを踏むことによって，リスクをとれる状態にする，すなわちチャレンジできる状態にする，そのうえで新商品の販売に踏み切る，ということになります。

ル」「プロセス」を整備すれば十分かというと、やはりそれでも不十分です。主に訴訟手続きで「デュープロセス」という概念が使われる際には、手続に関わる当事者（裁判所、検察官、弁護士）がそれぞれそれなりにしっかりしているので、「組織体制」の問題が顕在化しなかったにすぎません。例えば、弁護士の資質が社会的に大いに問題がある国では、適正手続きの確保のためには、弁護士制度の整備も重要な課題になるはずです。

いずれにしろ、チャレンジの前提条件が最低限整ったことを検証するツールとして、ルール、プロセス、組織体制の3要素が有効なのです。

3. 社内会議

検証のツールになるということは、最初からこれを意識して議論し、意思決定すれば、未然にトラブルを避けたり、経営判断を安全に行ったりする上で、良い指針になる、ということになります。

すなわち、この3要素は、社内でいろいろな物事を決めていく際の検討対象や論点として、議論を整理するツールとなるのです。

例えば、新商品について、大々的に宣伝を行うかどうか、どのような宣伝を行うのか、を検討する会議を想定しましょう。

そこでは、まず「ルール」を検討します。比較広告など、PR効果の高い広告はそれだけ危険が高くなりますから、比較広告を打つ場合のルール（例えば、「No.1」と表示する比較広告は、権威ある第三者機関の調査した結果を引用する場合しか使えないようにする、など）を定めます。

次に、「プロセス」を検討します。どうしても、広告を作成する側は、より刺激的で効果的な広告を求め、ルールを甘く解釈しがちですので、実際に広告を作成する過程で、どのようなチェックをどの段階で行うのか、などのプロセスを予め定め、関係各部門と合意しておく方法が考えられます。トラブルになったときの謝罪の記者会見をイメージしてください [A1.7]。事前にこのようなプロセスが定められていて、そのプロセスに則って広告内容を検証した、と説明できた方が、そのようなプロセスが何もなかった場合に比べ、はるかに会社のダメージが小さい [A2.10] ことが理解できます。

さらに、「組織体制」も検討します。これは、広告を検証する専門部署を設

置する場合もあれば，既存の部門が検証する場合もありますが，特に重要なのは，当該案件の責任部署や責任者を明確にすることです(D1.10)。プロセスをしっかり定め，関係部署の数が増えることは，プロセスを慎重にするメリットがある反面，無責任な状況になってしまう危険も伴いますから，責任部署を明確にすることにより，「横断歩道，みんなで渡れば怖くない」という状態を回避するのです。

4．おわりに

　ここまでの検討では，いわゆる「制度論」です。どのように，内部統制（下の正三角形）を設計するのか，という観点から検討しました。

　さらに，実体法，手続法，組織法という視点は，「運用論」でも活用可能です。この点は，既に法務のノウハウとして紹介しているところですが，簡単に確認しておきましょう。

　例えば，ホワイトボードを使って「知恵出し」する場面を考えてみましょう(A2.3, A1.4)。

　ホワイトボード上，どのような「ルール」「基準」が必要か，という問題を箇条書きにし，その裏には「プロセス」「工程表」「業務フロー」を，線や□で描き，もう1枚のホワイトボードには，「組織体制」「役割分担表」を作成します。これら3枚の図に，会議参加者が自ら記入しながら議論し，会議が終了したころには，この3要素に関する検討が終了します。3枚の図のコピーを取り（写真に撮り），それを文書に落とし込めば，充実した議論の結果も記録に残せます。

　これで，チャレンジできる環境に向かってまた一歩，進んだのです。

（芦原）

4-4　性悪説とロイヤルティ

＜用語解説＞
　日本と欧米を比較する際にマスコミが好んで用いる図式に，「性善説 vs 性悪説」があるが，これはイメージだけで拙速な判断をしてしまう危険を伴うものであり，経営の分析ツールとしては使いものにならない。

事例
　経営学の勉強を始めた社内弁護士のAは，外資系企業に勤務する友人の社内弁護士Qから，多くの外資系企業では，様々なイベントや自主的な活動を通して会社に「コミュニティ」を作ろうとしている，と聞いた。
　Aは，外資系の会社は性悪説に立ち，従業員を信頼していないから，コミュニティのような胡散臭い概念や取り組みが必要なのではないか，一種の怪しい新興宗教ではないか，と非常に失礼な印象を持った。

◆ 対応例

　Aの問題意識を聞いた法務部長Bは，「それを言うなら，日本の会社だって社員運動会や社員旅行を普通に行っていて，欧米の人たちから異常だと評価されていたじゃないか。」と，珍しく頭からAの考えを否定しました。
　そこでBはニコニコしながら，言いました。「せっかくだから，なぜ外資系企業がコミュニティづくりに熱心なのかを検討してみよう。本当に『性善説vs性悪説』が経営に役立つツールなのかどうか，考えるきっかけになるよ。」

◆ 分　析

1．はじめに
　ガバナンスに関する書籍や，危機管理という意味でのリスク管理に関する書籍の中では，性善説と性悪説の対立がよく論じられています。すなわち，これまで日本の会社はどうしても脇が甘かったが，世界の標準は従業員に関し性悪説に立っている，などというものです。

けれども，この分析は少し短絡的です。検討しましょう。

2. 一様説と性善説

高度経済成長期に固まったイメージのようですが，単一民族である日本の会社は一様な従業員で成り立っているから，阿吽(あうん)の呼吸でチームプレーができるのが特徴だ，というステレオタイプ（一様説）があります。

これは，欧米の会社のステレオタイプ（多様説）と対比されます。

すなわち，欧米では多数の民族が入り混じっているため，阿吽の呼吸が機能しない，つまり，命令や評価は明確に言葉にしなければ伝わらない，だからレポートラインがはっきりしているし，スタンドプレーは得意だが，チームプレーは苦手だ，というステレオタイプです。

このような対比は，「一様説 vs 多様説」です。

ここで，「一様説」を「性善説」に置き換えてみましょう。

他人を簡単に信じてしまう，という日本の会社のステレオタイプは，性善説でも説明が可能です。同様に，命令や評価が明確である，という欧米の会社のステレオタイプは，性悪説でも説明可能です。

例えば，かつては同質な人（善い人）しかいなかったから，思いもよらないことをする人がおらず，例えば秘密情報を机の上に出しっぱなしで帰ってもへっちゃらです。ところが，最近は異質な人（悪い人）もいるから，秘密情報は鍵のかかるところで保管し，アクセス権限もコントロールするようになりました。

このように，「性善説 vs 性悪説」の図式は，「一様説 vs 多様説」の図式と重なる部分があります。つまり，同質であれば「善い人」であり，異質であれば「悪い人」になってしまうのです。

けれども，「性善説 vs 性悪説」には，ドラマの勧善懲悪的な図式化や省略が内包されているだけでなく，主観的な評価（言い換えれば，各自の好みの違い）が伴いますので，分析のツールとしては適していません。むしろ，詳細なディテールを捨ててしまいますので，経営の機微を経験値として活かすことができず，むしろ有害な概念です[10]。

では，「性善説 vs 性悪説」のどこが有害なのでしょうか。

3．コミュニティ

　そこでまず，欧米の社会で非常に大事にされている「コミュニティ」という概念を検討しましょう。

　例えば，「同じ教会に通う仲間」は，同じ町の中に暮らす「その他の人たち」と比べると，近しさに差があります。

　というのも，「その他の人たち」は，「違う教会」に通うため価値観が異なるか，あるいはまったく独自の変な宗教を信じているかもしれませんし，どんな変な性癖を持っているかもしれないからです。したがって，わざわざ自分の方から近づいていったり，深入りしたりしません。必ずしも他人はすべて危険，という意味ではなく，自分と違いすぎる人とは，付き合ってもしんどく，楽しくないのです。

　他方，「同じ教会に通う仲間」は，家族の次に近しい仲間になります。

　親戚でなくても，誰かが亡くなれば葬式に参列し，一緒に涙を流しますし，バザーやクリスマスパーティーのような教会の行事には皆で参加して盛り上げます。特に仲良くなれば，家族ぐるみの付き合いになり，教会のあと，一緒にバーベキューをしたりします。隣に暮らす「その他の人たち」よりも，少し離れた「同じ教会に通う仲間」との方が，仲が良くなります。

　そして，欧米の企業では，とりわけ企業グループの規模が大きくなるほど，会社自身を「コミュニティ」に仕立てようとします。欧米の企業グループのイントラでは，いろいろな国の支店でそれぞれ工夫して盛り上げようとしている社員のボランティア活動の様子，社内交流やサークル活動の様子，会社の社会貢献活動，などが繰り返し喧伝されます。会ったことも見たこともないくせに，他の国のイベントを，イントラネット上で応援しあったりします。職場でバザーを開くことも普通で，国によっては職場でダンスパーティーまで開催します。

　この現象を，「性善説 vs 性悪説」で説明できますか？

　欧米系の会社は性悪説，ということですから，そうすると彼らの取り組む

10　極論すれば，「性善説 vs 性悪説」は，「一様説 vs 多様説」の二番煎じにすぎません。しかも，間違えて煎じて焦がしてしまった，出来損ないの二番煎じです。

「コミュニティ」作りの積極的な活動は，信用できない従業員（悪い人）たちを取り込むための，甘い罠ですか？ 根は悪いが騙されやすい従業員たちを欺いているのですか？ 経営者も悪い人なので，平気で従業員を欺く，ということでしょうか？

たしかに，一部の映画やドラマでは，善人の仮面を被った経営者が登場しますが，ほとんどの経営者は，人間的魅力にあふれ，人を惹きつけ，だからこそリーダーとして認められます。権力と権限を意のままに操る極悪人は，どこの国にも実際にいるのでしょうが，だからと言って，そうそう大勢いるものでもありません。

このように，性悪説を前提にすると，「コミュニティ」作りを説明するのがとても難しくなります。「コミュニティ」文化の背景にある思想や文化のことを「キリスト教的」という人がいるかもしれませんが，そのことと「性悪説」の間に直接の関係はありません[11]。

このように，「性善説 vs 性悪説」は，一部の事象を説明できても，「コミュニティ」作りのような事象を説明できません。

4．ロイヤルティ

同じように，「性善説 vs 性悪説」では説明がつかないことが，「ロイヤルティ」です。

難しく考えず，「忠誠心」と理解すれば良いのですが，例えば日本でも，正社員にはロイヤルティがあるが，派遣やバイトにはない，だから重要な仕事は派遣やバイトには任せられない，などと言われます。けれども，正社員は「善い人」で，派遣やバイトは「悪い人」なのでしょうか。

また，欧米でも，ロイヤルティの高い従業員をどれだけ育てるのか，というのが会社の重要な経営課題の1つです。コミュニティ作りで帰属意識を高め，さらに仕事の達成感を高めることで，単に言われた仕事しかせずにお客様とし

---

11 欧米の会社がコミュニティづくりを重視する理由として，より説得的に思える理由は，組織と命令で動かす組織論を前提にするからこそ，人間同士のつながりがないとあちこちで摩擦が生じ，組織がぎくしゃくしてしまう，その人間的なつながりを意識的に作り出すために，職場を「コミュニティ」にしようとしているのだ，という理由です。

て会社に居座るのではなく，積極的に会社をリードする社員になってほしいと考え，様々なインセンティブとチャレンジの機会を与えているのです。

このような事象からロイヤルティを分析してみると，「一様説 vs 多様説」の方がまだ合理的です。

すなわち，多様説を前提とする欧米では，従業員がそれぞれ異なる価値観を有しますので，ロイヤルティは意識的に醸成しなければなりません。自然と発生するものではないからです。他方，一様説を前提とした日本では，ロイヤルティは自然と発生するかのような印象がありました。しかし，正社員とそうでない社員の間にロイヤルティに差があるように，日本人の多様化が進むにつれ，日本でもロイヤルティを意識的に醸成させなければならないことが認識されてきたのです。

5．おわりに

けれども，未だに性善説から抜けきれないために，思わぬ事故を招く例も見受けられます[12]。

かといって，性悪説に立って従業員に厳しくするだけでは，従業員のモチベーションが上がりません。

したがって，内部統制（下の正三角形）の観点からは，有害な「性善説vs性悪説」による分析から卒業して，例えば欧米の会社のように，多様説の立場からロイヤルティを育てる，という発想もうまく取り込みましょう。言わば「飴と鞭」を上手に組み合わせて，従業員によるトラブルのリスクを上手にコントロールする必要があるのです[13]。

(芦原)

---

[12] 例えば，『不祥事』1章「アクリフーズの農薬混入事件」では，従業員の監視体制が貧弱だったため，従業員による冷凍食品への農薬混入を防げませんでした。この事件の数年前に，中国製の冷凍餃子から農薬が検出された事件があり，社会的に大問題になったにもかかわらず，日本人は大丈夫，と軽く見ていたようです。

[13] 実際，経営学では，従業員のモチベーションや「場」のマネジメントが研究対象となっています。『経営学入門』11章「インセンティブシステム」，19章「場のマネジメント」参照。

4-5　PDCAおじさん

> **＜用語解説＞**
> PDCAおじさんは，PDCAの精神を論じ，あるべき組織を論じるものの，その実現のために何も行動せず，実際に問題が発生しても組織論や他人の行動の批判だけで，何も対応できない人，あるいは，現場感覚からかけ離れた頭でっかちなプロセスを構築し，それを現場に押し付けようとする人をいう。

> **事例**　内部統制の在り方を調べ始めた社内弁護士のAは，PDCAに関し，他の会社であまり歓迎されていない話を聞いた。
> その会社では，もともと煙たい存在とされていたZがコンプライアンス担当になり，PDCAを口実に様々な部門のマネジメントに口出しをし，過重な報告義務を課している，というのである。他の社員は，リスクはコントロールされないまま，アリバイ作りの仕事だけが増えると不満が出ている。

◆ 対 応 例

Aの話を聞いた法務部長Bは，「なるほど，いわゆるPDCAおじさんだね。内部統制の推進の際，注意しなければいけない問題に，よく気づいてくれたね，ありがとう。」と，Aの着眼点を評価しました。

「せっかくだから，PDCAを上手に活用できるように，PDCAおじさんの問題点を分析してみよう。」

◆ 分　析

1. はじめに

PDCAに似た用語として，PDSC（Plan, Do, See, Check）という用語が用いられていた時期もあります[14]。PDCAの場合には，DoとActionの2つが重なるのではないか，という疑問も聞かれますが，Do は Plan（計画）の「実行」，

Actionは Check（点検）を踏まえた「改善」と捉えれば，その違いは明らかです。

大切なことは，点検の結果を計画の見直しにつなげることによって，螺旋を描くようにプロセスが「改善」されていくことです。このポイントを理解せずに，PDCAか PDSCかといった用語の違いにこだわることは，まさしくPDCAおじさんの専売特許と言えるでしょう。

2．PDCAの実践例

まず，PDCAが実践されている事例のイメージを共有しましょう。

それは，冬季オリンピックで見せた，羽生結弦選手の対応です。羽生選手は，足首の重大な故障によって，大事を取って長期間試合に参加せず，冬季オリンピックに全てを賭けていました。

練習の様子も公開され，足首に不安は残るものの，羽生選手らしいキレのある演技が見られ，不安よりも期待が高まっていく中で，いよいよ本番を迎えました。

ところが，本番のなかで，当初予定していたジャンプが省略されてしまいました。特に，羽生選手の様子を練習から見ていた熱心なファンや解説者は，羽生選手のプログラムをよくわかっていましたから，予定されていたジャンプが省略された瞬間に，とてもビックリし，大騒ぎを始めました。やはり，足首は完全でなかったのだ，きっとショックで，この先失敗が続くに違いない，と多くの人が感じたようです。

けれども，大騒ぎを始めた多くの人々とは全く逆に，羽生選手は少しも動揺していませんでした。

動揺しないだけでなく，ジャンプを省略してしまったすぐ後に，アドリブでジャンプを追加し，失った点数の回復を目指したのです。羽生選手のプログラムをよくわかっていた人にとっては，2度目の衝撃でした。しかし，今度の衝撃は，地獄から天国に舞い上がる感動でした。

もしかしたら，アドリブではなく，このような事態を想定していたのかもし

---

14 例えば，『経営学入門』12章「計画とコントロール：プロセスとシステム」参照。

れません。もしそうであれば，様々な事態を想定していた，用意周到な対応であり，危機管理に長けていたことになります。

あるいは，本当に想定外の事態であり，アドリブで対応したのであれば，とっさの危機対応に優れていたことになります。けれども，とっさの危機対応能力は，一朝一夕で身に付くものではありません。様々なスポーツのアスリートが，異口同音に語っていることですが，何度も何度も繰り返された練習の中で，機械的に繰り返すだけでなく，いかに問題意識を持って取り組むかが重要です。一回一回の動きの違いや心理状態の中から，小さな差を見つけ出し，教訓を引き出し，それを検証する，という作業を繰り返します。これをやり遂げるためには，常に問題意識を持って取り組む必要があります。このような小さな違いと，驚異的な集中力の積み重ねが，とっさの危機対応能力につながったのです。普段の練習の中で，常にPDCAを回していたからこそ，とっさの判断力が磨かれていったはずです。

このように見れば，このいずれの意味であっても，羽生選手の柔軟なプログラムの変更の中に，PDCAの実践が読み取れるのです。

3．経営学の視点

次に，PDCAおじさんの問題点を，経営学の観点から分析しましょう。

例えば『経営学入門』（523頁〜524頁）では，「プロセス下手の構造好き」と題して，制度論に頼ることの問題点を指摘しています。

すなわち，該当箇所は19章「場のマネジメント」の一部ですが，ここでは，「場」を活性化させることが，従業員相互の共通理解や心理的共振を促して，従業員の行動や学習を促す，と分析しています。細かく分業されたシステムによって，各選手は与えられた役割だけを，監督の指示に従ってこなすアメリカンフットボールではなく，各選手がオフェンスもディフェンスも行い，状況に応じた選手各自とチーム全体の臨機応変な判断が必要なサッカーのマネジメントが，「場のマネジメント」である，と例えられています。

その中にあって，「プロセス下手の構造好き」では，「場」の舵取りが苦手な人の中には，「構造」に解決策を求める傾向があるが，①それは，舵取りがうまくいっていないために発生する原因を「構造」に押しつけるものであって，

問題を放置したままにし，②さらに，新たな「構造」が従業員の相互作用の自由度やエネルギーを殺し，ひいては「場」のプロセスがうまく機能しなくなる方向に構造を作り変えてしまう愚を犯すことになる，と分析しています。

このような観点から「PDCAおじさん」を分析してみましょう。

まず，PDCAおじさんは実際に何も行動を起こしませんので，「場」に参加していません。サッカーに例えれば，競技場の中でただ突っ立っているだけであり，邪魔なだけです。

さらに，PDCAおじさんは制度論や批判を展開します。サッカーに例えれば，ミドルの選手は必ず前方向にパスしなければならない，パスサッカーを目指すので全ての選手はボールを3秒以上持ってはいけない，等のルールを強硬に主張し，それに応じない選手の柔軟な対応を頭から批判するようなものです。これでは，選手やチーム全体の柔軟性を奪ってしまいます。

これらの状況から見れば，PDCAおじさんは，経営学的に見れば「プロセス下手の構造好き」の有する問題点，すなわち，①サッカーで勝てない原因を「構造」に押しつけ，本当の原因を放置し，②かえって自由度ややる気を奪っているのです。

PDCAおじさんは，経営学的に見て，問題があるのです。

4．内部統制（下の正三角形）の視点

さらに，内部統制，すなわちリスク管理の観点から見ても，PDCAおじさんには問題があります。

たしかに，会社業務の問題点を見直し，その改善を提案することは非常に重要ですので，PDCAおじさんの全てが悪いわけではありません。むしろ，PDCAおじさんの指摘する問題点には，耳を傾けるべき場合も多くあるでしょう。

けれども，上記経営学的な分析をリスク管理の問題に当てはめてみれば，PDCAおじさんの問題点も明らかになります。

すなわち，サッカーに例えれば，敵の作戦がハマってゴールが脅かされている状況であるにもかかわらず，PDCAおじさんは，ゴール前に戻ろうとせず，守備を助けようとしません。「やはり最初からディフェンスを厚くしておくべ

きだったのだ」「次の攻撃までに，攻撃の選手を守備の選手に入れ替えなければ」などと，競技場の中で呟いているかもしれません。

5．過剰コンプライアンスになることも

　PDCAおじさんは，PDCAのA（改善）の仕方が分からないため，現場感覚から乖離したルールを押し付ける傾向があります。単なるアリバイ作りに過ぎないため，そのルールではリスクは管理できず，さらにルールを積み重ねてしまうことから，会社が「過剰コンプライアンス」の状況に陥ります。

　サッカーの例に戻ると，例えばハーフタイムに，相手の動きを分析して分かったことだから，と言いながら，「相手の9番がこう動いたら，こっちの3番はこう動け」「10番のときはこう」など，沢山のチェック項目と対策が作られ，覚えるだけでも大変なことになってしまいます。

　その結果，選手はお互いがルールを守っているのかを相互監視するようになり，敵の動きよりも味方選手の視線を気にするようになり，全体の動きの柔軟性が失われてしまいました。

　すると，PDCAおじさんは，競技中なのに，特に動きが止まってしまった選手に近寄って，「君は動きが悪いから，敵の9番がこう動いたら，迷わずこう動け」と耳打ちします。

　ルールがどんどん緻密になっていきます。選手には，主体的な判断よりも，ルールに沿った行動が求められます。その結果，選手は，どのようなルールがあったかというルール探しが先行し，自分で判断しなくなっていきます。

　これは，現場のリスクセンサー機能を低下させ，さらにリスクコントロール機能も奪っていくのです。また，いわゆる「コンプラ疲れ」を招き，本来業務以外のチェック業務や書類作成，報告などの業務を増やしてしまうのです。

　内部統制システムを構築し，運用する際には，こうしたPDCAおじさんが出現していないかどうかを点検し，現場感覚に富んだ過不足の無いルールを作り，PDCAを回していくことが大事です。そのためには，PDCAを回す仕事を管理者に任せるのではなく，役職員一人ひとりが目の前の仕事に伴うリスクを把握し，それを封じ込めるための計画を立て，それを実施・点検し，改善していくことが大切です。

　　　　　　　　　　　　　　　　　　　　　　　　　　　　　（芦原）

4-6　企業文化は変えられるのか

＜用語解説＞

　企業文化も会社経営のツールである。もちろん，企業文化だけで経営ができるわけではないが，様々な経営上の施策の背景にあって，各施策に大きな影響を与えることから，ビジネス上もリスク管理上も，適切な企業文化の確立に努めなければならない。

事例　経営学の勉強を始めた社内弁護士のAは，複数の会社での社内弁護士経験のある先輩弁護士Qから，経営者が変わると会社の雰囲気が変わってくる，雰囲気が変わると働き方も変わってくるから，不思議なものだ，という話を聞いた。

◆ 対応例

　Qの話をAから伝え聞いた法務部長Bは，「なるほど，さすがに経験豊富な社内弁護士は，会社の中の様子をよく把握しているね。」と，Qの知見を高く評価しました。

　そこでBはニコニコしながら，言いました。「けれども，企業文化や社風などのソフトな事柄をなすがままに任せておくのではなく，経営が意識的にコントロールすることも必要だよ。そのことを理解するために，企業文化が変化することや，そこに経営が影響を与えられることを確認しておこう。」

◆ 分析

1．はじめに

　「経営学入門」では，経営戦略，企業文化，「場」など，ソフトな事柄の重要性を様々な場面で検討しています。他人を使うことが経営の構造的な基本であり，単に命令するだけでは駄目で，人間関係の機微を理解する必要がある，ということ[15]は，頭では理解できるのですが，例えば1つの会社に長くいると，

会社とはこういうもの，という認識が出来上がってしまい，自分の会社の企業文化や「場」が変わったり，さらに能動的積極的に変えたりすることについて，なかなかイメージできません。

けれども，このようなソフトな事柄も経営の重要なツールであり，経営者としてはこれを使いこなすことが必要です。ここでは，その前提問題になりますが，企業文化や「場」はいわゆる「所与のもの」ではなく，経営戦略や具体的な施策によって変化させられるものであること，を確認しましょう。

2．悪影響

ところで，ソフトな事柄が企業業績に良い影響を与えた事例こそが，経営者が興味を持つところでしょうが，この点の客観的な検証はなかなか難しく[16]，ここでは，悪い影響を与えた事例を『不祥事』『続不祥事』から確認します。

例えば，お役所的な無責任体質が不祥事の原因の1つとなった事例として，「労働者健康福祉機構の虚偽報告事件」[17]や「日本交通技術の外国公務員贈再事件」[18]が挙げられます。

このうち，労働者健康福祉機構事件は，障害者雇用の数を虚偽報告した事案です。ここでは，誰か首謀者がいたわけではなく，誰が虚偽報告を始めたのかすらはっきりせず，虚偽報告に関与した者に，心理的負担を感じて葛藤していた様子もありません。組織自体が，以前から行われていることだから，という自己正当化を許容する，無責任体質になっていたのです。

日本交通技術事件も同様です。ここでは，特に東南アジア諸国での贈賄が問題になりましたが，ここでも，東南アジア諸国ではビジネスに賄賂が必要だから，という自己正当化を許容する，無責任体質になっていたのです。

同様に，コンプライアンスよりも経営が重視される企業文化が原因の一つとされる事例として，「ベネッセの顧客情報漏えい事件」[19]，「東海ゴム工業の労

---

15 『経営学入門』9章「組織と個人，経営の働きかけ」238頁参照。
16 ソフトな事柄自体が，客観的に評価できないうえに，成功事例の場合には，経営者の自慢話になってしまう場合も多く，客観的な分析検討がされにくい分野です。書店に並ぶ経営本から，自分の感性に合致する体験談や分析を集めていくべき領域です。
17 『続不祥事』4講
18 『続不祥事』5講

働安全衛生法違反事件」20,「シンドラー社製エレベーター死亡事件」21があります。

ベネッセ事件は、ベンダーの従業員が顧客情報を漏洩販売した事案ですが、顧客情報の慎重な管理よりも、顧客情報を自由に加工活用することに重点が置かれていた経営政策に問題があると指摘されます。

東海ゴム工業事件は、製造過程で用いられる圧力容器にピンホールが空いていたことから労安法上の報告が必要だったのに、この報告をしなかった事案ですが、製品の納品を優先する経営判断に問題があると指摘されます。

シンドラー事件は、シンドラー社と無関係で、しかもシンドラー社製品の修理に必要な情報や経験を全く有さない独立系保守会社が、安全のための情報収集よりも営業獲得を優先させたことに問題があると指摘されます。

さらに、不適切な行為に対する牽制機能が働かないことが原因の1つとされる事例として、「NHK職員によるインサイダー取引事件」22,「中国電力島根原子力発電所の点検時期超過事件」23,「パワハラ問題から逃げずに正対せよ」24があります。

NHK事件は、報道担当者数名が、報道に関する情報を悪用してインサイダー取引を行った事案ですが、報道部門の優越意識があり、他部門からの牽制が効かなかった点に問題があると指摘されます。

島原原発事件は、原発の安全検査の一部が点検時期を超過した事案ですが、安全性に実質的な問題がなければ手続面の多少の不備は問題ない、という「実質重視型の組織文化」が問題であると指摘されます。

パワハラ問題は、例えば学生が教授によるパワハラだと非難することを教授が恐れ、学級崩壊が起こっているような事案ですが、揉めたくないから注意しない、と委縮している点に問題があると指摘されます。

このような事案に共通する問題性ついて、「傍観者となった社員たちが企業

---

19 『不祥事』6講
20 『不祥事』7講
21 『続不祥事』7講
22 『不祥事』2講
23 『不祥事』4講
24 『続不祥事』15講

を減ぼす」[25]に指摘されるとおり、参加意識や帰属意識の薄い従業員の「他人事」意識が問題になりますから、リスクを減らすためには、企業文化を改めることが必要です。

3．企業文化の変革

まず、目に見えないものではあるものの、企業文化が実際に変わるものである、ということを確認しましょう。

例えば、「『最高の総務課長』ではトップは務まらない」[26]では、変革型ではなく調整型の経営者の限界が論じられていますが、そこでは、内部統制上の規制ばかりが大きくなり、そのことがかえって社内ルールを軽視する傾向を増長してしまう問題が指摘されています。積極的に変えようとしたものではありませんが、経営の在り方が、内部統制の悪化という形で、企業文化を変化させる具体例となります。

さらに、「アクリフーズの農薬混入事件」[27]と「東芝の不正会計事件」[28]を対比してみると、興味深いものが見えてきます。

アクリフーズ事件は、冷凍食品に農薬が入っていた事件で、会社の処遇に不満のあった従業員による犯行ですが、その動機は「成果主義」の導入への不満でした。成果主義の導入が、従業員のモチベーションの悪化を招いたことになるのですが、当然、会社の雰囲気も悪くなっていたはずです。

他方、東芝事件は、組織的に不正会計が広く行われた事案です[29]が、「成果主義」の導入が1つの契機となっています。つまり、「成果主義」導入によって「当期利益至上主義の組織文化」、すなわち不正会計よりも「成果」が大事、という文化ができてしまったのです。かつて「公家」と言われていた会社が、

---

25 『続不祥事』18講
26 『続不祥事』24講
27 『不祥事』1講
28 『続不祥事』1講
29 東芝事件について、『続不祥事』では、工事問題、キャリーオーバー問題、バイセル問題、半導体問題を検討しています（2008年度〜2014年度第3四半期までに、売上高1,528億円の修正）。筆者は、「東芝の経営管理プロセスの中に、不正会計が暗黙の裡にビルトインされていた」と分析し、企業文化の問題点を指摘しています。

同業他社から「攻撃的」と評価される状況になったのです。
　ともに「成果主義」を導入したのに，一方は雰囲気が悪化し，他方は，ある意味期待どおり，利益に積極的な社風に変化しました。しかし，共通する点もありました。いずれも，リスク対応力が劣化したのです。

4．おわりに
　企業文化などのソフトな事柄が経営によって変化すること，それが会社の業績とリスク管理両方に，意外と大きな影響を及ぼすこと，が理解できました。
　したがって，好ましい企業文化を創り出すことが，ビジネス面からもリスク管理面からも重要です。すなわち，企業文化も会社経営のツールであり，なすがままに任せるのではなく，適切な企業文化の確立のために，意識的に関与し，コントロールすることが必要なのです。
　その方法は，会社ごとに違って当然ですが，このトピックの最後の締めくくりとして，自社の過去の不祥事に対する向き合い方を考えてみましょう。
　その１つの例は，JALです。JALは，戦後最大の飛行機事故となった御巣鷹山事故について，自戒の意味を込めて，安全啓発センターを作り，御巣鷹山事故の様子を全て展示し，公開しています。
　これに対し，「過去の不祥事をきちんと伝承せよ」[30]で紹介された経営者の対応は，全く逆です。会社名は明らかにされていませんが，ある素材メーカーの事業所の火災により数名が焼死した事故がありました。主な４つの原因は，いずれも当たり前の安全対策ができていなかった点にあります。ところが，この会社の社長は，福島原発事故を引き合いに，会社は安全対策を講じていたが想定外の特殊問題が原因だった，という趣旨の説明をしているのです。
　JALのように，必死に風化させないように努力しなければ，教訓は何も残らないのに，後者の会社は，むしろ早く風化するように仕向けているのです。会社の体面の方を重視する企業文化が，会社経営に良い影響を与えるとは思えません。企業文化も経営のツールである，という発想が，後者の会社には不足しているように思われるのです。

（芦原）

---

[30] 『続不祥事』23講

4-7 隠蔽体質

＜用語解説＞
　組織の隠蔽体質は，一種の病気である。それは，組織のリスク対応力（免疫力）を低下させ，現場のミスを誘発したり，重要な政策判断を誤らせたり，暴力団やクレーマーに付け込まれる，などの症状を引き起こす。

事例　内部統制の在り方を調べ始めた社内弁護士のAは，官僚の記録改ざん事件の報道を見ていると，幾度となく，組織ぐるみの隠蔽は，日本人の気質にも原因がある相当に根深い問題なのだ，という訳知り顔の解説を聞いた。
　けれども，不都合な事実が隠蔽される事件は，洋の東西を問わず発生しており，日本人の気質の問題なのだろうか，と疑問を感じた。

◆ 対応例

　日本人の気質のせいにする発想は，本当の原因分析を放棄した，一種の思考停止じゃなかろうか，というAの話を聞いた法務部長Bは，「なるほど，日本人の気質のせいにする意見は，日本人は独特なんだ，という卑屈さと自信をごちゃまぜにした，歪んだアイデンティティーや自意識の表れかもしれないね。」とAの気持ちに配慮してくれました。
　そこでBはニコニコしながら，言いました。「せっかくだから，隠蔽体質のメカニズムを分析してみよう。会社も役所も組織なのだから，会社経営に役立つ何かが得られるかもしれない。」

◆ 分　析

1．はじめに

　福島の原発事故後の議論をとおして，日本の原発行政の問題点もいくつか浮かび上がってきましたが，そのうちの1つとして，危機対策の不十分さが指摘

されています。

　これは，様々な場面で，当然起こり得るミスを想定せず，何ら対策が検討されていない，というものです。津波の高さの想定も低ければ，海水を注入してでも原子炉の温度を下げるべき危機対策プランも明確に定まっていない，など，あまりにもお粗末な危機管理の実態が浮かび上がったのです。

　この原因の1つが，いわゆる「原発の安全神話」です。

　すなわち，様々な場面で，そのような事態は「あってはならない」ことであり，徹底的に安全性に配慮した設計や管理を行っているから，そのような事態は起こり得ない，すなわち原発は絶対安全なのだ，というロジックです。

　ここでは，「安全神話」の方ではなく，「あってはならない」という言葉の危険性を検討しましょう。

2．対策を講じないという選択

　「あってはならない」という言葉は，マスコミが情緒的に頻繁に使う言葉ですが，会社の経営者もこれに迎合して，「あってはならないことが起こってしまいました」，などと会社のミスを報告します。

　もちろん，本当にミスや問題を無くそうと会社全体が頑張っていけば，それはそれで良いのです。理想を追い求めることは悪いことではないからです。

　けれども，神ならぬ人間がやることです。ミスや問題はどうしても生じるはずです。それにもかかわらず，マスコミや，その情緒的な報道に扇動された世論は，「あってはならない」ことを引き起こした犯人探しに熱中します。

　官僚はこのことをよく知っています。

　実際，原発の設置の際に危機対策プランを作ってしまうと，絶対に安全であることを否定してしまう，そうすると危機対策プランを作ったこと自体が「あってはならない」ことを「ある」と認めることになってしまい，マスコミや世論に徹底的にたたかれてしまう，と先回りして考えます。このことが，特に重要なところや危険なところであって，本当に危機対策プランが必要な部分について，危機対策プランを控えてしまう原因となっているのです。実際，このような理由で危機対策プランが不完全なものになったという証言が，福島原発事故後の原発行政の在り方に関する報道の中で，いくつか聞かれたところで

す。

　このように，「あってはならないこと」という言葉は，リスク対応上，すなわち内部統制（下の正三角形）の観点から見た場合，正面から向き合い（リスクセンサー機能），取り組むべき（リスクコントロール機能）リスクについて，気づかないフリをさせてしまうのです。

3．隠蔽体質

　これが，個人の判断にとどまっているうちはまだ救いがありますが，問題は，これが組織の隠蔽体質を作りかねない点にあります。

　たとえば，もんじゅのナトリウム漏れ事故に関する調査報告書では，「原子力ではわずかな欠陥・故障も許容範囲にはなく，その結果として，何かことが起きるとそれを隠すという体質が原子力関係者の中に潜んでいることは否定できない事実である」との記載があります[31]。

　このことに関し，一部マスコミの報道特集で，「「失敗を許さない気風」を醸成した責任の一部は報道機関にもあり，センセーショナルなだけの報道や，揚げ足を取るような報道は自制しなければならない」と指摘されているのです[32]。

　問題は，このことが内部統制（下の正三角形）に与える影響です。

　この問題が，一般の会社で起こったとしましょう。マスコミに，些細なミスでも徹底的に叩かれる状況に追い詰められた会社の経営者としては，開き直って全て報告することに相当の勇気が必要になります。必要な情報を厳選して報告するうちに，徐々に報告しない情報が増えていきます。報告すればそれだけ叩かれるからです。

　このように，第一段階は経営者に隠蔽意識が芽生えます。

　すると，ここからが内部統制の問題ですが，せっかく経営に報告しても経営がそれをもみ消す事態が続けば，社員が現場の不都合を報告しなくなります。これは，マスコミに嘘をつくよりは知らない方がまし，と思う経営の意識（こ

31　『続不祥事』8講「高速増殖炉『もんじゅ』のナトリウム漏れ事故」99頁
32　上記注31

のような意識があることは，特に社内では，その言動でバレます）と，わざわざ経営が聞きたくない報告をするよりは，経営の聞きたい報告だけ上げればいいだろう，という組織人の「忖度」「迎合」が合致することによって生じます。

　このように，第二段階は組織全体に隠蔽意識が伝染するのです。

　この第二段階の問題は，様々な場面で見受けられる問題です。

　例えば，『不祥事』32頁以下では，「どうして日本企業はM&Aが下手なのか」が検討されており，そのうち買収前の問題として基礎的な検討の不足が指摘されます。この検討不足の一番目の理由が，「後付けの戦略」です。

　これは，経営者の「勘」だけを頼りにM&Aをすることが実質的に決まってしまい，その後にM&Aの判断を正当化する場合です。このような場合には，M&Aの推進に消極的な事情が明らかになっても，なかなかそのままでは報告されません。その結果，経営の満足する情報しか上がってこず，経営の夢想するバラ色のストーリーのまま話が進んでしまうことになります（裸の王様）。これが，会社のリスク対応力（免疫力）を落としてしまい，M&Aを失敗させてしまう原因となるのです。

　あるいは，暴力団対策やクレーマー対策です。

　しっかりした会社と思われているのに，暴力団との関りができてしまったり，クレーマーの不当な要求に応じてしまったりする場合があります。そのような原因の一つが，経営の姿勢です。「そんな問題，俺のところにまで上がってくるようじゃダメだろ」などと，現場での対応に押しつけてしまう経営の場合，現場がトラブルを丸め込もうとしてしまいます。暴力団やクレーマーは，現場担当者が上司に報告できないで抱え込んでいる状況を敏感に見抜きますので，現場担当者にさらにプレッシャーをかけたり，逆に現場担当者の立場に心から同情する姿勢を見せたりして，揺さぶりをかけるのです。

　そうすると，会社の内部に暴力団員とつながる「ガン」が発生したり，クレーマーにたかられて「出血」してしまう「傷」ができたりするのです。

　このように，隠蔽意識が組織に伝染する，という症状は，様々な場面で発症するものであり，しかも，組織のリスク対応力（免疫力）を著しく低下させてしまう，きわめて質の悪い症状なのです。

4．おわりに

　では，このような隠蔽体質に染まり始めた場合，どのようにそれを防ぎ，改善するのでしょうか。

　その第一歩は，隠蔽体質の引き金となった原因を特定することです。

　例えば，暴力団やクレーマーに狙われ，付け込まれている場合には，現場に対応を押し付けるような経営者の指導や発言が引き金になります。また，会社のミスが社会的に非難される場合であれば，「あってはならないこと」「今後絶対に同じ過ちは犯さない」など，完璧を約束してしまうような対応や発言が引き金になります。

　原因が分かれば，対策も検討できます。

　暴力団やクレーマーの場合には，経営が腹を据えて，現場で抱え込まず，必要に応じて会社全体で対応する，とした場合，暴力団やクレーマーに追い込みをかけられてしまう被害者がいなくなります。会社としてメンツを気にせずに対応できますので，SNSやインターネットも怖くないですし，警察や弁護士に相談することの抵抗もありません。つまり，現場に押しつけたから，現場が付け込まれるので，その状況を根元から改善するのです。

　会社のミスが非難される場合には，「完璧」という約束ではなく，人間としてミスは当然ゼロにはできないが，PDCA [D4.2] を回しながらその可能性をゼロにするために，常に努力するし，会社全体の意識をそのように変えていく，結果は約束しないが，努力は約束する，という約束に改めます。さらに，新たなミスや懸念点を発見したら，それに対してどのような改善策を講じるのか，という原因分析と再発防止策 [A3.4] を丁寧に開示し続け，実際にPDCAが回っていることを見せて，安心してもらうのです。

　「絶対大丈夫だから」と言われる場合と，「絶対を保証できないけど，できるだけのことはするから」と言われる場合のどちらが信用できますか。「できるだけ」がどこまで具体的か，によりますが，少なくとも，安易に「絶対」「完璧」というインパクトの大きい修飾語の与える印象や気迫だけで乗り切ろう，という姿勢は，改めなければなりません[33]。

(芦原)

---

[33] 『続不祥事』14講「不祥事対策にもコスト・パフォーマンスの意識を」

4-8 経営者を交代する

<用語解説>
　グローバルな大競争時代に突入し，競争環境が急激に変化している現在，会社が株主の負託に応え，「適正に」「儲ける」ためには，常に思い切ったチャレンジをしなければならず，そのために経営者を交代する方法も考えておかなければならない。

事例　内部統制の在り方を調べ始めた社内弁護士のAは，経営者の影響の大きさが分かってきたと同時に，今の時代に合わない経営者が会社の状況を悪くしている事例が多いように感じてきた。
　Aは，法務部長Bに対し，経営者の交換を検討するのは，差し出がましいことだろうか，と恐る恐る質問した。

◆ 対応例

　Aの問題意識を聞いた法務部長Bは，「なるほど，経営マターに法務が介入することは，これまであまり考えられなかったよね。」とAが消極的であることにも配慮してくれました。

　しかし，BはニコニコしながらはBは首を傾げて，言いました。「だけど，リスク管理は経営そのもので，経営者が会社の状況に合わないこと自体がリスクだし，経営者を変える際のリスクやシナリオを予め分析しておかないと，いざというときに焦って変な判断をしかねない。経営学を参考に，経営者を交換する場合のシナリオを検討しておくことに，賛成だよ。」

◆ 分析

1. はじめに

　経営者（≒コロンブス）の選解任権は，本来株主（≒スペイン国王）にあり，その交換はガバナンス（上の逆三角形）の問題です。

経営者は，同時に内部統制（下の正三角形）の頂点に立って，会社を運営する責任者です。株主の負託に応えるための会社であり，経営です。このトップが内部統制にどのような影響を与えるのか，トップの人選の問題に関し，いわゆる調整型リーダーから変革型リーダーに交代する場合を想定して，経営学も参考にしながら，経営者交代の問題点を整理しておきましょう。

2．調整型リーダーの背景

　日本の企業に調整型リーダーが多く見受けられる理由については，書店にあふれるリーダー論などでも論じられています。例えば，戦国時代は，変革型リーダーの代表だった織田信長から，調整型リーダーの代表だった徳川家康に政権が移ったことによって，調整型リーダーが主流になった，という歴史的な背景に回答を求める見解など，非常に興味深く読める見解が多く論じられています。

　本書の問題意識から見た場合，「適切に」「儲ける」ことが使命であり，チャレンジする（＝リスクをとる）ことが仕事であるべき経営者の中に，なぜリスクをとろうとしない調整型リーダーが多く存在するのか，が議論の出発点になります。

　これをリーダーの立場から見た場合，チャレンジをする選択肢とチャレンジしない選択肢があった場合に，チャレンジしない選択肢の方が好ましい場合が多いから，調整型リーダーが増えた，という分析が可能です。

　特に，高度経済成長が続き，護送船団方式による日本の産業全体の育成が国家政策とされた時代，すなわち企業間の競争よりも調和が重視される時代こそ，チャレンジしない選択肢が好ましい時代だったと評価できます。ほかの会社と同じことをすれば一定の成長が約束されていた状況です。そのままでも成長するのに，わざわざほかの会社と異なる選択をして自分の会社だけ取り残されてしまうリスクをとることの合理性（リスクを上回るメリット）は，なかなか見つからなかったはずです。

　他方，高度経済成長の波に乗るまでは，チャレンジしない選択や，業界横並びの行動を取る選択の方が，むしろ苦しい決断だったはずです。何もしなければ，様々な手を打ってくる他社との競争に負け，置いてきぼりになることが目

に見えているからです[34]。

　しかし，当初は苦渋の決断も，それが当たり前の状況が何十年も続けば，チャレンジしない怖さなどいつの間にか消えてしまい，逆にチャレンジする選択ができなくなってしまいます。

　それがさらに進むと，リーダーには，他社との競争に勝つ＝他社を出し抜く嗅覚や能力よりも，他社との競争に勝つ＝護送船団のトップになる嗅覚や能力が求められるようになります。業界内で認められ，業界のリーダーになることが，会社の利益を最大化しますので，業界内での利害を調整して１つにまとめ上げる能力が評価されるようになるのです。

3．調整型リーダーの内部統制上の問題

　これも，いろいろと議論されているところですが，ここでは２つの問題点に着目します[35]。

　１つ目は，同じような調整型の管理職が拡大再生産される点にあります。

　これは，調整型リーダーはできるだけ多くの意見を踏まえて，最も嫌われない方法を選択することに長けているからです。慎重ですから，なんでも報告させます。すると，部下はどうしても指示待ちになります。その分チャレンジしなくなりますので，チャレンジできる人材が育ちにくくなります。同時に，上司の指示を仰ぐタイプが出世しますので，変化よりも調整を得意とする管理職が再生産されるのです。

　２つ目は，組織が硬直化し，小粒化する点です。

　これは，調整型リーダーは慎重であり，変化することよりも従前どおりのやり方を維持するために，社内体制やプロセスがどんどん複雑になっていきます。変化を起こすには，慎重な手続きとかなり上位者の承認が必要となり，上位者の意を忖度するフォロワーがあとを継ぐことになります。その結果，リーダー

---

[34] ワールドカップ予選の対ポーランド戦で，最後の10分間何もしないという選択をした西野監督は，苦渋の決断だったとコメントしています。ワールドカップは，普通に戦えば勝てない相手ばかりで，チャレンジする方が普通ですから，何もしない，という選択は，高度成長経済＋護送船団方式の時代に，他社と違う抜け駆けを選択するのと同じくらい，難しい選択だったのでしょう。

[35] 『続不祥事』24講「『最高の総務課長』ではトップは務まらない」参照

の小粒化が生じ，なかなか変化が起きない状態になってしまうのです。

4．調整型リーダーの交換

ところが，高度経済成長時代でもなければ，護送船団方式の時代でもありません。経済のグローバル化により，競争が激化しており，業界の調和などののんきなことを言っている場合ではなく，調整型リーダーのような人格円満な人に会社を任せることができない時代になりました。

ガバナンス（上の逆三角形）の観点から見ても，株主から託されたお金や機会を活用して「適切に」「儲ける」こと，すなわちチャレンジすることが求められることから，当然のことながら，チャレンジを得意としない経営者は，株主の負託に応えられないのです。

そこで，調整型リーダーを変革型リーダーに変えなければなりません。

けれども，調整型リーダー本人が変革型リーダーに変わる，つまり個人が質的に変化することは難しいことです[36]。それは，1つ目は調整型リーダーに求められるパーソナリティーと変革型リーダーに求められるパーソナリティーが違うこと，2つ目は周囲がなかなか判断の信頼感や正当性を認められないこと，が根拠となります。特に正当性については，同じ判断であっても調整型の判断と変革型の判断は，そのタイプに大きな違いがあるため，一方に長けていたとしても，当然には他方を信頼できないのです。

このように，現在のリーダーが自ら変化することが難しいとなると，会社の中から次のリーダーを探すことになります。内部統制（下の正三角形）的な手法によるリーダーの交代です。

けれども，調整型リーダーの1つ目の問題点で検討したとおり，調整型リーダーの下では調整型管理職が拡大再生産されます。硬直化した組織の中で，変革型の素養のある人材は日の目を見ず，会社を離れていくか，離れていかなくても，変革型リーダーとしての素養を磨く機会のないまま埋もれてしまっており，いきなり経営者になれる人材を社内に見つけることは難しいでしょう。

さらに，そのように調整型のシステムが出来上がっている会社では，埋もれ

---

[36] 『経営学入門』392頁

ていた変革型リーダーを抜擢しても，社内の大勢を占める調整型の管理職達がそれを受け入れず，足を引っ張る危険が感じられるのです。

そうなると，経営者を外部から見つけてくる方法が現実的なように思われます。ガバナンス（上の逆三角形）的な手法によるリーダーの交代です。

5．おわりに

しかし，落下傘部隊で降り立った新しい経営者が，敵に取り囲まれて身動きが取れなければ，何も仕事ができません。

調整型の管理職ばかりいる会社に飛び込んだ変革型のリーダーは，まさにそのような心境になってしまうでしょう。慎重な判断を求め，決断できない管理職に取り巻かれているのです。見えない壁に取り囲まれてしまった感覚になってしまうことでしょう。

そうならないために，経営者を交換するだけでなく，その経営者が実力を発揮できるような環境作りも考えなければいけません。

例えば，変革型の管理職，または管理職候補者のリストを準備しておき，変革型のリーダーが決まったときに，そのリストに基づいて管理職も一斉に変えてしまう方法です。調整型管理職達の功績で，きっと表面上は波風が立たない会社ですから，このようなあからさまな，しかも大規模な人事は，劇薬であり，たしかに新しい経営の思想を明確に社内に伝えることができます。

けれども，この方法の問題は，派閥対立を作り出してしまう危険がある点です。特に，調整型管理職者は，横並びの団結が得意技であり，それを一斉につまはじきにすれば，団結して反撃してくることが目に見えるでしょう。

そこで，次の方法として，生え抜きで人望も厚く，同時に変革の必要性も十分理解している人を参謀や番頭として，外からくる変革型経営者とペアを組ませる，という方法が考えられます[D4.9]。

この方法が果たしてうまくいくのかどうか，会社ごとの状況によって決まることですので，ここで何とも言えませんが，企業文化も経営のツールであれば，社内人事や人事抗争も，経営のツールです。内部統制（下の正三角形）の観点から，ここまで踏み込んで考えておくべきなのです。

(久保利)

4-9　参謀，番頭，ジェネラルカウンセル

<用語解説>
　タイトルで掲げた役職者は，いずれも会社経営に深くかかわり，経営判断の適切性を確保するために重要な機能を果たすべき立場にある。デュープロセスの観点から検討すると，その重要性がより鮮明となる。

事例
　内部統制の在り方を調べ始めた社内弁護士のAは，ジェネラルカウンセルの導入も検討すべきである，と法務部長Bに提言した。
　弁護士こそが，社内業務全般のリスク対応のすべての権限と責任を負うに相応しい，そのために，アメリカのジェネラルカウンセルに倣い，強大な権限を有するジェネラルカウンセルを設置すべきである，というのがその最大の理由である。

◆ 対 応 例

　Aの中間報告を聞いていた法務部長Bは，「なるほど，リスク対応の責任者には相当な権限や責任が必要だ，というはとても良いね。」とAの着眼点を評価してくれました。
　しかし，Bはニコニコしながら首を傾げて，言いました。「だけど，もう一段掘り下げて欲しいな。日本で，しかも当社で，それを弁護士に担当させるべきことかな？　社内弁護士のトップをナンバー2とするアメリカの制度が，本当に普遍的なもので，絶対的に正しいことなのかな？」

◆ 分　　析

1．はじめに
　「老舗」が，産業界や経営学の世界で注目を集めています。
　2010年当時の調査で，明治末年（明治45年，1912年）以前に設立された会社は2万4,500社程度存在し，そのうち江戸時代よりも前のものが145社，江戸時

代のものが2,815社存在する、など、日本は老舗大国と言われています[37]。このような状況を踏まえ、老舗の強さやしなやかさが、研究の対象となっているのです[38]。

多くの研究がなされる最大の理由は、「老舗」の核となる伝統を守り抜く「安定感」と、時代に適合する「柔軟性」の両立が最大のポイントのようですが、これと関連して、組織論も重要な研究テーマです。

すなわち、「安定感」と「柔軟性」を両立させる組織とは、どのような組織だろうか、という問題意識です[39]。

2．番頭と参謀

この問題意識に基づいて、様々な研究や文献が出されていますが、比較的広く認められている考え方の1つは、江戸時代であれば「番頭」制度、明治以降であれば「参謀」制度が、この両立に貢献している、という考え方です[40]。

すなわち、決断すべきリーダー(旦那、社長)と番頭・参謀の役割分担が、「安定感」「柔軟性」の両立を可能にしている、というのです。

この中でも、本書の会社組織論の参考になりそうな分析は、「デュープロセス」に通じるような分析です。

これは、番頭・参謀が社内に目を光らせ、日ごろから安定感のある業務運営を行いつつ、重大な決定については、番頭・参謀の下で十分検討され、旦那・社長による決断を可能とするだけの「お膳立て」がなされた上で、最後に旦那・社長が決断をする、というプロセスと組織体制に注目しています。

たしかに、この関係を、例えば「チェック＆バランス」で説明したり、「取締役と執行役」で説明したりすることも可能かもしれません。

---

37 『老舗学の教科書』(前川洋一郎・末包厚喜著、同友館、2011年) 10頁、17頁参照。
38 例えば、「老舗」をキーワードにアマゾンで検索すると、極めて多くの経営書が見つかります。
39 例えば、上記『老舗学の教科書』の第Ⅲ編のタイトルは「経営戦略―老舗のしたたかさ＆しなやかさに迫ろう!!」です。
40 「老舗」という観点ではなく、「番頭」等の観点からの研究も盛んですが、ここでは特に、『新版　番頭の研究』(青野豊作著、ごま書房新社、2011年)、『リーダーのための大番頭の研究(日本的経営の底力の秘密)』(佐藤朝泰著、かんき出版、昭和58年)、『日本企業の「副」の研究』(日置弘一郎他著、白桃書房、1998年)が参考になりました。

けれども，特に会社意思決定のプロセスや組織体制の観点から両者の関係を見た場合には，「デュープロセス」(D3.6) や「実体法，手続法，組織法」(D4.3) の観点から整理する方が有効です。

なぜなら，会社組織論の観点から分析することによって，番頭・参謀の組織的な位置付けや権限，意思決定プロセスなどを考慮して検討することが可能になる（分析基準の汎用性）だけでなく，リスク対応という観点からその有効性を検証することが可能になる（評価基準の設定）からです。

3．ジェネラルカウンセル

さて，特にアメリカの会社で，番頭・参謀に該当する役割を果たしていると思われるのが，「ジェネラルカウンセル」です。

Generalには，「何でも屋」のようなイメージもありますが，「総合的」でパワフルという意味もあり，この場合は後者の意味です。ジェネラルカウンセルは弁護士である，という不文律があります。また，社内的にはCEOに次ぐ立場にあり，直接所管する部門（法務，コンプライアンス，コーポレートセキュレタリーなど）だけでなく，会社業務全体についてCEOの判断を輔弼（ほひつ）することによって，適切な判断が行われるように貢献するのです。

このように見れば，「ジェネラルカウンセル」も番頭・参謀と同様，デュープロセスを尽くすべき立場にあり，一方でリスク対応を行い，他方で経営判断のお膳立てをするのです。

4．応用可能性

このような観点から整理した場合，内部統制（下の正三角形）の中で，番頭・参謀に相当する役職者を設置するのは，非常に合理的に思われます。それは，この機関に，統合リスク管理の機能を期待できるからです（各部門のリスク対応状況の統括的把握，重要な意思決定のお膳立て，など）(D3.7)。

では，この番頭・参謀に相当する役職者は，どのような資質や権限を有するべきでしょうか。

この点に関して，アメリカでは弁護士であることが不文律となっていますが，例えばフランスでは，ジェネラルカウンセルは財務担当役員の下に置かれるこ

とが多いと指摘されます(B5.1)。

　また,「番頭」の場合には,旦那を輔弼する立場として全ての権限を有していますので,財務・人事・営業全領域の担当役員,あるいは副社長と位置付けることができますが,その中でも特に重要なのが,財務に関する資質と権限でしょう。それは,「所有と経営の分離」の下で,株主によるガバナンス（上の逆三角形）上もっとも重要な情報とツールは「お金」（財務）であり,それに対して説明責任を果たすことが,実際上極めて重要だからです[41]。実際,江戸時代の大店の大番頭は,奉公人たちを見渡す小机の前に座り,いつも帳簿とそろばんをにらんでいるイメージがあります。丁稚や奉公人たちの配置転換や,大阪と江戸の店の人事異動など,人事権も駆使しますし,奉行所や十手持ちへの対応など,法務部的な仕事も行いますが,やはり,一番重要なのは,金の出入りに目を光らせて店の経営を引き締めることにあるのです。

　このような,日本や諸外国の実例,果たすべき機能を考慮すれば,その時代や会社の置かれた状況に応じて,番頭・参謀として特に重視する資質が変わってくるように思われます。

　すなわち,アメリカ国内だけで業務を行う場合であっても,50州+連邦+海外領土[42]の異なる法制度に対応しなければならず,これに加えて,訴訟大国として多くの紛争が訴訟によって処理されます[43]。失敗すれば会社が消滅するという面では,法的リスクが最大と考えられます。したがって,そこでは法的な問題が会社経営にとって特に重要な問題であり,弁護士が番頭・参謀に相当すると評価できます。また,米国では経営に関する能力を有する上級執行役員のうち弁護士資格のある者をジェネラルカウンセルにするのであって,ただの法廷弁護士をあてるわけではありません。

　他方,伝統的に日本では「金庫番」が裏方のトップというイメージが強いだけでなく,会社が株主の干渉から自由でありたいという意識が強いほど,財務

---

[41]　注40『老舗学の教科書』は,番頭制度が,特に中小企業や老舗にとって,所有と経営の分離のために（筆者注：ガバナンスを利かせるために）重要である,と指摘します（同116頁）。

[42]　プエルトリコ,グアムなど,州ではないが自治的な領土。「51番目の州」と言われることもある。

[43]　日本の監督官庁の役割の一部を「クラスアクション」が果たしている,とも言われます。

的な観点からの説明責任を果たし，干渉される領域を少しでも減らすことが重要になりますので，財務機能が番頭・参謀に相当すると評価できるのです[44]。

　このように，番頭・参謀に相当する役職者を会社に設置しようとする場合，どのような資質を特に重視するのか，という問題については，会社の状況に応じて個別具体的に判断すべきである，ということが結論になります。ジェネラルカウンセル（弁護士）が唯一の回答ではないのです。

　このように，内部統制（下の正三角形）の設計は，ガバナンス（上の逆三角形）の設計よりも自由度が高く，理論的な根拠だけでなく，様々な事情を考慮して判断すべきであることが，確認されます。

5．おわりに

　以上の検討結果をさらに推し進めると，統合リスク管理の責任者こそ番頭・参謀に相当する，と位置付けることも可能でしょう。

　日本では，リスク管理の責任者を社内に置く習慣が極めて薄い状況です。

　けれども，「リスク統括部門」(D3.7)で検討したとおり，基本的には各役員や各部門がリスク対応の責任を果たすべきですが，全社的な観点から，対立する場合に調整したり，責任の所在が明確でないリスク対応について，全社的な視点から推進したりする機能が必要です。経営判断の中にリスク対応が組み込まれるために，例えば統計学の専門家（アクチュアリー）などのリスク統括責任者が，特にアメリカの大企業では置かれるようになってきているのです。

　リスク管理部門すら珍しい日本で，リスク統括責任者を設置することは難しいでしょうが，例えばジェネラルカウンセルにリスク統括責任者の肩書を与える方法も，おもしろい方法です。経営のお膳立てをする番頭・参謀の業務とぴったりと重なるからです。法的リスクと経営的なリスクを統括して管理できるのです。ぜひ，導入してもらいたい組織体制です。　　　　　　　　　（久保利）

---

[44] あるいは，財務上の責任，すなわち（配当ではなく）株価を上げて株主に貢献し，税金を支払って国税に貢献しさえすれば，経営者は誰の干渉も受けずに自由に経営できた時代だったのかもしれません。

4-10　相互牽制

> **＜用語解説＞**
> 　内部統制（下の正三角形）上，不正やミスを防ぐための機能は，典型的には法務部門や内部監査部門が担うことになるが，これが正しいわけでも，これが全てであるわけでもない。本来は他の業務を行う部門が，副業的に牽制機能を担っても良い。

> **事例**　経営学の勉強を始めた社内弁護士のAは，内部統制（下の正三角形）の観点から，会社組織を人体に例え，全従業員が体中に張り巡らされた神経のように，リスクセンサー機能を果たすべきである，という議論に感心していたが，各従業員の感性に期待するだけでなく，組織論としても対応しなければいけない問題ではないか，と気になり始めた。

◆ 対応例

　Aの話を聞いた法務部長Bは，「なるほど，会社内部では組織論の問題になってくるね。」と，Aの気付きに対し，ヒントを与えました。

　そこでBはニコニコしながら，言いました。「そうすると，各部門が自らリスクに気づく自浄作用の問題だけでなく，部門同士が相互に牽制し合うという問題も発生してくるね。前者は，体中に張り巡らされた神経の問題と同じだけど，後者は，会社内部だからこその問題だね。」

◆ 分析

1．はじめに

　会社が大きくなると，分担して仕事を進めるために，機能ごとに部門を作ります。

　ここでは，内部統制（下の正三角形）[D1.4, D1.5]の場面での組織論に関する問題点を検討します。すなわち，経営に関して責任を持つ社長の意向にした

がって機能する組織作りであり，「適切に」「儲ける」組織作りになります。

このように位置付けると，①「儲ける」ことに重点が置かれ，儲け第一主義を追求する組織構造になってしまったり，②「適切に」に重点が置かれ，やたらと手続きが重い組織構造になってしまったりします。しかし，そのどちらでもありません。組織論は，効率性と適切性の両立が求められるのです。このことを，実例に基づいて検討します。

2．三権分立

三権分立とは，憲法で学ぶ，あの「三権分立」です。ここでは，理論の側から三権分立を考えるのではなく，組織をどのように機能的に設計したのか，という観点から「三権分立の生誕物語」を考えてみます。

学校の授業やマスコミの報道などで，三権が対等であることを前提に理解している人が多いと思います。しかし，国民主権の考え方を導入する際に，フランス革命をやり遂げた人たちは，既存の国家機関である行政機関や司法機関を活用しよう，そのために国会を上に置き，行政と司法はその下に置いた，という考え方の方が，よりリアルなように思われます。

日本の明治維新の際も，新政府は既存の統治システムをできるだけ活用しようとしました。国全体を統治するのに，一から設計図通りの機関を設立し，そのために必要な人員を一から全国津々浦々で募集採用する（役所は，国土全体に必要です）ことは，特に革命後の混乱時期に現実的ではありません。既存の行政機関と裁判所に，これからは国王ではなく国会の言うことを聞くように，と指示するのが，「三権分立」の最大の目的だったように思われるのです。

そして，行政と司法に分けたのは，おそらく一番国民をいじめてきた当事者であろう行政に法の執行を全て任せるのではなく，それまでは行政の一部か，あるいは行政に逆らうことのできなかったであろう司法の役割を，従来の役割よりも一段高め，この司法に，一番信用できない行政に対する牽制機能と権限を与えたのです。

すると，行政や司法からの国会に対する牽制は何か，が問題になりますが，それはまず，①新しい機関である国会は，先輩である行政や司法の意見を聞きます，というリップサービスです。これまで，権力行使の対象であった国民が

いきなり自分たちに命令する立場になったのですから，行政や司法はおもしろいはずがありません。だから，先輩として色々と教えてください，となだめすかしているのです。

けれども，本心は，国会が行政や司法よりも上です。なぜなら，革命により国民が国の主権者となったのであり，その主権者である国民から直接選ばれる国会議員達が，国家機関の中で最もえらく，国会が作る「法律」が行政や司法を拘束するからです。

この意味で，行政や司法による国会に対する牽制は，「リップサービス」の面があるのです。

次に，②特に司法ですが，違憲審査権を裁判所が有することになれば，国会に対する現実的な牽制権限を獲得します。この段階に至れば，司法は国会に対しても牽制機能を果たすことになりますので，行政よりも下に見られていた時代から見れば，二段階昇進したことになります。

このように見ることで，三権が対等，と言われるわりに，行政や司法の国会に対する牽制権限が貧弱であることも理解できるのです。

そして，組織論としてみると，大きな方針を立案する立法機関と，それを執行する行政機関を分け，さらにこれをチェックすることを専門とする司法機関を設ける，という発想には，効率性を求める意図も見て取れます。大きな権限と責任を負うが，実際の統治について素人である国会議員には，大きな方針を決定することに専念してもらい，それを具体化したり，チェックしたりする作用は，それぞれ行政と司法の専門家に任せる，という役割分担をすることで，素人が運営する文化祭のようなドタバタを回避し，円滑な統治が行われることを期待しているのです。

すなわち，三権分立は絶対的な真理ではなく，フランス革命当時のフランスに適した，その中で最も効率的な体制に，後から合理性が付与されたものであり（仮説），会社の機関論も会社の状況に応じて柔軟に設計されるべきなのです。

3．牽制機能の置き場所

この仮説の真偽はともかく，チェックアンドバランスと言われる三権分立ですら，組織設計は「牽制」だけで成り立っているのではなく，それぞれに本業

があって，国政を「分担」しているのです。「牽制」はむしろ，それぞれの機関にとって「副業」であり，牽制機能は「反射的効果」なのです。このように見ると，監査部門のように，牽制「専門」の機関は，三権分立のレベルでは存在しないのです[45]。

このような観点から，牽制機能をどこに担わせるべきなのかという問題を中心に，組織不祥事研究の成果から検討しましょう[46]。

1つ目は，アクリフーズの農薬混入事件です[47]。

ここでは，工場自身による監視体制を構築することと，本部内に全社的な苦情対応部門を設置することが必要，と提言されています。

2つ目は，東海テレビの「ぴーかんテレビ」放送事故です[48]。

ここでは，番組制作先の現場，しかも社外のアウトソーシング先ではなく社内に，牽制機能を置くべきであると指摘しています。

3つ目は，メルシャン水産飼料事業部の循環取引事件です[49]。

この事件では，「傍流事業」での長期にわたる不正が問題になりました。特に問題は，最後の砦とも言える内部監査部門が不正に気付きかけたにもかかわらず，結局真相解明に至らなかった点です。ここでは，「傍流人事」の専門家が人事異動せずに長期滞留したことや，経営の傍流事業への遠慮・無理解が指摘されていますので，ここから逆算すると，内部監査部門に加え，現場自身の自浄作用と，経営自身による理解やチェックが必要，と言えるでしょう。

4つ目は，ベネッセの顧客情報漏洩事件です[50]。

この事件では，システム関連業務委託先に全ての業務を委託していたのが問題の1つであり，システム関連業務の一部を自社に残し，自社で業務委託管理先を管理すべきである，と指摘されています。

5つ目は，大王製紙会長による特別背任事件です[51]。

---

[45] とは言うものの，国家機関レベルに落とせば，会計検査院など，牽制専業の機関が多く設置されていますので，専業の牽制機能がおかしい，というつもりはありません。
[46] もちろん，ここで検討する6事案に限られません。
[47] 『不祥事』1講
[48] 『不祥事』3講
[49] 『不祥事』5講
[50] 『不祥事』6講

これは，創業家出身の経営者がカジノで莫大な財産を散財したもので，ガバナンス（上の逆三角形）上も，例えばその経営者を降格させるなど，一定の牽制を働かせていましたが，不十分でした。内部統制（下の正三角形）の問題としては，経理部門が不正な会計処理を隠す側に回った点が問題であり，経理部門が牽制機能を果たす自覚を持つべきだったのです。

　6つ目は，オリンパスの不正会計事件です[52]。

　これは，役員や財務部門が長年にわたり，「とばし」などの手法で損失を隠蔽してきた事案で，財務部門の暴走を阻止するには，法務部門や経理部門による内部牽制が効果的（しかし，不正を行った役員自身が，総務・人事・法務・経理・財務などの本社機能全体を掌握していた），と指摘されています。

4．おわりに

　このように，三権分立の司法に該当するのが法務だ，いや内部監査だ，などと抽象的な議論をするのではなく，実践的に考えましょう。そうすると，以下のようなポイントが見えてきます。

　1つ目，牽制機能は，1つの部門の専属である必要はありません。そもそも，内部監査か法務いずれか1つである必要はなく，内部監査も法務も，さらにリスク統括部やコンプライアンス部も，牽制機能を果たすことが期待されます。

　2つ目，牽制機能は，他の業務と一緒（副業）でも構いません。例えば，財務や経理の本来業務は金勘定ですが，上記の多くの事例で，これらの部門による牽制機能が指摘されています。

　3つ目，牽制機能には，外部委託先などの牽制も含みます。

　経営上の施策は，1つの目的と1つの施策が対応する関係にあるのではなく，1つの目的のために複数の施策の組み合わせが必要な場合もありますし，複数の目的のために1つの施策で足りる場合もあります。チャレンジする方向での施策が同時にリスク管理に資することもあります。施策の効果や限界をよく見極めて，会社に合った組織設計をするのです。

（芦原）

51　『不祥事』9講
52　『不祥事』10講

4-11 標準化

＜用語解説＞
　内部統制（下の正三角形）上，多様な業務処理のフォーマットやプロセスを整理して一本化することを「標準化」という。「標準化」は，ビジネス上もリスク管理上も，メリットが大きい。

事例　経営学の勉強を始めた社内弁護士のAは，内部統制（下の正三角形）の観点から，多様な業務をそのままにしておくことによるミスや非効率さが問題である，それを解決する1つの方法が，業務の「標準化」である，という論評をいくつか見かけ，これはリスク管理にも当てはまるのではないか，と思い始めた。

◆対応例

　Aの話を聞いた法務部長Bは，「なるほど，経営の手法とされるものについて，リスク管理上の効果を検討しておくことは，ビジネスとリスク管理を一体として扱い，チャレンジできる体制やプロセスを作るうえで，とても価値があるね。」と，Aの着眼点を評価しました。
　そこでBはニコニコしながら，言いました。「リスク管理の具体的な事例としては，やはりリスクが現実化した事案を見ることが手っ取り早いから，ここでも『不祥事』『続不祥事』を勉強してみよう。」

◆分析

1．はじめに

　製造業での標準化には，規格化，を意味する場合もあります。JIS規格など，品質を認定保証してもらう代わりに，その規格を最低限の品質水準として遵守しなければなりません。
　ここでは，会社経営での標準化を問題にします。これは，社内プロセスを

IT化する場合が典型です。様々な部門や様々な業務ごとにバラバラで，ときには属人的な伝説の職人芸すらある業務手続の，特例的な個性をどんどん捨象していき，同じプロセスで処理できるようにすることを意味します。

2．標準化のメリット

　もちろん，過度な標準化は，業務の多様性を奪い，そうすると，柔軟性が無くなって業務の対象の事象の多様性に対応できなくなり，ミスやトラブルを引き起こすリスクが上がります。これは，誰でも容易に思い浮かぶことでしょう。

　けれども，プロセスの標準化やシステムの標準化が多くの会社の経営課題として位置付けられている以上，そこには，このリスクを上回るメリットがあるはずです。

　すなわち，リスク管理という観点から短絡的に，没個性化の危険性を叫ぶだけではあまりにも安易です。標準化には，ビジネス的な面だけでなくリスク管理の面からもメリットがあるはずです。したがって，ビジネス上のメリットとリスク管理上のデメリットを対比する，という安易な分析では不十分です。ビジネス上も，リスク管理上も，ともに，標準化のメリットとデメリットがありますので，両者をバラバラに検討するのではなく，一体として検討すべきなのです。

　リスク管理上のメリットとしては，例えば定型的な事務作業の機械化です。

　これは，定型的な作業を手作業で行う場合には，どうしても間違いが一定の割合で発生しますが，ITシステムを導入することで，（もちろん，導入当初の不安定な時期には間違いが無くならないでしょうが）人的な間違いを無くすことが期待できるのです。

　ITシステムを導入して，それまで人間が行っていた業務の機械化を進めることは，一定の確率で発生することが経験的に明らかである人的な作業を減らし，業務品質を高めることになりますので，例えば金融機関における大量の入力業務などについては，リスク管理の観点から積極的に機械化が推進されているのです。

　これと同じような標準化は，「中日本高速道路の笹子トンネル事故」[53]でも問題になります。

この事故は、中央自動車道の大月JCTと勝沼ICの間の全長4.7キロのトンネルの天井版などが落下し、9人が死亡、2人が負傷した、2012年12月2日の事故です。この事故の直接の原因は、アンカーと呼ばれる天井板などを固定する器具の荷重計算の誤りや施行不良です。

けれども、その背景をさらに掘り下げると、笹子トンネルの構造が特殊で、検査や改修に手間がかかったことが挙げられます。専門的に言えば、1970年代に多数建設された「横流方式」のトンネルです。近年は、「横流方式」のトンネルは、主流の「縦流方式」への改修が進んでいます。ところが、笹子トンネルの場合は工事のために通行止めをした場合の影響が甚大であるという理由から、一度やることが決まっていた工事が取りやめになった経緯もあります。

もし、笹子トンネルも他のトンネルと同様の「縦流方式」に改修し、「標準化」されていたならば、他のトンネルと同様のコストやスケジュールで検査することができ、さらに言えば、そもそも天井板などが無くなっていたはずなので、本件事故は回避されていたのです。

3. 危機管理の標準化

さらに、物理的な標準化だけでなく、会社のプロセスの標準化も有効です。具体例で検討しましょう。

1つ目は、「東京ドーム遊戯施設『舞姫』の死亡事故」[54]です。

これは、2011年1月30日に発生した事故で、乗客が搬機から転落して死亡しました。

この直接の原因は、T字型の安全バー（乗客の腰部を固定する安全装置）がロックされない状態のまま運転してしまったことにありますが、それは、安全バーのロックの確認が不十分だったことが原因です。

さらに、その原因を突き詰めると、様々な要因が浮かび上がってきますが、安全バーの確認作業など、安全に関わる動作に関し、アルバイトに対するOJTでしか教育研修を行っていなかった点も原因である、と指摘されています。

---

53 『不祥事』11講
54 『不祥事』13講

すなわち、ビジネスのノウハウの伝承の場面であればともかく、安全に関する問題になるので、テキストやチェックリストなどを作成して「標準化」し、安全確認業務の業務品質が悪化しないようにすべきだったのです。

2つ目は、「高速増殖炉『もんじゅ』のナトリウム漏れ事故」[55]です。

これは、水素爆発の原因となるナトリウムの漏洩事故が生じてしまった事案です。事故の重大性としては、最も低いレベル1だったものの、社会的に大問題となり、原発の管理体制が問われました。

いくつかの事故対応の問題が議論されていますが、ここでは特に、①すぐに緊急停止しなかったこと、②ドレン作業をすぐに開始しなかったこと、③空調システムをすぐに止めなかったこと、に着目します。

まず、マニュアルの意味を考えましょう。危機的な状況で、難しい状況判断や重大な決断を現場にさせないことが重要ですので、予め様々な事態を想定したマニュアルを作ることが重要です。映画などでも、危機的な状況で現場の各担当者が危機対応用の統一ファイルを机に広げ、統一マニュアルにしたがって手際よく対応している場面を見ることがあります。このようなマニュアルも、業務の「標準化」の一種です。

ところがこの事件では、マニュアルの出来が悪かったのか、あるいはマニュアルのほかに存在する「細目」などの資料とマニュアルの記載に齟齬があったために混乱してしまったのか、とにかく、せっかくのマニュアルが十分機能しませんでした。

例えば「②の後に③」と記載されていたため、③の作業が開始されませんでした。ところが、現場に対し、「②の後に③」と記載されていたとしても、②が終わらない場合には、②の終了を待たずに③の作業を開始しろ、というのは酷なことです。

同様に、少なくとも①について、科学技術庁の事故報告書は、マニュアルに従った運転員のミスを問題にしていますが、これも酷なことです。現場の状況判断や決断を排除することがマニュアルの本来の目的であり、これに反してしまうからです。

---

[55] 『続不祥事』8講

3つ目は、「上尾保育所における児童死亡事故」[56]です。

これは、かくれんぼをしていた児童が保管庫の中で熱中症になり、死亡した事案です。

ここでは、児童が所在不明になったときの対応が杜撰で、それにより児童の発見が遅れた可能性が否定できません。情報収集や役割分担が不適切（一緒に遊んでいた児童から話を聞かなかった、捜索範囲を分担せず、各自が漫然と所内全体を捜索していた、警察や保護者への連絡が遅れた、所内の捜索に徹底するのか所外の捜索に手を広げるのか、方針が曖昧なまま中途半端な捜索に時間が取られた、など）であり、その原因がマニュアル未整備だった、と指摘されているのです。

4．おわりに

このように、「標準化」には、リスク管理上のメリットがあることが実感できました。

他方、「標準化」のビジネス上のメリットとデメリットも、ここでわざわざページを割いて議論するまでもなく、明白です。

業務効率が上がる一方、柔軟性を奪うのです。

このように、「標準化」にも、ビジネス面とリスク管理面の両方が含まれますので、ビジネスとリスク管理は一体のものとして扱うべき理由の1つとして位置付けられます。

すなわち、業務の標準化を検討する際には、そのビジネス上のメリットだけで過小評価するのではなく、リスク管理面の効果も適切に評価し、せっかくの機会に十分な投資が行われるような配慮なども、必要なのです。　　　　（芦原）

---

[56]『不祥事』12講

● おまけ小説　法務の小枝ちゃん ●

第4章　内部統制の設計

　結局，内部統制は，大幅増資・大幅増員・社名変更後のニイベンの姿を描く詳細な経営計画に取り込まれることになった。
　もっともなことだ。
　突き詰めれば，内部統制（下の正三角形）はリスク管理そのものであり，経営そのものだから，詳細に作るとなると，経営計画と同じことになるのだ。

　武田化成本社そばの，いつもの居酒屋の，いつもと同じ木曜日。
　ニイベンのエンジニアと，武田化成の技術者が，いつもと同じ席で，いつもと同じ肴で，いつもと同じ酒を飲んでいる。
　小枝ちゃんがニイベンに行くようになって，ニイベンは何か変わったの？
　ズケズケ言う，古参の技術者が，ニイベンのエンジニアに聞く。
「うん，変りましたよ，経営が決める事柄について，以前よりも安心していられるというか，後方を心配しなくて良くなって，本来の仕事に集中できるようになったというか。」
　そうか，良かったな，小枝ちゃん。居場所ができたみたいで。
　どうもありがとう。法務なんて，直接関わらない人が多いから，いてもいなくても同じだ，と言われるかと思ってた。
「本当にそうかな。」
　杉田茂が，少し離れた席から話題に入りこんできた。
　ニイベンの買収前は，木曜日の定例飲み会に全く参加していなかったのに，渋谷のランチ以降は，毎週参加するようになった。自分なりに，現場の声を集めているらしい。
　よしよし。
「これまでは良かったかもしれないけど，ニイベンはこれから外に打って出るんだろ？　後方，とかじゃなくて，前の方の問題を気にしなきゃダメじゃないのか？」
　随分とぞんざいな口調は，お酒が入ると，改まるどころかえってひどくなる。悪い奴じゃないから，救われているのだろう。というか，ずけずけ言う技術者

たちと，かえって波長が合うのかもしれない。
「何言ってんだ？　外に打って出るからこそ，後方をしっかりするんだろう？　小枝ちゃんの仕事のどこが問題なんだ？」
私を褒めてくれた古参の技術者が，ムッとして言い返した。この人も口が悪い。
「それじゃ，前に出ていく人たちがあまりにも無責任，ということだ。」
「何言ってる？　前線で心置きなく戦えるようにするために，後方支援部隊があるんじゃないか。前線が余計な心配をしなきゃならないようなら，後方支援の意味がない。」
杉田茂が言いたいことは，私も言いたいこと。
けれど，技術者の言わんとすることもわかる。
組織は役割分担のことであり，法務は，会社の作業工程の一部，書類のチェックを担当している。前線で戦う社員の負担を少しでも軽くするのが仕事。これが，古参の技術者の意見。
リスクセンサー機能は，全社員が果たさなければならない。これが，杉田茂の意見。
いろんな点で，基本的な認識が違うから，なかなか話がかみ合わない。
結局，古参の技術者の頭の中にある，彼の理想の組織体制のイメージを変えることはできなかった。前線で戦う人たちを，一体だれが支援するのだ。
そして，どうやらニイベンのエンジニアたちの多くがイメージする組織体制も，これと同じものだ。杉田茂の意見に賛成する人は，まだ一人も現れない。
両者一歩も引かないまま，定例の飲み会はお開きとなり，杉田茂の戦いは，引き分け再試合となった。
また，話をさせてください。
ええ，もちろんです。こちらこそ，なかなかおっしゃることの意味が理解できなくてすみません。

ホワイトボードには，いろんな単語が並んでいる。
四角で囲ったり，矢印でつないだり。
途中で何度も写真撮って，ホワイトボードを真っ白にして，書き直した。
ニイベン改め武田システムズの経営戦略を作っているのだが，その骨格がなかなか決まらなかった。ニイベンのエンジニアたちの意識では，積極的に事業展開することができない。しばらく武田化成の仕事ばかりしていたので，自分

たちを売り込んでいく，という発想が弱すぎる。
　これが，杉田茂の意見。
　定例の飲み会に通ったことは，無駄にならなかったわね，杉田茂。
　よしよし。
　私から言わせると，現場の人たちには全員，リスクを感じとるセンサーの機能を果たしてもらわないと，会社を人体に例えた場合，免疫力が弱い，虚弱体質になってしまう。つまり，リスク対応力が弱くなってしまう。今後は，営業部隊があちこちに売り込みに出かけたり，開発部隊が他の会社のシステムを作ったりするときに，相手の会社と，認識の齟齬があったり，過大な要求を受けたり，約束を守ってもらえなかったり，とにかくいろいろと揉める可能性があり，その予兆は現場の担当者でなければ気づかないものばかりだからだ。
　期せずして，ビジネス側から見た問題点と，リスク管理側から見た問題点が，一致した。リスク管理の問題とビジネスの問題は表裏一体である，ということがここでも証明されたのだ。
　この点について，稲葉役員や桜子も同意見だった。
　そして，単に営業部隊を増強し，外からの血を入れたとしても，根本的な解決にはならないという認識についても，認識が一致した。
　どうやら，一番根深い問題は，企業文化。
　徳前会長をはじめとするニイベンの創業者たちが大きな会社を飛び出した時には，会社の存在感を高めるために全員が一丸となっていたはずが，武田化成の仕事だけをやっていれば良かった時代を経て，いわゆる大企業病，人体に例えれば成人病の兆候が出始めたようだ。この仕事は自分の仕事じゃない，役割はそれぞれが果たさなければ意味がない，という，一面ではもっともなことが，社内での責任の押し付け合いや，社外の事象に対する無関心の原因となっているのだ。

　問題は，どんな企業文化を目指すのか，だ。
　「稲葉さん，ニイベンが大事にしてきた言葉ってありますか？」
　「あ，なるほど，企業文化の変革に原点回帰を持ち出す発想ですね。面白い。」
　そのとおりなんですけど，だから，キャッチフレーズなり社訓なりは，何だったんです？
　「それは，心の会話，です。独立して3年目で変えてしまったんですが。」

はあ。つまりそれって何を意味しているんですか？
「これは，一つにお客様の心，一つにシステムの心，一つに我々の真心，の３つを意味します。」
引退した徳前会長が言い出した社訓です。
「つまり，お客様が上手に言葉にできないことを汲み取ってあげなければならない，我々が作るシステムには本当にお客様の役に立つ機能や操作性を組み込まなければならない，そのために我々は真心こめてお客様に向き合わなければならない，という意味です。この三つの心について，別の言い方をすると，お客様の心と我々の真心をつなぐ心をシステムに込めよう，という発想です。」
おお，なるほど，と感嘆の声が上がる。
いいですね。
従業員一人ひとりの自覚を促しているし。と，杉田茂。
機械的なシステム開発に，人間的な感じがして，セールスやマーケティングでも使えるんじゃないでしょうか。と，桜子。
「リスク管理上も，各自がリスクを具体的にイメージすることにつながるので，会社の免疫力が上がる気がします。何よりも，コミュニケーションの重要性を強調していますから。」
私も，思わず力が入った。
さて，狙いが定まったわね。
新しい組織には，独立のときと同じ気概を取り戻すことが必要。新しい組織には，この気概が備わってこそ，飛躍する力が備わる。
みんなの心に火をつけて回るプランから考えよう。
その気持ちをエネルギーにし，そのエネルギーを最大限に生かせる組織を設計しよう。

ずいぶん遅くなったのに，渋谷の街からは，まだまだ賑やかな喧騒が聞こえる。普段なら気にもならなくなった渋谷の喧騒が，この時はBGMに聞こえてきた。次のステージの盛り上がりを予感させる，厳粛なプロローグだ。

第5章

内部統制の運用

5−1 儲かる仕事ほど危ない

<用語解説>
ビジネスそのものは、「自由」競争であり、特に規制が問題にならない限りビジネスの「自由」だから、リスク管理は不要、事後的なチェックで十分、という認識は誤りである。儲かる仕事ほど危ないからである。

事例 経営学の勉強を始めた社内弁護士のAは、リスク管理が経営学上の議論にどのようにはまっていくのか、に興味を持っている。
　まずは、市場競争と経営戦略という、大きな視点でのプロセスに関し、リスク管理をはめ込んでみようと考えた。

◆ 対応例

　Aの問題意識を聞いた法務部長Bは、「なるほど、経営戦略にリスク管理の視点が組み込まれる必要がある、というのはそのとおりだね。」とAの着眼点を評価してくれました。

　そこでBはニコニコしながら、言いました。「せっかくだから、経営者は常に危険を冒すインセンティブに取り囲まれていることを明らかにしてくれるかな。積極的に競争を仕掛ける場合だけでなく、競争を避けようとする場合も含めて、いやむしろ後者の方が、リスクが大きいね。非競争的な行動だから。」

◆ 分　析

1. はじめに

　一般に、業法に関わる問題や、福祉など公共政策に関わる問題は、法律的に複雑な規制が関わってくることが多く、しかも、公共団体など公的な機関が関わってくることも多いため、事業を進める際にも慎重に検討が行われるでしょう。例えば、法務部門がかなり早い段階から関与し、場合によっては社外の弁護士や官公庁に相談することもあるでしょう。

けれども，会社同士が切磋琢磨する自由競争の領域では，特に犯罪になったり，不正競争になったりする場合でなければ，「自由」な領域です。

このことから，危険が小さいと現場や経営が考え，例えば法務部門の関与もなく交渉が進められ，出来上がった契約書のチェックだけが法務部に回ってくることが多くなります。

けれども，内部統制（下の正三角形）の観点，すなわちリスク管理の観点から見た場合，「危険が小さい」という認識は誤りです。「自由」だからと言って「危険が小さい」わけではないのです。

このような事情から，「自由」な領域でも早い段階からの法務部門の関与が望ましいことは，様々な機会に論じられていることです。ここでは，これを経営学の観点から検証します。

2．自由競争領域での経営

ガバナンスの観点，すなわち上の逆三角形（上の逆三角形）の観点から見た場合，経営者は会社を使って「適切に」「儲ける」のが仕事です。

ところが，事業を行う場は，計画経済社会ではなく市場経済社会です。そこには，当然競争者が存在します。儲かると判れば，多くの事業者が市場参入してくるからです。

ですから，「儲ける」ことは簡単ではありません。「競争」に勝たなければならないからです。

そこで，競争のための戦略が重要となります。戦略なき経営は，仮に短期的に成功しても，組織的な活動を不可能とし，持続性が期待できないからです[1]。

この戦略の重要な要素[2]は，競争の範囲の設定（例えば，外食産業は，家庭の台所だけでなく，コンビニの棚とも競争します）と，他社との差別化です。

すなわち，競争では，市場のニーズを把握し，そのニーズに合致させることだけでなく，むしろ，競争者との差別化が問題になります。市場ニーズ対応と競争者対応のいずれも，現状認識や評価次第で経営ミスをもたらしますが，逆

1　『経営学入門』1章「戦略とは何か」
2　ここからは，主に『経営学入門』2章「競争のための差別化」を参考にしています。

に，試行錯誤しながら市場ニーズ対応や競争者対応のための具体的な手法を見極め，その質を高めていく必要もありますので，ミスが全て許されない，というものではありません。この点はいずれも嗅覚の問題です。

けれども，この段階でもリスク管理は必要です。

すなわち，失敗したりミスしたりする確率とそのインパクトを適切に見極め，それに見合った十分な対策を講じたかどうか，が問題になります。リスクを管理しない状態でのチャレンジは，ビジネスではなく，単なる博打にすぎませんので，チャレンジに相応しい事前の検討が行われたかどうかが問題になるのです (D3.6, A2.6)。

このように，リスク管理はそれ自体に意味があるのではなく，会社の競争の一環として必要であり，チャレンジの一部なのです。

さて，ここまでのことは，本書の各所で繰り返し検討してきたことです。ところが，自由競争領域に関して，経営学の観点から掘り下げてみると，リスク管理上，さらに固有の問題が見えてきます。

3．反撃への対抗策

すなわち，競争は相手があることですから，相手の行動をある程度予測し，反撃への対抗策を講じなければなりません。儲かる，と判れば多くの競争者が現れるのは当然ですから，相手の反撃を想定しないで競争を仕掛けるのは，あまりにも稚拙です。せめて，囲碁や将棋のように「三手先を読む」べきですから，競争者からの反撃に対して全くの無防備，という状況は，検討不十分であり，経営者として失格です。

そこで，反撃への対抗策の内容が問題になります。

その１つが，商品やサービス自体の差別化に加えて，企業の個性（『経営学入門』では，スターバックスが例示されています）のように，模倣されたり，価格競争に持ち込まれたりしにくい差別化が考えられます。多くの場合，企業ブランドを作る作戦となりますが，視点を変えれば「ファン」を作る作戦，とも言えるでしょう。

この「ブランド作戦」「ファン獲得作戦」が選択される理由は，商品やサービス自体の差別化は，競争者の商品やサービスの改善行動によって，優位性が

小さくなっていくからです。例えば、半導体やテレビモニターなどを見れば容易に理解されます。これらの分野では、日本が世界市場のほとんどを占めていた時期もありましたが、商品の品質と価格について、韓国や中国などのメーカーが急激に追い上げ、いつの間にか日本のメーカーを追い越してしまいました。このように、当初、いくら競争優位性が高い最先端の商品であっても、時間の経過とともに品質での差が小さくなり、価格競争（消耗戦）に持ち込まれてしまい、場合によっては競争者に追い抜かれてしまうのです。

したがって、「ブランド作戦」「ファン獲得作戦」が重要になってきますが、この作戦を遂行するうえでは、企業ブランドを確保するための法的な手法が活用されるべきです。ブランド名や社名、商品ロゴなどを商標登録したり、主要な商品やサービスについて特許を取得したりする方法は、反撃する際の参入障壁となります。この場合の法務は、戦略的なサポートをすることになります。

さらに、企業ブランドを侵害するような他社の動きに対し、訴訟や仮処分などの民事上の対応のほか、刑事告訴などの刑事上の対応をすることも考えられます。実際、企業ブランドにタダ乗りしようとする事業者に対し、最近は反撃として厳しい対応（刑事告訴や仮処分など）を取る場合が増えていますので、このような厳しい対応も視野に入れ、法的対応を容易にするような準備を早い段階から検討しておくことも、立派な戦略となります。

そのほかにも、様々な法的な手法が、「反撃への対抗策」、特に「ブランド作戦」「ファン獲得作戦」にとって有用です。経営側が、早い段階で、法務と一緒にブレーンストーミングをすることは、将来のシナリオをクリアにする意味でも、有効です。

リスク管理というと受け身なイメージがありますが、リスクをコントロールするために積極的に打って出る選択肢もありますので、経営戦略との有機的な連携が重要となるのです。

4．参入障壁

さらに、より危険な「反撃のための対抗策」が、参入障壁です。

もちろん、同じ参入障壁であっても、例えば商圏が一つの地方都市とその周辺地域である小売ビジネスで、その商圏をカバーしても余るほどの大規模投資

（超大型店舗の出店）をしてしまって，競争相手が対抗投資をしにくくする方法があります。というのも，競争相手にも同じように大規模投資が必要となりますが，そうすると供給過剰になってしまうからです。「出すぎた杭は打たれない」作戦であり，この場合は，独禁法の観点から見ても不当な競争と評価される危険は小さいでしょう。このような大規模投資は「早い者勝ち」と言うべき，時間競争そのものであり，他社の大規模投資を不当に抑え込んでいる隙に自社が大規模投資をした，という非競争的な方法が用いられてはいないからです[3]。

ところが，問題は非競争的な方法です。

例えば，自社製品の価格優位性を維持するために，下請企業に無理を強いることになれば，下請法や独占禁止法に反することになりかねません。これらの非競争的な方法は，自由競争の基礎的な前提条件を破壊することで参入障壁を作り，自らの権益を確保するもので，自由競争市場という基盤自体が損なわれるからです。

5．おわりに

根本的な問題は，「自由競争状態」です。「経済学」では「自由競争状態」が理想です。ところが，「経営学」では「自由競争状態」は理想的な状態でありません。むしろ避けるべき状態なのです[4]。

というのも，完全な自由競争が成立すると，競争で製品価格が下がり，理論的には利益がゼロまたはマイナスの状態になるからです。そのため，経営者は他社が参入してこないような障壁を作ろうと躍起になるのです。

つまり，自由競争を守ろうとする，非常に強力な独占禁止法と公正取引委員会がある一方で，経営は常に自由競争を避けようとする動機を有しています。非競争的な戦略への誘惑が常にあるからこそ，気づかないうちに非競争的な戦略を選択してしまいますから，「儲かる仕事ほど危ない」のです。

このように，「自由」競争であって，儲け話だから，法務の出番はない，という発想は，明らかに誤りなのです。

(芦原)

---

[3] 大規模投資それ自体の持つビジネス上の危険は，別に検討が必要です。
[4] 『経営学入門』68頁

5−2 統合リスク管理とリスクマップ

<用語解説>
統合リスク管理（ERM）は，主として金融機関における自己資本比率規制（BIS規制）との関係で注目されたフレームワークである。企業が直面するであろうリスクを計量的に分析した上で，それを支えるに相応しい資本を確保することを目的とする。

事 例　内部統制の在り方を検討している社内弁護士のAは，ERMを，金融機関ではなく一般事業会社も導入すべきであると考えている。
　リスクマップの作成であれば，一般事業会社でも対応可能ではないか，というAの意見を聞いた法務部長Bは，なるほど，とつぶやきながら，Bの意見を述べ始めた。

◆ 対応例

法務部長Bは，「なるほど，アクチュアリーによる統計的な分析など，本格的なERMの導入となると，一般の事業会社にとって現実的ではないけど，リスクマップなら作ることができそうだね。」と，Aの着眼点を評価しました。
「けれども，単に役員会に報告するだけだと，ただのアリバイ作りで終わってしまう。経営がリスク管理を自らの問題として決定し，さらに必要なチャレンジを行うための活用方法はないかな？」

◆ 分　析

1．はじめに
統合リスク管理[5]は，金融機関に対する規制の1つとして導入が進んでいます。

---

[5] 全社的リスク管理，とされる場合もあります。英語では，Enterprise Risk Managementであり，ERMと表記されることが多くなりました。

会社全体のリスクを可視化し，経営陣をはじめ必要なメンバーでそれを共有する，という活動の有用性を否定できる人はいません。

しかし，問題はその中身です。

もともと統合リスク管理は，バーゼル銀行監督委員会による自己資本比率規制（BIS規制）の高度化の中で注目され始めたフレームワークです。そのため，現在は，金融機関を中心に仕組みが構築されると同時に，その数値等が開示されるようになっています。

当初，バーゼル銀行監督委員会は，大手銀行に対し一律に自己資本比率の規制を課していましたが，資本というものが資産の目減りに対するバッファーとしての役割（資本を主たる構成要素とする純資産が多ければ多いほど，資産が目減りしても債務超過になりにくいという機能）を持っていることからすれば，その適正な規模は，それぞれの金融機関がとるリスク量との見合いの中で決まってくるとの考えに至りました。

そこで，それぞれの金融機関が，全てのリスクを数値化（特に，金銭的評価）し，それに見合った資本が確保されているのかどうか，を金融監督当局（日本の場合は金融庁）が検査・監督する仕組みが作られました。そのため，統合リスク管理においては，統計学的な手法も用いた高度な「専門性」と，全てのリスクや資産を金銭的な評価に置き換えなければならないという「定量化」が，ポイントとなります。

そのため，金融機関のような「専門性」がなく，金融資産以外の資産（「定量化」が比較的困難な資産）の方が多い，一般の事業会社にとって，統合リスク管理の手法を導入することはかなり難しく，将来的な課題とされています[6]。

2．リスクマップ

では，一般事業会社の場合には，統合リスク管理の手法から何を学ぶべきなのでしょうか。社外弁護士のA君が注目したのが，リスクマップです。

---

6 海外では，統合リスク管理が一般事業会社にも広まっており，それを，アクチュアリーがサポートしている，と言われ，現在，米国で一番人気な職業はアクチュアリーである，と言われることがあります（米国の仕事情報サイト「careercast」による，2015年の職業ランキングなど）。

もしかすると，ERMは知らないが，リスクマップなら見たことがある，という人は少なくないのではないでしょうか。

リスクマップは，グラフ上に点を打つ方法で作成します。

すなわち，例えばX軸はリスクが現実化した場合の金額的な大きさ，Y軸はリスクが現実化する可能性（例えば，数か月に1回か，10年に1回か，等）と設定します。そして，X軸Y軸共に，3段階から5段階に区切りを設けます。

そうすると，グラフ上には，9個から25個のマスができます。

当然，お判りでしょうが，原点（O点）に近いところは危険が小さく（緑），原点から遠いところは危険が大きく（赤）なります。複雑すぎると使いにくくなるので，危険度を表す色は，赤，黄，緑の3色で十分でしょう。X軸では値が小さくても，Y軸で値が大きければ，黄，場合によっては，赤，になります。9個から25個あるマスを眺めると，左下が緑，右上が赤，その間に挟まれた部分（左上から右下）が黄色い帯，に色付けされます。

つまり，会社として想定されるリスクを，X軸Y軸の基準で評価し，グラフ上に位置付ければ，自ずとそれぞれのリスクの危険性が，3色のいずれかに分類され，評価されるのです[7]。

グラフにして色分けする，という視覚的な手法からお判りでしょう。

リスクマップは，リスクを可視化し，共有させるためのツールです。

3．リスクマップとERM

さて，ツールが手に入っても，使わなければ意味がありません。

では，どのように使いますか？　全社のリスクを統合して把握するツールですから，役員会に報告しますか？

おそらく，ERMを作成することになった場合，多くの会社ではリスク管理部門や，それがなければ会社の企画管理部門，戦略立案部門などが作成し，事前に関係役員の了解を得て，役員会に資料として提出されるでしょう。

けれどもこれでは，半分正解で，半分間違いです。

---

[7] X軸Y軸の指標も，一応数値化し，定量化していますが，経営陣がリスク認識を共有することが目的ですので，厳密なものである必要はなく，経営陣が「こんなものかな」と許容できる程度の合理性があれば十分です。

ここで，半分の正解部分は，「役員」会での意思決定に使おうとする点です。内部統制はリスク管理であり，リスク管理はチャレンジと一体であり，経営陣はチャレンジしなければならない立場にある（チャレンジするのが仕事である）以上，会社全体のリスク状況を当然知る必要があるからです。

　役員会にERMが報告された，したがって役員は会社全体のリスクを把握し，共有している，という状況が生まれるのです。

　これに対して，半分の間違い部分は「報告」資料と位置付けている点です。

　例えば，中期経営計画や年度計画は，どのように作成していますか？

　複数の事業を営んでいる会社で中期経営計画や年度計画を作る場合には，それぞれの事業ごとに，達成すべき目標が定められ，約束させられるでしょう。会社全体の目標と各事業の目標の決定方法にはいろいろあります（ボトムアップか，トップダウンか，など）が，いずれにしろ，ここではかなり真剣な議論がされます。それは，各事業の目標設定であり，すなわち各事業が約束する「義務」となるため，少しでもその負担を軽くしようとし，また，各事業の予算獲得であり，すなわち各事業が獲得する「権利」となるため，少しでもそれを多く獲得しようとするからです。

　リスクマップも，これと同様に扱うのです。

　すなわち，①リスクマップも経営計画と同じ機会に議論の対象とし，さらに，②リスクの所在や評価の認識をそろえるだけでなく，ここで議論されたリスクは，それをどのようにコントロールするのかを，会社全体として決定します。特に，②については，会社として対策を講じますので，当然，予算が付き，対策責任者が決められなければなりません。

　例えば会社経営に与えるリスクがIT部門に多く見受けられたとします。長らく発言権も予算も限られた中で，ITの整備が遅れていたのです。ここで，リスクマップについても経営計画と同じように扱われるようになれば，IT部門を担当する役員は，①IT部門にリスクが集中している状況自体を問題にし，IT部門に関するリスク量を減らす（他部門に振り替える，など）ように，役員会に認めさせるか，②そのリスク対策の予算や目標を，実現可能なものにするか，を議論することになります。

　つまり，経営計画と同様，リスクを所管する部門に対し，コントロールする

「義務」とそのための予算（権利）が与えられるようにするのです。

このように，リスクマップで可視化し，会社のチャレンジ（経営計画）と一体のものとしてリスク管理を行う（内部統制）ことにより，統計学的な専門性がなく，金銭的な定量化が完璧でなくても，ERMの求める機能を十分果たすことができるのです。

4．高度化するリスク管理と経営判断

統合リスク管理（ERM）については，COSOのフレームワークが2017年に大改訂されたことはすでに述べました[D4.2]。また，最近では，金融機関を中心にリスクアペタイト・フレームワークの重要性が唱えられていることも学びました[D3.3]。

こうした背景には，経営の本質が，リスクを評価し，それを管理しながら，リスクをとって果敢にチャレンジするものだという共通認識があります。

こうした発想は，取締役の任務懈怠責任（会社法423条）を論ずる際の「経営判断原則（ビジネスジャッジメント・ルール）」にも表れています。そもそも企業というものがリスクをとって利益を上げるメカニズムである以上，他の経営者には思いつかないような冒険的判断をすることが必要なので，平均的な取締役による一般的な経営判断とは乖離していても，それが著しく不合理でなければ構わないというわけです。こうした考え方は，わが国の最高裁判所も採用しています。

しかし，そうした冒険的判断をするためには，事前に適切なリスク分析とその評価を行うことが必要です。

それがどの程度要求されるかについては，経営判断の「過程（プロセス）」にもビジネスジャッジメントルールが適用されるかといった形で議論されているところですが，いずれにせよ，リスク管理手法の高度化は，取締役に要求される注意義務に影響を及ぼすことは間違いがありません。従来の金融行政による要請を踏まえれば，金融機関が統合リスク管理やリスクアペタイト・フレームワークを無視して経営判断を行うことは許されない状況にあることは確かですし，今後は，事業会社も，少なくともリスクマッピングの手法ぐらいは採用していくことが必要になるものと思われます。　　　　　　　　（野村）

5-3 リスク管理と見えざる資産

＜用語解説＞

経営学上，金銭での評価は難しいが会社経営にとっては重要なものを検討し，分析するツールの1つとして，「見えざる資産」という概念が用いられる。リスク管理上も，「見えざる資産」は有効な概念である。

事例　経営学の勉強を始めた社内弁護士のAは，経営学のテキストの様々な場面で用いられる「見えざる資産」という概念が，経営の在り方を探求するうえで極めて重要な役割を果たしていることに気づいた。
　そして，「見えざる資産」はリスク管理上も有効に活用される，と思い始めた。

◆ 対応例

　Aのアイディアを聞いた法務部長Bは，「なるほど，『見えざる資産』という概念は，どうやら会計上の無形資産よりもさらに漠然とした資産を意味する概念のようだね。」と，Aが良く勉強している点を評価しました。
　そこでBはニコニコしながら，言いました。「この見えざる資産をリスク管理でも活用しようというのであれば，まずは，見えざる資産がリスク管理上問題になった事例，特にそれが会社経営にとってマイナスに働いた事例だけでなく，プラスに働いた事例も探してみると良いね。ここでも，『不祥事』『続不祥事』を勉強してみよう。」

◆ 分析
1．はじめに

　『経営学入門』では，金銭的な評価が可能な資産だけでなく，「見えざる資産」という概念も用いて，経営の在り方を分析しています。これは，企業の内外に蓄積された知識としての情報的経営資源と定義され，具体的には，企業内

に蓄積されるノウハウ，技術，熟練，顧客情報や，企業外に蓄積される信用，イメージ，ブランドがこれに該当します。

この「見えざる資産」は，①他社との競争優位性の源泉になり，事業活動を推進すること，から経営上重要であり，②さらに，事業活動によって消耗し，消費されて，減少するばかりではなく，事業活動の結果として生みだされ，増加するものであること，に他の資産と異なる特徴があります。

このように見ると，「見えざる資産」はビジネスの面でしか意義が認められないようにも思えますが，リスク管理の面でも重要です。検討しましょう。

2．見えざる資産の形成

まず，この見えざる資産がどれだけ容易に獲得できず，しかしどれだけ会社にとって価値があるのか，ということを，「オリンパスの内視鏡事業を育てた男たち」[8]で確認します。

すなわち，結論的にその重要性から確認すると，内視鏡事業は世界で7割もの市場占有率を誇ります。この内視鏡事業が多額の営業利益を上げ続けているため，「とばし」による多額の損失の隠蔽を，極めて長期間継続することが可能になってしまった（2008年時点で隠蔽されていた損失は1,236億円にも上っていた），という皮肉な結果にもつながりますが，逆に言うと，内視鏡事業が不健全なオリンパスの経営を下支えし続けてきたのです。もし，内視鏡事業がなければ，それだけでオリンパスの経営が傾いたとまで言えるかどうかはわかりませんが，少なくとも，「とばし」問題はもっと早期に明るみに出て，今とは違った展開になったはずです。

けれども，後に内視鏡に発展していく胃カメラの開発は当初，専任の技術者すら割り当てられませんでした。立ち上げ後もトラブルが多発したこともあって，1953年，ようやく設計担当1人，製造担当1人，修理担当1人，販売担当1人，という最小限の体制が整ったのです。しかし，病院からの修理依頼への対応で新規開発に手が回らなかったことから，社内でも開発中止が叫ばれ，逆境が続く中で，チューブの柔軟性を改良した胃カメラⅢ型が導入されて，

---

[8] 『続不祥事』22講

1959年には陣容も9名となり，さらに胃カメラⅣ型の販売もあって，1960年には陣容が17名になりました。その秋には胃カメラⅤ型が発売されたのです。

しかも，一方で胃カメラが会社の内外で認められるように悪戦苦闘しているその最中に，すなわち，未だ胃カメラが会社に認められる前の1958年から，並行して内視鏡の開発に取り組み始めました。

その中でも，光ファイバーの開発が困難であり，1973年に安定的に製造できるまで10年かかりました。けれども，早くも1973年から，第2世代の光ファイバーの開発に取り組んだのです。

このように，周囲の反対にもかかわらず開発を続ける人たちが，本来であれば遠い未来のための研究や投資に回す人手や予算もないはずの苦しい状況であるにも関わらず，目先の開発や目先のトラブル対応だけでなく，次世代の製品開発にも地道に取り組む先見の明や信念，行動力，粘り強さがあったからこそ，オリンパスの大黒柱が育ちました[9]。

「見えざる資産」が，いかに競争優位性があり，いかに自らの手で掴み取るものか，そしてそれがいかに容易でないか，が理解されます。

3．見えざる資産がある場合

次に，実際に見えざる資産がその威力を発揮した事例として，「ペヤングソース焼きそばのネット炎上事件」[10]を見ましょう。

これは，ペヤングからゴキブリが出てきた，という写真のツイッターが炎上した事件です。ここで，まるか食品は，全品回収（300万個，6億円）と，全面的な工場改装（数十億円）を行いました。これは，『続不祥事』の著者をして，「対策は過剰すぎたのでは」「あまりにドラスティック」「非常措置であり，決して一般化すべき話ではない」と言わしめるほどのものです。オリンパスの事例と異なり，主力商品そのものの販売停止と全品回収ですから，事業継続に

---

[9] 逆に言うと，きっと似たようなことが数多くの会社で繰り広げられ，その多くの会社では，開発を挫折していると思われます。イノベーションを目標に掲げつつそれができない会社が多いのは，独創的な活動の足を引っ張る会社風土にあるようです。上記『続不祥事』参照。

[10] 『続不祥事』6講

与える脅威は比較にならないはずです。

けれども，この徹底的な対策も良い影響を与えたようです[11]。

製造中止（12月11日）から半年後の販売再開（6月8日）には，各地の店舗で売り切れ状態となり，ネットでは販売再開を歓迎する投稿が7万件を超える事態となりました。

これは，40年間にわたって築き上げたブランドに加え，過剰とも思われる対策で最先端の安全性を確保した，という信頼や安心感が，見えざる資産をより大きなものと育て，まるか食品の危機を救ったのです。

さらに注目されるのは，危機対策や将来のリスク対策への投資が見えざる資産の価値を高めている点です。リスク管理投資は，回収のあてのない単なるコストセンター投資ではなく，積極的にビジネスに貢献する投資であることが分かりました。まるか食品も，リスク管理上の措置がビジネスの価値を高めると読み切ったので，過剰とも思われる対策に投資できたのです。

4．見えざる資産がない場合

逆に，見えざる資産を軽視した事例として，「シンドラー社製エレベーター死亡事故」[12]を見ましょう。

誤解がまだ残っているようですが，刑事民事の訴訟を通して明らかになったのは，責任があるのは，メーカーであるシンドラー社ではありません。当初はシンドラー社自身がエレベーターの保守業務を請け負っていましたが，そこから値段の安さで保守業務を勝ち取った，独立系の保守会社に責任があるのです[13]。

そして，この保守会社のどこに問題があるのかというと，日本での設置実績が少ないシンドラー社のエレベーターについて，点検マニュアルを入手せず，さらにシンドラー社製のエレベーターを保守した経験もノウハウも持たない者

---

11 専門家をして，やり過ぎ，と言わしめるほどの徹底した対策それ自体の合理性については，別のトピックで検討します（D5.9）。
12 『続不祥事』7講
13 さらに，独立系保守会社のメンテナンスの安全性や業務品質（当時）を十分検討せずに，ただ安いというだけでメーカー自身による保守を打ち切った，マンション管理者の責任も，考えるべき問題かもしれません。

に担当させたのです[14]。

この事例は、シンドラー社製エレベーターの点検のためのマニュアル、経験、ノウハウなどを会社として取得せず、軽視したことが、大きな事故の原因となり、会社に大きな打撃を与えた事例である、と評価されます。すなわち、見えざる資産の獲得がリスク対策そのものであり、会社経営そのものなのです。

5. おわりに

「見えざる資産」は、『経営学入門』の中で非常に重要な役割を果たします。

すなわち、単に消費される資産でなく、蓄積されて成長すること、ビジネスシステムの成長と相関関係にあること、事業の多角化や集中の際に考慮すべきポイントの1つであること、従業員の学習やモチベーションなど、数字で測りきれない重要な要素も、見えざる資産として重要であること、などの会社経営上の特性や活用方法が研究されているのです[15]。

残念なことに、現段階での経営学では、見えざる資産が検討されるそれぞれの場面で、リスク管理の観点が未だに十分盛り込まれていませんが、ここで検討したように、見えざる資産がリスク管理と一体であることは明らかです。

見えざる資産は、経営分析のツールとなります。しかも、ビジネスとリスク管理を結びつけるツールとなります。

例えば、経営にとって、どのような見えざる資産が、ビジネス面で重要であり、それが十分活用されているかどうかを検証すると、おもしろいかもしれません。そして、その機会に会社のリスク管理上のノウハウや体制、プロセスが見えざる資産としてどの程度価値があるのかを一緒に議論し、ビジネス面での投資と合わせてリスク管理に関する投資も促すのです。ぜひ、活用してください。

(芦原)

---

14 しかも、この保守会社が受注していたエレベーターで、過去にも、乗客に傷害を負わせる事故など、3件の事故が発生しており、点検手順を標準化（D4.11）するなどの対策が必要だったにもかかわらず、そのような対策も講じていませんでした。
15 『経営学入門』の索引では、30, 37, 41, 82, 94, 122, 434頁を紹介しています。しかし、それにとどまらず、「見えざる資産」に関連する事項は、同書の様々な場所で言及され、検討されています。その領域は、経営学の研究領域全般に及んでいます。

5−4　人事施策

＜用語解説＞

　ガバナンスだけでなく内部統制の問題にもしっかりと踏み込んでいる組織不祥事研究では，不祥事の原因として，かなりの頻度でその会社の人事施策の問題が具体的に指摘される。他方，人事施策は利益を生むための重要な施策でもある。両者を別のものとするのではなく，有機的に結び付けなければならない。

事例　内部統制の在り方を調べ始めた社内弁護士のAは，組織不祥事研究に惹かれている。
　不祥事と言えば，弁護士やマスコミが声高にガバナンス（上の逆三角形）の問題として，株主や外部役員や第三者委員会のことばかり問題にするが，本当は日常的な内部統制（下の正三角形）の観点からの分析と対策が必要であると感じていたからである。

◆ 対応例

　けれども，リスクと一体であるチャレンジ，すなわち儲けるための経営学と，この組織不祥事研究とがうまく結びつかないのです，というAの話を聞いた法務部長Bは，「なるほど，実際によく分かっていない弁護士の中には，ガバナンスが機能すればそれだけで自動的に会社は浄化されると，本気で信じている人がいるよね。」とAの着眼点を評価してくれました。
　そこでBはニコニコしながら，言いました。「せっかくだから，同じ内部統制（下の正三角形）に関係する組織不祥事研究と経営学について，何か具体的な事例で両者を結び付けられないか，検討してみてくれないかな。」

◆ 分　析

1．はじめに

　活気がない職場は成績が悪いものです[D5.7]。その最たるものは，従業員が

不正を行うような職場です。もちろん，一見健康的な職場で従業員が不正を働くこともあり得るのでしょうが，計画的な「不正会計」事件について分析した研究によれば，そこには経営的な問題があり，いくつかの兆候が見られます。

他方，内部統制（下の正三角形）の観点から見た場合，①そのような危険な職場はリスクが高く，危険を減らすことが，リスクコントロールのために必要です。それだけでなく，②会社は「適切に」「儲ける」ことを目的としますから，成績が悪い職場の成績が上がるようにコントロールしなければなりません。

もちろん，①②は重なります。敢えて別の施策を実施する必要はないのですが，だからと言って一方のことだけしか考えないのは駄目です。両者を意識しなければいけません。

というのも，①リスク管理のことだけを考えると，重苦しいルールや面倒くさい報告ばかり増えて，いわゆる「コンプラ疲れ」が生じ，かえって職場の活気を奪うことになりかねません。

逆に，②金儲けのことだけを考えると，根本的な対策を講じず，問題の先送りがされ，結局リスクがコントロールされないことになりかねません。

内部統制（下の正三角形）は，経営そのものであり，リスクをとってチャレンジすることですので，①②は表裏一体です (D3.1, D1.1)。①については，組織不祥事研究の成果を確認し[16]，②については，経営学の分析を確認し[17]，最後に，両者を結びつける試みの1つとして，「定期便」(D6.5, A2.13) を分析してみましょう。

2．組織不祥事研究の成果

ここでは，不正会計が発生しやすい職場のチェックポイントとして，6つのポイントが指摘されています。

すなわち，①傍流事業の位置付けであること，として，メルシャン事件やジーエス・ユアサの循環取引事件が例示されています。これは，傍流のため経営の関心が薄く，監督が疎かになるからです。

---

16 『続不祥事』12講「不正会計事件を生み出す職場」
17 『経営学入門』11章「インセンティブシステム」，15章「人の配置，育成，選抜」

次に，②事業が特殊であること，として，メルシャン事件が例示されています。これは，特殊な事業のため経営にとっても知識が浅く，監督が疎かになるからです。

次に，③人事が長期配置となっていること，として，東洋ゴムの性能偽装事件やメルシャン事件，ジーエス・ユアサ事件が例示されています。これは，長期配置により担当者がノウハウを独占し，上司も任せきりになるため，監督が疎かになるからです。

次に，④担当者が有能であること，として，大和銀行NY支店の巨額損失事件，ジーエス・ユアサ事件が例示されています。ちょっと意外に思うかもしれませんが，無能な担当者ではなく，有能な担当者です。これは，能力の低い者はすぐにぼろを出してしまうのに対し，有能な者は社内で信頼されているからです。

次に，⑤内部牽制に不備があること，として，加ト吉の循環取引事件や大和銀行事件が例示されています。これは，特殊な業務や有能な社員については，全てお任せにしておいた方が良い，牽制しようにもよく分からないので牽制にならない，下手に首を突っ込んでもかえって火傷する，などとして利便性の方が重視されるからです。

次に，⑥事業譲渡に関して不安が広がっていること，として，メルシャン事件やジーエス・ユアサ事件が例示されています。これは，傍流事業であるだけに，業績を上げなければ，事業自体が閉鎖されたり売却されたりしてしまう，という強いプレッシャーを感じるからです。

3．経営学の整理

まず，インセンティブやモチベーションについては，人の欲求の分析から，組織が提供できるインセンティブの種類や影響，インセンティブをどのように分配するかという，システム設計の在り方，システム設計の際引き起こされるトレードオフ，が分析されています。

そのうえで，人の配置に関し，4つの影響（①仕事の効率，意思決定の有効性（適材適所），②インセンティブ，③人材形成，④インフォーマル・グループ）があるとし，特に，ローテーションについては，多くの会社に共通する5

つの狙い（①過度の専門化の抑制，②ネットワーク財産の蓄積，③適性の発見，④インセンティブ，⑤異種混合による組織の活性化）を指摘しています。

4．実　例

素材はそろいました。

すなわち，組織の持つリスクが判明した（『続不祥事』）一方で，組織の力を高めるための人事施策の基本的な枠組みが確認されました（『経営学入門』）。

ところが，実際に「不正会計」が行われるほど危険な状態にある部門を再生し，活性化させた事例はなかなか公開されないようですので，活力のない部門を活性化させた例として，「定期便」(D6.5)を，上記の枠組みで分析してみましょう。

まず，リスク面です。

法務部は予算が豊富にあるわけではなく，例えば法律事務所からキックバックが期待できるようなこともありませんから，不正会計が考えにくい状況ですが，①多くの会社で傍流であり，②特殊な業務領域です。そのことから，③長期滞留するケースが多く，④司法試験経験者や社内弁護士など，その領域に限って言えば有能な社員がいる場合があります。⑤法務部への牽制が効かない事態は考えにくいかもしれません[18]が，⑥特に社内弁護士などは，いつリストラ対象になるのか，意外とビクビクしています。

このように見ると，法務部では，たとえ「不正会計」は考えにくくても，労務上のトラブルが懸念され，あるいは活気が失われ，ミスやトラブルが懸念される状況になりやすい部門と言えるでしょう。

次に，経営面です。

ここで「定期便」を導入すると，以下のように，『経営学入門』で指摘されている効果やメリットが期待されます。

1つ目に，インセンティブです。それまで脇役だった法務部員が，担当部門を持たせてもらい，責任と機会が与えられるからです。さらに，実際に社内弁

---

[18] 本社のコントロールが強い外資系企業の日本の法務部で，強大な権限を有する本社ジェネラルカウンセルの直轄である場合などは，他部門からの牽制が効きませんが，そのような法務部はむしろ例外でしょう（B1.4）。

護士並みの業務が要求されるようになりますので，成長が実感されますし，その結果，社内での異動が有利になるなど，キャリアパス上のメリットも期待されます。

2つ目に，仕事の効率です。法務部員にも個性があり，その個性にあった部門の担当になってもらいますので，担当する部門に応じた適材適所が期待されるのです。

3つ目に，人材形成です。業務を通して成長することが期待できるからです。

4つ目に，インフォーマル・グループです。法務部員が担当部門を定期的に訪問しますので，担当部門の人たちと仲良くなれます。担当部門の忘年会に，社内弁護士が呼ばれないのに法務部員だけ呼ばれる，ということもあり得るのです。

5つ目に，「定期便」担当者間でのローテーションのもたらす効果があります。それも，上記「3．経営学の整理」で紹介した①～⑤がほぼすべて該当するのです。

このように，単にリスク対策になるだけでなく，職場の活性化という経営上のメリットを追求した，すなわち同時に「二兎を追う」施策が，現実に存在するのです。

5．おわりに

とは言っても，最初から狙って一発でハマった施策ではありません。

いろいろ試した方法の良いところをかけ合わせていき，「定期便」が出来上がりました。

すなわち，1つの目標のための手段は一つに限らず，複数の手段を組み合わせられますし，1つの手段は複数の目標のために有効（いくつかの目標にとっては有害）です。ここに，複数の施策の組み合わせが処方されるのです。

組織不祥事研究や経営学の視点は，崇高な命題から何か演繹的に施策が定まるものではなく，新しい施策のヒントであり，あるいは新しい施策の検討や検証の際の視点として活用されるのです。

(芦原)

5-5　企業保険の活用①（保険の必要性）

<用語解説>
　企業保険の必要性は，単に金銭的な損失を補償するだけでなく，不測の事態からの回復の時間や手間を減らす効果もある。不測の事態からどのように立ち直るのかを具体的にシミュレーションすることで，企業保険が必要かどうかを検討すべきである。

事例　　内部統制の在り方を検討している社内弁護士のAは，無借金経営を貫く会社の成功事例などを調べる中で，企業保険の必要性に疑問を抱くようになった。
　　　例えば自分自身の保険でも，保険料分を貯金として毎月ちゃんと積み立てるのであれば，医療保険などは不要だ，と言われたことがあります，というAの問題意識を聞いた法務部長Bは，なるほど，とつぶやきながら，Bの意見を述べ始めた。

◆ 対応例

　法務部長Bは，「なるほど，医療保険は支給額の上限が設定されている場合が多くて，その上限額程度の医療費を現金や預金で払える人にとっては保険として意味がないから，その問題意識を企業経営に応用するのも，良い発想だね。」と，Aの着眼点を評価しました。
　「けれども，例えばがん保険には，入院日数無制限で上限がない保険があるけど，これは，いくら現金や預金のある人でも足りなくなってしまう可能性がある部分への保障だから，がんという病気の特性を考えれば，保険料を支払う価値がある，とも言えるよね。具体的なシナリオを作ってみる必要があるんだよ。」

◆ 分　析

1. はじめに

リスク管理のうち，リスクコントロール(D3.5)の手法として，企業保険を活用しましょう。

最初にここでは，企業保険の必要性を確認します。

2. 財務上の理由

企業保険を使わず，想定される損失に備えて財務上の手当てを講じておく方法は，「自家保険」とも言われます。引当金や備金の計上のほか，事業資産の償却を早めに行うなど，様々な方法で，キャッシュを手元に残しておくのです。

何も，保険会社に高い保険料を払わずとも，自家保険が効くならその方が良いに決まっている，と思うでしょうか？

たしかに，自家保険の方が適切な場合もあります。

その具体例は，タクシー事業会社です。特に何十台，何百台とタクシーを保有している会社の場合，一定の確率で自動車事故が発生し，定期的経常的に事故対応（自動車の修理，事故相手方への損害賠償，等）のコストが発生し，そのコストを平均化することが可能です。つまり，リスクが相当程度の頻度で現実化し，リスクが現実化した場合のコストの振れ幅（ボラタリティ）も小さく，必要な金額もかなりの確度で予測可能であり，定量的に測定可能です。

そこで，このような条件が揃う場合には，事故対応コストを偶発的なコストではないと位置付け，経常的な経費として処理することの合理性が認められます。そうすると，財務上も特別損失などではなく，経常的な費用科目として処理する合理性が認められます。つまり，収益からの控除科目として扱うべき状況にありますから，わざわざ保険料を計上しなくても，自前のコストとして経常的に処理しうる状況があるのです[19]。

しかし，一般的に言えば，答えは違います。多くの場合，企業保険を活用する方が有効です。

その理由の1つは，キャッシュを遊ばせておくことの問題です。

19　実際の会計処理や税務対応の合理性については，それぞれの専門家に確認してください。

タクシー事業会社のように，定期的に交通事故の対策費用が発生するのであれば，そのためのコストも経常的に発生しますので，すなわち当期の費用を当期に計上することになりますので，その場合にはキャッシュの滞留期間はゼロになり，社内に留保される金額もゼロになります。

　しかし，事故が発生した場合のコストは10億円だが，その頻度は平均5年に一度である，という場合には，単純化すると毎年2億円，5年間かけて対策費を留保します。そうすると，長期的に見た場合，平均5億円のキャッシュが常に社内に留保されることになります[20]。

　そして，これだけのキャッシュを平均的に遊ばせておくことは，見方によっては，株主から託された資産や機会を活用していないことになり，経営者の怠慢と非難される可能性があります。

　つまり，のんびりと自家保険の原資を積み上げている分，ビジネスの機会を失っている，それだけのキャッシュを事業分野に投資すれば，現在の事業を強くしたり，新しい事業分野にチャレンジできたりするはずだが，その機会をみすみす逃している，と評価されかねません。スピードと決断がより重要となっている現在，このような優雅な選択肢が消極的否定的に評価される可能性が高まっているでしょう。

　さらに，これによりM&Aの対象としての魅力が増してしまう危険があります。株式の時価総額と会社の資産との差額の大きいことが，M&Aの対象としての魅力の要因です。キャッシュが留保されていても，そのことが直ちにその差額を大きくし，魅力を大きくするわけではありません。しかし，自家保険として留保する場合には将来の損失への引き当てなどの名目で計上するでしょうから，会社の価値自体を改めて計算すると，会社の価値は相当程度割り引かれて測定されるでしょう。現実にキャッシュは留保されていますので，短期的に見た会社の資産価値は，その割引分だけ大きくなります。つまり，継続企業価値よりも清算価値に注目すれば，とてもお買い得になるのです。

　たしかに，無借金経営が成功している事例も多く見受けられ[21]，その場合，

20　社内留保金額を，5年間，0億円，2億円，4億円，6億円，8億円，と見れば（取り崩し直後を起算点とすれば），平均は4億円となります。
21　例えば，『続不祥事』25講「日本一の優良企業・エーワン精密の強さの秘密」

社内留保が相当積みあがっている場合が多いでしょう。

しかし、そこでは「安定」のメリットを選ぶ代わりに、買収されてしまう「危険」のリスクも一緒に背負っているのです。

3. 事業継続

けれども、例えば主力製品を作る主力工場が火災で焼けてしまう事態を想定すれば、そのための備えが必要です。

というのも、経営者は、株主から託された資産や事業機会を、その主力工場などに振り向けていたわけですが、一定の確率で想定される火災のリスクに何の対策も講じず、焼けてしまいました、はい、事業はおしまいです、と開き直ることは、受託者として到底許されません（受託者責任）。

さらに、会社は事業を営むために多くの従業員を雇っており、その生活を支えていますが、それを放り出してしまうことも、やはり許されません。従業員の多くの時間を使い、生活を預かることによって、利益を上げていながら、事業継続のために必要な備えを怠ることは、無責任だからです（社会的責任）。

このように、経営者は事業継続のための合理的な対策を講じる必要があるのです。実際にも、東日本大震災以後、わが国の企業の多くは、事業継続計画（BCP）を策定し、その訓練と見直しを繰り返すようになっています。

4. 資金手当ての可能性

ここで、主力工場が焼けた場合、メインバンクから融資を受ければいいだろう、いざというときのためにメインバンクがあるのだし、保険料も馬鹿にならない、という考えもあるでしょう。

さらには念を入れて、主力工場が焼けた場合には融資してくれるか質問し、当行は全力で貴社を支えます、などの言質を取っている場合もあるでしょう。

けれども、実際の融資判断は、その時々の状況に応じて行われるもので、最善を尽くす約束はできても、将来の融資判断を約束することはできないはずです。実際に主力工場が消失し、主力製品の供給が止まってしまい、数多くの取引先が競合他社の商品に乗り換え始めてしまう状況で、工場再建のための融資をしても回収可能であるというシナリオを準備し、融資判断してもらうことは、

決して容易なことではありません。

　仮に，融資してもらえるとしても，新工場などは担保に供することになるでしょうし，何よりも，融資決定に至るまでの銀行とのやり取りの手間や時間が惜しいはずです。

　もしも，融資が持つこうした問題点を回避したいのであれば，予め特定の事故に備えて融資枠（コミットメントライン）の合意を行う方法もありますが，その場合には，事故が起こると否とにかかわらず事前に手数料（コミットメント・フィー）を払うことが必要になりますので，企業保険とは紙一重ということになります。

5．おわりに

　企業保険が，リスク管理のツールであることを理解できましたか？

　保険と言うと，金額だけで考えてしまいがちです。すなわち，10億の損失なら，2億ずつ貯めればいい，といった具合です。

　けれども，実際に保険を掛けなかった場合の「最悪シナリオ」(A1,1) を描いてみましょう。そうすることで，以上検討したような，好ましくないストーリー，すなわち，M&Aのターゲットとされる危険，工場再建の資金繰りの困難さや，その間に取引先が逃げてしまう危険，などが見えてきました。

　つまり，リスクセンサー機能として，リスクの所在がリアルに見えてきました。

　次に，リスクコントロール機能として，企業保険を掛けることが有効かどうか，という問題です。

　たしかに，企業保険も万能ではありません。お金を支払うだけのことですし，実際に保険事故が発生したのかどうかの審査が必要ですから，銀行の新規融資の審査と比較した場合の面倒さの優位性は，相対的なものでしかありません。

　けれども，この部分も，実際に資金繰りに奔走するとなると，融資と保険のどちらがマシか，と「ローリング」(A1,8) し，思い描いてみるのです。

　もちろん企業保険も万能ではありません。だからこそ，ツールの1つとしての有用性を，自分自身で検証するのです。

（野村）

5-6　企業保険の活用②（保険の検討過程）

<用語解説>
　企業保険は，もちろん保険を掛けることに，リスクコントロールとしての機能があるが，企業保険の導入を検討すること自体が，リスクセンサー機能やリスクコントロール機能となる。

事例　内部統制の在り方を検討している社内弁護士のAは，日本企業のリスク管理機能が不十分であり，そのため損害保険会社に全てを任せている，という論調に出会い，昔からリスク管理業務はアウトソーシングされていたのではないか，と感心した。
　Aの発見を聞いた法務部長Bは，なるほどとつぶやきながら，Bの意見を述べ始めた。

◆ 対応例

　法務部長Bは，「なるほど，企業保険とリスク管理の関係に気づいた点は，とても良いね。」と，Aの着眼点を評価しました。
　「けれども，本当にリスク管理業務だけを，経営判断や業務判断と切り離してしまって良いのかな？　自分の会社のリスクを何も知らない会社が，市場の競争の中で適切な判断ができるのかな？　むしろ，損害保険会社に依存しすぎて，内部管理体制構築が遅れてしまっているとしか思えないよ。」と，Bにしては珍しく厳しくコメントしたのです。

◆ 分析
1．はじめに
　企業保険の活用方法に関し，「企業保険の活用①（保険の必要性）」(D5.5)では，リスクコントロール機能に関する効用を検討しましたが，このトピック「企業保険の活用②（保険の検討過程）」では，リスクセンサー機能(D3.4)に

関する効用を検討します。

　つまり，保険は損失を補償するものですから，事後的な対策としてリスクコントロール機能を有することは，誰でも容易に理解できます。

　けれども，企業保険には，以下のようにリスクセンサー機能，すなわち会社の感度を高める効用があるのです。

2．リスクを知らない日本企業

　欧米の企業では，リスク管理責任者（チーフリスクオフィサー，CRO）が置かれることが多く，企業保険の検討や手配もCROが行います。CROを相手にする限り，保険会社は補償の内容や条件を議論すればそれでよく，安心して保険を販売できます。

　しかし，多くの日本企業では，CROどころか，リスク管理部門(D3.7)すら存在しません。仮に存在しても，危機対策など，限定的な領域だけを担当し，経営の意思決定そのものの一部を構成するものではありません。経営の意思決定に関わることがあったとしても，「リスク管理上，特に問題ない」ということを確認して承認するだけの認証機関であり，経営戦略や事業活動の立案や実行に関わる活動をしていません。

　そのような会社では，企業保険を手配する部門自身が，会社のリスクを理解しておらず，会社に合わない企業保険を契約してしまいます。

　例えば，個人向けの生命保険や医療保険，自動車保険などは，若干の特約部分があったとしても，多くの場合，パッケージとして出来上がっている商品しかありません。

　けれども，企業保険は，同じようにパッケージとして基本的な保険が組み合わされていますが，個人向けの保険のパッケージとは意味が異なります。それは，保険金額と保険料の関係が予め「保険料表」のように定まっているわけでなく，個別の状況に応じて決定されるからです。言わば，個人保険は沢山のサイズが準備されている既製服であるのに対し，企業保険は，本来はすべてがオーダーメイド（あるいはイージーオーダー）なのです。

　ですから，本来であれば自分の会社のリスクの大きさと，そこに実際に保険を掛ける場合には保険料がどうなるのか，という問題を中心に，実際につける

保険の大きさを検討していきます。さらに，そこには経営戦略的な観点も必要ですから，重点的に補償を厚くする分野とそうでない分野のメリハリを付ける場合もあるでしょう。

ところが，自分の会社のリスク状況を把握していない担当者は，企業保険についても既製服と同様の方法で購入します。「同じような同業他社ならどんな条件ですか？」など，お抱えの保険代理店に話を聞き，とりあえず一般的な条件であればそれで良さそうだ，と判断するのです。あるいは，「保険料の予算はこれだけだから，補償範囲を上手に決めておいてくれますか？」と，保険の割り付けや金額の設定を，保険代理店にお任せしてしまいます。

これは，担当者だけの問題ではありません。リスクはチャレンジの一部であるのに，リスクだけを引き剥がして，事業を行う者に関与させない体制を作った，経営側にも問題があるのです。

3．補償範囲をまじめに考える

そこで，会社のリスク管理能力を回復する第一歩として，企業保険を活用しましょう。

素朴なことですが，まず，補償範囲の「下限」（免責金額）を検討するところから始めてみてください。

例えば火災保険を掛ける場合です。

建物が消失した場合，いくらの範囲の損失を補償するのかという問題です。上限については，例えば生命保険の場合を考えれば，イメージしやすいでしょう。

ところが，日本企業では下限を設けない会社が沢山あります。例えば，自動車保険でも下限が設けられている場合があり，それほど馴染みが薄い制度でもないように思いますが，その理由は，面倒くさい，ということのほかに，下限がわからない，ということのようです。

すなわち，上限に関して言えば，保険の対象となる建物の価値を，実際に建物を管理している工場や総務部門に聞けば教えてもらえますが，下限に関して言えば，どの程度の金額であれば保険がなくても会社として大丈夫なのか，保険料と比べてどの程度割安なのか，という問題になります。これは，財務部門

(あるいは経理)に計算してもらわなければなりませんが，そのような計算は財務部門の日常的な業務ではない上に，どのようなシナリオを描くのか，などの点で一定の判断が伴うため，財務部門からあれこれ質問が来て，それにいちいち答えなければなりません。場合によっては，嫌みを言われるのをなだめながら，自分だってよくわからないのに質問に応えなければならない，ということを考えれば，億劫になってしまうのでしょう。

けれども，だからこそ下限を設定する意味があります。

何度も繰り返しますが，リスク管理は内部統制(下の正三角形)の問題であり，会社組織全体が自らリスクを感じ取れなければなりません(リスクセンサー機能)。リスクは避けるものではなく，上手に取るものだからです。会社経営者は，株主から資産と機会を与えられていますが，それは適切に儲けるためであり，儲けることはチャレンジすることですから，チャレンジ＝リスクをとることが必要なのです。

そのため，財務部門も巻き込んで，リスクの大きさを予め把握しておきましょう。心配に反して，お金を預かる財務部門は，保険料を少しでも安くできるなら，下限を設けましょう，そのために必要なシミュレーションなら作りますよ，と，意外と協力的に対応してくれるようです。

そして，財務部門と工場や総務部門を巻き込むことで，火災などの事故が起こった場合の対応の議論も始まります。このように，会社自身がリスクを感じる機能を獲得していくのです。

4．リスクコントロール機能

さらに，下限と上限を設定する作業が，社内でのリスクコントロールにつながります。

例えば，統合リスク管理(ERM)では，統計学的な手法を用いてリスクを分析します[D5.2]が，そこで用いられるツールにVaR(Value at Risk)曲線があります。これは，資産の損失可能性を測定する分析指標で，特に金融機関の資産に関して用いられます。一般の事業会社がVaRをいちいち計算し，リスク分析を行うことは難しいかもしれません。

しかし，工場の火災保険の上限と下限を社内で議論してみましょう。

工場を立て直す観点や，投資資金の回収可能性の観点，現実的な資金繰りの可能性など，様々な観点から議論を行えば，協議に参加したメンバーの中で，だいたいこの辺が上限と下限だな，という共通の認識ができてきます。結果的に，単に上限と下限を定めているだけのようですが，皆で「この辺」という評価をしているということは，その前提として，「いや，もうちょっとこのエリアに多いような気がする」「そうすると，このエリアもカバーした方が良いかな」などの議論がされます。このような議論は，会社で起こり得る保険事故の大きさや発生頻度をそれぞれが思い描きながら，最もカバーの必要性が高いエリアの認識を合わせていきます。

すると，この作業が，VaR曲線をグラフ上に描き，その中で最もボリュームのある領域を見極めながら，上限と下限を決める作業と，実質的に同じ作業になることに気付きます。というのも，数学的にVaR曲線が決まると言っても，変数や定数の設定次第でその形が変化しますので，このVaR曲線を決める作業も，関係者の意見を聞きながら行われますので，数学的なツールを使うのか使わないのか，という違いにすぎない，と評価することも可能なのです。

つまり，アクチュアリーなどの統計の専門家を雇う代わりに，多くのメンバーで議論することによって，VaR曲線を用いた分析と同様の分析を行うことが，上限と下限を議論することによって，可能になるのです。

5．おわりに

日本企業と日本の保険会社との間には，会社のリスク管理を全てお願いします，という丸投げのような関係が多く見受けられます。

これは，日本企業の多くが，リスクを十分認識せずに経営判断を行っていることの現れです。しかし，リスク管理なしのチャレンジは，ビジネスではなくただの博打です。本当の勇気ある挑戦は，ち密なリスク分析とリスク対応のための周到な準備があってのことです。

その一助として，自らのリスクを認識し，対策を検討する手段として，企業保険を活用しましょう。

(芦原)

5-7 コミュニケーション

<用語解説>
　コミュニケーション不足はトラブルのもとであり，逆に，コミュニケーションが活発で「元気な」職場は，成績が良い。当然，リスク管理の観点からも，コミュニケーションをコントロールする必要性がある。

事例　内部統制の在り方を調べ始めた社内弁護士のAは，実家に帰ったときに，高校時代によく通っていた定食屋に立ち寄った。
　すると，いつも元気に声をかけてくれたおかみさんが亡くなったらしく，まるで灯りを消したように活気がなくなっていた。見覚えのない若いアルバイトが不満げにうろうろしており，簡単なオーダーも間違えて，厨房から怒られているあり様だった。

◆ 対応例

　せっかくの思い出が急に色あせた，とがっかりしているAの話を聞いた法務部長Bは，「なるほど，雰囲気が悪くなってしまったんだね。」とAの気持ちに配慮してくれました。
　そこでBはニコニコしながら，言いました。「雰囲気が悪いとミスも多くなるよね。厨房とのコミュニケーションも取れていないようだし。そういうコミュニケーションの問題は，会社としても軽視できない問題だよね。コミュニケーションが，内部統制にとってどのような意味があるのか，せっかくだから考えてみよう。」

◆ 分　析
1．はじめに
　工事現場で事故にあう確率は，その工事現場に参加して間もない「新参者」が高い，というのが，建設関係者の経験に基づく認識です[22]。事故予防の観点

からみて，重大な問題を提起しますが，ここでは特に，内部統制（下の正三角形）の観点からこれを検討しましょう。

2．コミュニケーション不足による事故

　最初に，工事現場で「新参者」が事故にあう確率の高い理由を確認しましょう。

　すなわち，『続不祥事』では，ある建設会社が労働災害の予防のために事故の発生状況を分析した結果を紹介しています。この結果，事故に遭いやすい労働者の特徴は，経験年数や熟練度が少ないことではなく，「当該工事現場で」働くようになって日が浅い労働者（新参者）であることが判明しました。

　問題はその理由です。

　それは，現場でのコミュニケーションの問題と分析されます。

　例えば，親密な労働者同士で交わされる何気ない「うしろの配線に気をつけて」「あそこの足場が少しぐらつくよ」といった危険情報が，そのような人間関係のない新参者は入手できません。あるいは，実際にあった労災事故では，安全な経路があったのに，わざわざ転落の危険性がある経路を通行した結果，転落死亡した事故で，安全な経路が別の作業で塞がっていたところ，新参者が遠慮して「ちょっと通してくれるか」と頼めなかったことが原因らしい，と言われています。

　このように，コミュニケーションの不足が重大事故につながる例は，他にも報告されています。

　そのうちの1つが，「東海テレビの『ぴーかんテレビ』放送事故」です[23]。

　これは，東北の復興支援のために岩手県産の「ひとめぼれ」の視聴者プレゼントを行っていましたが，当選者の名前を流すテロップとしてリハーサル中に作られた「怪しいお米　セシウムさん」「汚染されたお米　セシウムさん」というテロップがそのまま本番中に23秒間流れてしまい，看板番組だった「ぴーかんテレビ」が放送終了に追い込まれたのです。

22　『続不祥事』19講「新参者が事故に遭いやすいことに注意せよ」
23　『不祥事』3講

これは，スタッフのスキルや意識の低さが直接の原因ですが，その当時の28人のスタッフのうち正社員が3人にすぎず，現場のスタッフ同士なのに顔も名前も知らない希薄な関係が原因となって，誤ったテロップに気づいても声を上げない者が少なくなかったのです。すなわち，現場のコミュニケーションの悪さが，事故をより深刻にしてしまったのです。

もう1つが，「上尾保育所における児童死亡事故」です[24]。

これは，かくれんぼをしていた児童が本棚の収納庫の中に取り残され，熱中症で死亡した事故です。これには，いわゆるモンスターペアレントの対応に保育園として手をこまねいていて，増長してしまった児童に対し，保育士が手をこまねいていたために，4歳児クラス全体のしつけが乱れていただけでなく，死亡した児童に対するいじめ問題が放置されていた，という直接の原因があります。

けれども，例えばこの収納庫が危険であると感じていた保育士が少なからずいたにもかかわらず，上尾市の方針によって，職員会議が月に2時間だけに減らされ，3分の1以上になる臨時職員が参加しないなど，コミュニケーションが十分に取られていなかったことが，収納庫の改善などの機会を奪っていました。すなわち，現場のコミュニケーションの悪さが，事故の未然回避の機会を奪ってしまったのです。

このように，コミュニケーション不足が思いがけない事故発生や被害拡大の原因となるのです。

3．場のマネジメント

さらに，コミュニケーションは事故を減らすだけにとどまらず，会社の利益を高めるという，より積極的な効果も期待されます。

このことは，風通しが良くて活気のある会社が伸びる[25]，という社会一般的な現象から明らかなとおり，多くの方に常識的に理解してもらえることです。

そして，これを『経営学入門』では，経営学の立場から「場のマネジメン

---

[24] 『不祥事』12講
[25] 会社が伸びているから活気がある，という評価も可能であり，結局，「卵と鶏」のような議論になってしまいます。

ト」と位置付け、検討を加えています[26]。

　そこでは、まず「経営」の役割を確認します。すなわち、①経営は、自分一人で頑張るのではなく、他人に仕事をしてもらうことがエッセンスである。②単に与えられた仕事をこなしてもらうだけではなく、学習をしてもらい、モチベーションを高めてもらう。③そのために、すべてが経営者の命令で生まれるものではなく、人々の自律的な動きや自律的な相互作用によって、経営者が指示を出さなくても現場が動くようにすべきである、とします。

　そこで、「場」が登場します。

　すなわち、「場」とは、「人々が参加し、意識・無意識のうちに相互に観察し、コミュニケーションを行い、相互に理解し、相互に働きかけあい、共通の体験をする、その状況の枠組みのことである」、あるいは「人々の間の情報的相互作用の容れもの」と定義されます。この定義からも、コミュニケーションが重要な要素となっていることが分かります[27]。

　そのうえで、実際の会社経営は、組織構造だけでなく、むしろ日常的な問題である「プロセス」が重要であり、この「プロセス」、すなわち人々がお互いにかかわり合い、お互いにコミュニケートし合うことから、共通理解と心理的エネルギー（モチベーション）が湧いてくる、というのです[28]。

　このように、階層的なヒエラルキーを中心とする組織論に基づく経営ではなく、従業員の自主性を高め、それを上手にリードする「場」のマネジメントの在り方が議論されているのです[29]。

4．リスク管理とのかかわり

　このように見てくると、社内でのコミュニケーションを高めることは、それ自体に事故防止の効果が期待されるだけでありません。

　コミュニケーションが高まることによって、会社の現場の能力や意欲が高ま

26　『経営学入門』10章同504頁
27　同504頁
28　同511頁〜512頁。ここでの「プロセス」は、本書で用いる「手続」という意味と異なり、「運用」という意味に近いようです。
29　この構造が整理されている部分として、同525頁〜527頁

り，ビジネスに貢献する，というプラス効果が期待されるのです。

　これをリスク管理の観点から見た場合，①事故防止の観点から，現場でお互いに声を掛け合い，事故防止を心掛けさせるだけでなく，②積極的なビジネスの場面，すなわちリスクをとってチャレンジする場面では，現場がリスクを軽視して暴走しないようにすることが重要になります。すなわち，現場でのコミュニケーションによって自然と共通理解やモチベーションが上がるのは良いが，かといってリスクを軽視した，単に威勢が良いだけの「場」にさせてしまうのではなく，リスクについても十分配慮した，より安定感のある高品質な判断がされるように「場」をリードする必要がある，ということが理解できるのです。

5．おわりに

　ともすると，「場」は制御不能，経営者は組織などを作り上げるのが精いっぱい，と考えがちですが，現場の自主性を損なわせずに，しかし適切な「場」ができるようにサポートすることも，会社経営の重要な要素です。

　従業員のコミュニケーションは，そのような質の高い「場」を作るための重要な要素であることが，リスク管理の面からだけでなく，ビジネスの面からも明らかとされているのです。

　例えば，毎朝お互いに「おはよう」と声を掛け合うようにする活動を，馬鹿にする人がいます。

　けれども，そのような声掛けの機会を増やすことで，従業員同士の敷居を下げ，トラブルやミスのリスクが減ることや，活気が出て，営業成績が上がることが期待されます。あるいは，社内のネットワークの活性化の観点から，仕事の後の「一杯」が見直され，社内での飲み会への補助を出す会社も出始めましたが，それにも同様の効果が期待されます。

　このように，リスク管理と経営学を結びつけることによって，経営の在り方や手法に関する興味深い一面も，見えてくるのです。
　　　　　　　　　　　　　　　　　　　　　　　　　　　　　　　　（芦原）

5-8　1万円入ります

＜用語解説＞

今や，どこのコンビニでも「1万円入ります」と店員同士が声掛けをし，つり銭の間違いなどを確認しているが，リスク管理の観点からこの声掛けを分析すると，頭でっかちではないリスク管理の在り方が浮かび上がってくる。

事例　内部統制の在り方を検討している社内弁護士のAは，リスクを詳細に分析してその原因を突き止め，リスクの本質に合致した対策を検討する手法に惹かれている。
　Aが興奮気味に語る「手法」を聞いた法務部長Bは，相変わらず勉強熱心だな，とつぶやきながら，Bの意見を述べ始めた。

◆ 対応例

法務部長Bは，「なるほど，思い付きで行動するのではなく，ちゃんと分析して考えるプロセスを組むのは，PDCAにも合致するし，とても重要だね。」と，Aの着眼点を評価しました。

「けれども，例えばコンビニのレジでお札の数が合わない，というリスクに対応するにはどうしたらいいかな？　お札の数が合わない，というリスクの原因は，お札を把握していないことにあるから，お札を把握するために，店員に1万円札を記録させるかな？　一見理論的で，三段論法にも合致するようだけど，本当にそれでうまくいくかな？」

◆ 分析

1．はじめに

内部統制（下の正三角形）は，リスク管理に重点を置いていますが，リスク管理はチャレンジすることと一体です。チャレンジするにはリスク管理が不可欠だからです。結局，内部統制（下の正三角形）は，経営そのものです(D3.1)。

ところが，実際には多くの会社で，リスク管理業務やコンプライアンス業務は，本業そのものではなく，コストセンターと位置付けられています。本業に関する交渉が調った後に，手続きを完結させるのが仕事であり，ビジネスそのものに口を挟むものではありません。

せいぜい，チェックリストに記載されるチェック事項を見直して，現場によるチェックをお願いするのが精一杯です。

しかし，本来はビジネスそのものであるリスク管理を切り離してしまう，というイビツな組織設計をすることにより，リスク管理業務がゆがめられてしまいます。これを克服する試みとして，「1万円入ります」を分析しましょう。

2．チェック万能主義

さて，コンビニでお釣りの間違いが増え，もしかしたらバイトの店員が持ち帰っているかもしれません。コンビニの経営者が，盗難やお釣りの間違いを防止する方法を，現場を知らない外部の弁護士に相談したらどうなるでしょうか。

きっと，レジでチェックリストを作りましょう，1万円札で支払われたら，その時間と担当者名を記入させましょう，ということになります。この方法によれば，バイトに対する牽制になるだけでなく，適切な管理がされていることの証拠が記録として残されるので，まさに一石二鳥です，と誇らしげです。

それでも，金額が合いません。どうやら，いつ支払われた1万円札が無くなっているのか，特定できないことも原因の1つのようです。

すると今度は，チェックリストに，「時間」「担当者」に加え，「札番号」も記入しましょう，とアドバイスされます。考えられる原因に対して，しっかりと対応策を講じることになるので，PDCAも回っていることになり，まさに一石二鳥です，と誇らしげです。

それでも，金額が合いません。チェックリストに記載されている1万円札は，たしかにレジの中に残っているのですが，枚数が合わないのです。

コンビニの経営者は，弁護士に話を聞くのを諦めました。まずは実際の担当者に話を聞こうと思い立ち，バイト君に問い質したところ，彼は不満げに口を尖らせて白状しました。昼時など，客が行列を作っているようなときに，一々札番号を記入しているわけにはいかないので，一段落ついたときに，レジの中

の1万円札の番号を書き写している．もちろん，時間や担当者は，思い出しながら適当に記入している．自分はくすねていないが，もしかしたら深夜の担当者がくすねているかもしれない，と言うのです．

3．現場の声

コンビニの経営者は，バイト君を怒鳴りそうになりましたが，ぐっと我慢しました．これでバイト君に辞められてしまったら，人手不足の現在，次のバイトが見つからないかもしれないのです．

怒鳴る代わりに，彼は，バイト君に試しに聞いてみることにしました．「お札の数が時々合わないんだけど，どうしたらいいと思う？」

バイト君は，以前，他のバイト先でやっていた方法だが，という切り出しで，「1万円札受け取ったときに，『1万円入ります』と他のバイトに必ず声を掛けて，お釣りのお札の数を確認してもらえばいいと思います．」と答えました．

コンビニの経営者は，他のお店のマネになることが癪でしたが，背に腹は代えられないので，早速試してみることにしました．

すると，大きな金額の間違いは発生しなくなったのです．

4．チェックリスト方式の分析

では，なぜチェックリストは機能しなかったのでしょうか．

1つ目は，リスク管理をビジネスと切り離して考えてしまったからです．

たしかに，在庫管理であれば，チェックリストを作る方法も活用できるかもしれません（もっとも，POS管理が当たり前の時代に，時代遅れな方法ですが）．お札の数が合わない，というリスクを管理するのに，お札の数を直接管理するのは，リスク管理の手法として，それだけ見れば合理的とも言えます．

けれども，実際のコンビニのレジを見れば，急いでいる客を待たせてお札の番号を書き写すことがいかに非現実的か，わかるはずです．ビジネスを実際に担当する人に一言，実現可能かどうか意見を求めれば，誰でも「非現実的」と答えるはずです．リスク管理は，ビジネスの中で実現可能だからこそ意味があるのです．リスクを分析し，その適切な管理方法を見つけ出してPDCAを回すのは，管理者ではなく現場の従業員です．その立場に立たない仕組みが上手く

機能するはずがありません。

5．声掛け方式の合理性

　ある会社があったとしましょう。この会社が，大きく分けて4つの事業部門から成り立っていて，それぞれの事業部門がさらに4つずつの部から成り立っているとした場合，PDCAサイクルによるリスク管理の様子は，右頁図のように描かれるでしょう。

　日本の企業社会では，コンプライアンスの推進はコンプライアンス担当部署の仕事であって，他の業務に従事している者は，その指示に受身で従ったり，研修を受けたりしていればよいといったイメージが定着しています。その一方で，「現場を知らない」コンプライアンス部署の人が考案した仕組みが，無駄な作業を増やしており，かえって日常業務を阻害しているとの声も多いです。確かに，個人情報を扱っていない職員も含めて一律に個人情報保護に関する研修を受けさせたり，個人情報保護にかかる書類作りをさせたりするのは無駄である可能性が高く，そうした仕組みが上から押し付けられれば現場が疲弊するのも無理はありません。

　しかし，そうした現状は，コンプライアンスの本質が十分理解されていないことに起因しています。会社全体でPDCAサイクルが回り，その中の事業部門やビジネス・ユニット（部・課・係など）でもPDCAサイクルが回っているような組織では，コンプライアンスは第一次的には現場の仕事であって，コンプライアンス部署はその司令塔ないし調整役の役割を担うものとして位置付けられます。それぞれの現場で，コンプライアンス上のリスク（リーガル・リスクやレピュテーション・リスク）を洗い出し，現場の業務の特徴に合わせたリスク対応策が粛々と実施されるようになれば，コンプライアンスの実効性が確保されるばかりか，コンプライアンスが日常業務の妨げになっているとの不満（いわゆる「コンプラ疲れ」）も大幅に解消できるはずです。

　声掛けのメリットとしては，「記録」には残らないが「記憶」には残る点もあげられます。ルールどおり声掛けをちゃんとすれば，声掛けされたことを他の店員が記憶します。他方，声掛けがなければ，声掛けされなかったことが記憶に残ります[30]。この，他の店員の記憶が，お札の数が合わない場合の調査の

手掛かりになるのです。

　さらに，コミュニケーション(D5.7)が取られる点です。これには複合的なメリットがあります。

　すなわち，声を掛け合うことで，お互いに牽制しあうことになり，規範意識的にお札をくすねにくくなります。さらに，経営的にはむしろこのメリットの方が大きいでしょうが，店員同士のコミュニケーションを促進することで，業務品質の向上が期待されます。「おはよう」「さようなら」と声を掛け合うことと同じことが期待されるのです。

　隣人の不合理な行動に，そっと肘で合図を送るような手法を「ナッジ（誘導）」と言いますが，そこに含まれる優しさが，仲間らしいコミュニケーションを作り出すのです。

　また，バイト君や店員のモチベーション上のメリットもあります。明らかに無駄と思われる業務をやらされるよりは，自分たちが考えた方法を実践する方が，参加意識や自立心が高まるのです。

　このように見れば，経営的に見た場合には，声掛け方式にはメリットが大きいことが理解されます。

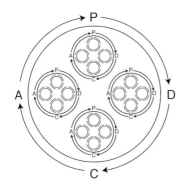

(野村)

30　さらに，レジを防犯カメラで撮影していれば，声掛けの有無が「記録」に残ります。もっとも，お札をくすねる様子自体も「記録」に残りますが。

5-9　落としどころを狙うな

＜用語解説＞
　内部統制（下の正三角形）の施策，すなわち経営上の施策について，特に会社を上げた大きな施策であればあるほど，一回で完璧な施策を，と力が入りすぎ，様々な事情に配慮しすぎて，結局ピンボケな施策になってしまうことが多い。極端を繰り返して，結果的に中庸を目指すプロセスも検討すべきである。

事例　内部統制の在り方を調べ始めた社内弁護士のAは，リーダーの素養に関し，他人を振り回すような，多少迷惑な人の方がうまくいっているように思い始めてきた。
　しかしそれは，正しい方向に組織を導く役割として見た場合，あまりにも頼りなく見え，リーダーの素養についてイメージが定まらなくなってしまった。

◆ 対応例

　Aの話を聞いた法務部長Bは，「なるほど，物わかりの良い，仙人みたいな人が社長になるよりも，身勝手で，他人を振り回すようなリーダーの方が，会社を大きく発展させる可能性が高いよね。」とAの着眼点を評価してくれました。

　そこでBはニコニコしながら，言いました。「一人の人間を相手にするのではなく，組織を相手にする場合には，沢山の事情に一度に配慮させることは至難の業だ。それよりは，最初の年は顧客への配慮を徹底し，次の年は製造原価への配慮を徹底するなど，1つひとつ実践して理解させた方が，組織はしっかりと理解し，一歩ずつ成長するから，思い付きで振り回しているように見える経営者の方が，意外と組織を操るのに向いているんだよ。仙人みたいな経営者は，一人ずつ相手するとすごいんだけどね。」

◆ 分 析

1．はじめに

　『経営学入門』を勉強したのちに，樋口氏の『不祥事』『続不祥事』に出会いました。リスク管理と言えば，ガバナンス（上の逆三角形）的な切り口しか見当たらない多くの専門書の中で，初めて「経営学」的な，すなわち内部統制（下の正三角形）の観点からのリスク管理が語られている文献に出会うことができました。しかも，かなり的を射ています。表層的でマスコミがすぐに飛びつきそうな安易な分析ではないのです。

　ところが，一点だけ違和感を覚えるところがありました。

　それは，『続不祥事』6講の「ペヤングソースやきそばのネット炎上事件」に関する樋口氏の意見です。樋口氏は，まるか食品の対策は過剰ではないか，と疑問を投じていますが，果たしてそうでしょうか。

　そこで，この違和感の分析を通して，経営的視点とリスク対応を両立させる方法について検討します。

2．過剰な対策か？

　まず，ペヤングソースを製造している「まるか食品」が，この事件を機会に取った対策は以下のとおりです（同書）。

・数十億円をかけて工場設備を全面的に刷新する。
・床や壁に，凹凸を無くすコーキングを行う。
・天井は，汚れやほこりが付きにくい材質に張り替える。
・製品の箱蓋内側に密封用のシールを追加した新型パッケージを導入する。
・工場出入口へのエアシャワーやエアカーテンを増設する。
・麺の裏表をチェックして異物を検出するカメラ型センサーを設置する。
・品質管理スタッフを増員する。
・約300万個の製品を約6億円かけて回収する。

　このような対策に対し，樋口氏が「過剰」と評価する根拠は，虫の混入リスクをゼロにすることは極めて難しいこと，本来，もっと早く行うべきだった対策にすぎないこと，虫混入発見の度に危機を総入れ替えするわけにはいかないこと，食品衛生上のリスクが認められる範囲だけ，つまり一部のロットだけ改

修すれば十分であること，などです．

3．過剰な対策の合理性

けれども，経営の観点から見た場合，「まるか食品」の対応には，以下の理由から一定の合理性が認められます．

1つ目は，これまでの遅れを取り戻そうという戦略です．

たしかに，樋口氏の指摘するとおり，これまで適切に設備の更新をしていれば，今回のような事故を未然に防げたかもしれません．また，今回の事故に見合った対応を考えれば，はるかに小規模の対策で十分だったかもしれません．

けれども，社会がこれだけ注目している状況は，食品の安全や衛生に関する会社の新しい姿勢をアピールする機会でもあります．その機会に，一気にトップレベルまで持ち込めば，当然，マスコミや社会も注目してくれます．他方，コツコツと更新を重ねてトップレベルに持ち込んだとしても，そのことをアピールするためには，社会が注目していませんので，相当の広告宣伝費が必要となります．

つまり，社会が注目してくれている状況だからこそ，業務品質に対する投資の費用対効果が高い状況であり，どうせやるならこのリターンの大きいときにやってしまった方が良い，という判断は，リターンを重視する経営の立場から見て，充分説明可能なのです．

2つ目は，リスク対応力を高める点です．

たしかに，当面の対応としては過剰かもしれません．当面必要な対応をし，その状況で実際に業務を行ってみて初めて見えてくる問題もあるでしょう．一歩ずつ進むたびに十分検証し，さらなる更新を行う方が，拙速に一気に対応してしまうよりも，より高いレベルに行ける可能性が高いでしょう．PDCAサイクルのような発想を取り入れた，段階的で慎重な改善です(D4.2)．

けれども，追加の更新を予定していても，実際にはその時点での経営状況によって予定通りの投資が行われる保証はありません．経営状況の変化に応じて，経営戦略の優先順位は変わりますので，現時点で最優先の「品質」問題も，将来再更新を予定している時点では優先順位が下がることも考えられます．特に，安全確保のための投資は，多くの場合後ろ向きな出費ですので，優先順位の下

がる可能性が高いのです。

つまり，後ろ向きな施策だからこそ，やれるときにやっておかないと，次の機会が見えてこないのです。

3つ目は，「ゆれ動き」の経営戦略です。

これは，『経営学入門』のⅢ部「矛盾と発展のマネジメント」で詳細に検討されているものです。

すなわち，経営目標には簡単にたどり着けるものではなく，会社としてあるときは右，あるときは左に向きながら，すなわちゆれ動きながら前進していく，というものです。

たしかに，考えてみれば訴訟や和解でも，あるいはビジネス上の交渉でも，最初から妥協案が示されるのではなく，高めの要求をぶつけ合い，議論を重ねて収斂していくことによって，妥協点にたどり着きます。最初から妥協点を示してしまえば，そこが議論の出発点となってしまい，さらに譲歩させられます。このように，相手がある場合には，最初から妥協点を示さず，その結果話の内容が二転三転することにもなるのです。

会社経営はどうでしょうか。

たしかに，ワンマン経営者の言うなりに動く会社であれば，経営者の意思＝会社の意思であり，従業員も全員その意思にしたがって動くでしょう。

けれども，現場の自律的な判断を尊重すればするほど，現場は現場の意思を持ち始めます。極端な場合には，経営から示される方針は，各現場に対して強制力がなく，せいぜい一種の提案でしかない場合すらあるでしょう（それはそれで内部統制が効いておらず，問題ですが）。

このような場合，経営が最初から妥協案を示すと，到底目標に届きません。安易に流れるからです。やはり，最初は厳しめの目標を示し，現実に合わせて妥協していく場合が多くなるのです。

この観点から「まるか食品」の，過剰とも思える対応を見ると，どのように見えてくるでしょうか。

経営としては，将来は現実的なレベルでの品質管理体制やノウハウが出来上がるかもしれないが，まずは徹底的に厳しく品質管理をしてみて，そこから現実を見ていくのだ，という発想がありそうです。

逆に，少しずつ厳しくしていく，というマネジメントはとても難しいマネジメントになります。というのも，いつまでもゴールの見えない坂を登り続けることは精神的にモチベーションを維持するのが難しいからです。従業員の気持ちを考えた場合，一度やるだけやって，少し大変な思いと達成感とを経験したのちに，現実的なレベルを模索する方が，精神的に楽ですし，自律的に取り組もうというモチベーションを生み出すことにもつながるのです。

4．おわりに

　この視点は，例えばコンプライアンス対策でも応用できそうです。

　例えば，不満や反対も出るだろうが，まずは厳しく記録をつけさせ，漏れなく直ちに報告をさせ，上司や他部署には厳しくチェックをさせます。本来的な業務が遅れるかもしれませんが，とにかく厳しい形式的なプロセスを運用してみます。

　次に，「コンプラ疲れ」が出てきてしまう前に，各現場に，このような厳しいプロセスに代わるプロセス，すなわち，しっかりとリスク管理できるが，より現場の実態に即したプロセスを提案させます。各部門が自律的に考えるきっかけにもなり得ます。現場から「1万円入ります」のようなアイディア (D5.8)が出てくれば，しめたものです。

　ところで，営業などビジネスの場面では，試行錯誤は，ある程度受け入れられますが，コンプライアンス対策やリスク管理体制については，なぜか失敗が許されず，一発で理想的なプランを作らなければいけないプレッシャーを感じることがあります。樋口氏の意見も，リスク対策は一発で正解に，という意識があるのでしょうか[31]。

　けれども，危機感を緩めすぎるとなると，たしかに問題がありますが，ここで示したアイディアのように，厳しくしておいて，落としどころを目指して緩める，ということは，充分あり得ると思います。

　リスク管理やコンプライアンス対策にも，経営的な手法が活用されるべきなのです。

（芦原）

---

[31] あるいは，読者が大げさな対策の必要性に怯むことを恐れているのでしょうか。

5−10 小事は大事

<用語解説>
どの分野でも同じだが，ビジネスの世界にも，先駆者の偉大な功績や含蓄ある言葉が語り継がれている。内部統制（下の正三角形），すなわちリスク管理は，経営そのものであり，チャレンジと表裏一体だから，ビジネスの世界での伝説や含蓄ある言葉は，リスク管理にとっても役に立つものが多い。

事例　経営学の勉強を始めた社内弁護士のAは，リスク管理が経営学上の議論にどのように嵌っていくのか，に興味を持っている。
　勉強の過程で，経営学の世界でも，先駆者の偉大な功績や含蓄ある言葉が語り継がれていて，これらの伝説の中には，単なる金儲けのコツにとどまらず，リスク管理の重要性やノウハウまで配慮された，決して表層的ではないものも多く含まれていることがわかってきた。

◆ 対応例

Aの発見を聞いた法務部長Bは，「なるほど，法律の世界でも，偉人の伝説的なエピソードがあるから，ビジネスの世界もそうなんだね。」とAの着眼点を評価してくれました。

そこでBはニコニコしながら，言いました。「せっかくだから，何か1つ，リスク管理上も有意義であることの例となるような伝説はないかな？　経営を学ぶ人たちに，単なる金儲けのコツではなく，リスク管理も含めた，より深い意味があることを知ってもらいたいからね。」

◆ 分　析

1．はじめに

経営の先駆者が残した言葉には，非常に含蓄の深い言葉が多く，経営学でもそれらがたびたび引用され，研究対象とされています。

これには，内部統制（下の正三角形），すなわちリスク管理の観点から見ても非常に有意義なものがあります。

ここでは，「小事は大事」という言葉について，検討します。

2．具 体 例

「小事は大事」に関し，『経営学入門』ではその具体例として，かつての銀行支店の厳しい現金管理の運用が紹介されています[32]。

すなわち，銀行窓口が閉まった後，銀行窓口ではその日の現金の受け渡し状況などを確認しますが，そこでは1円でも勘定が合わなければ，全員が机の下やごみ箱の中まで含め，徹底的に行内を探索し，勘定が合うまで帰れない，という運用が行われていました。

たしかに，帳尻を合わせることのメリット（帳簿の信頼性）を維持獲得するために投入される従業員の人件費を考慮すれば，とても割に合いません。仮に，帳簿の信頼性が訴訟で問題になったとしても，1円の誤差で訴訟の趨勢が変わるような影響力もないでしょう。

1円の帳尻合わせに躍起になることを止めてしまう，という経営判断には経済合理性が認められるのです。

3．経営学の視点

実際，いつしかこのような運用を行わない銀行が現れ，バブルにのめり込んでいった，という説明がされています。つまり，1円を粗末にするようになったことが，銀行を変えてしまい，バブルを防げなくなった，ということが言いたいようです。

1円の勘定で躍起になることと，バブルの関係がピンとこないかもしれませんが，小さなことで妥協した結果，歯止めが効かなくなった，というのがこの見解の理由です。

問題は，この銀行の事例を一般化できるかという点です。すなわち，小事が大事，すなわち些細なことが大切という教訓が，一般的に通用する理由です。

---

32 『経営学入門』83頁

内部統制（下の正三角形）の観点から検討する前に，経営学の観点からの理由付けを確認しておきましょう．

1つ目は，ノウハウです．

すなわち，些細なことを切り捨てると，「経済合理性」では評価できない「先人の知恵」などのノウハウが切り捨てられてしまいます．例えば，一見子細なことが，実は予防線の役割を果たしていることがありそうです．この予防線を外してしまう危険，ということでしょう．

実際，モノづくりの世界では，モノの製作工程の中で，一見不合理な作業が含まれていたが，その合理性が後に科学的に判明した，などということを聞くことがあります．先人から伝えられてきたものの中に，ある時点の知見に基づいてみれば無意味に見えることだが，その後に重要性が認識される，ということを考えれば，昔ながらのやり方を変えるのは，とても大変なことだ，と気づかされます．

2つ目は，人間の弱さです．

例えば，点数を競い合う，サッカーやバスケットボールのようなスポーツを考えます．せっかくリードしていたのに，試合の後半で追いつかれた場合，追い上げる側には「勢い」があり，そのまま逆転してしまうことが多く見受けられます．これを，リードしていた側から見た場合，同点になったときに，これで最初に戻った，と気持ちを切り替えれば，問題は随分とシンプルになるはずなのですが，実際はそうはいきません．追われる者の弱さ，ということでしょうが，一度状況が変化し始めると，変化して動いているという状況を基準に考えてしまいます．そうすると，流れを止めることの方が，流れに委ねるよりも難しくてしんどい選択になってしまい，結局，気持ちを切り替えられずに逆転を許してしまうのです．

このような人間心理を考えると，一度，お金の管理についてゆるみが生じてしまうと，例えば数十円までは仕方がないが，百円以上は厳しいぞ，と言われても，理屈どおり百円以上ではこれまでと同様の厳格な帳尻合わせをすることができなくなってしまうのです．

3つ目は，経営のメッセージです．

すなわち，些細なことに見えるのに，そこに経営がこだわり続けることを通

して，現場の社員が，経営のこだわりやその背景にある考え方を徐々に理解していきます。

しかも，例外を許さずに徹底して探索をさせる，ということは，研修の機会に数十分話をするよりも，極めて具体的に，メッセージとして記憶に残ります。経営のこだわりをこのような形で伝えることには，その形の中にとてもたくさんのメッセージが込められるのです。

『経営学入門』は，主にこの３つの理由から，「小事は大事」が一般的に通用する教訓として重要である，と評価しています。

４．内部統制の視点

以上の内容を，リスク管理の観点から見た場合，どうなるでしょうか。

まず，１つ目のノウハウです。

これは，経済合理性の観点から評価したこと自体の問題というよりは，評価の方法の問題でしょう。ここでのノウハウは，金銭的な評価の難しい「見えざる資産」(D5.3)であり，金銭的な意味で経済合理性を言えば，このノウハウは評価できないことになりますが，経済合理性の意味を，金銭的な評価に限定しなければ，このような資産も評価の対象に含むことが可能になります。

すなわち，（金銭的に評価は難しいが）重要なノウハウを失うことになるリスク，と位置付けられますので，１つ目の理由は，リスク管理上も同様に重要であると評価できます。

次に，２つ目の人間の弱さです。

これは，リスク管理の観点から見ても特に評価が異なる問題ではありません。リスク管理，すなわち内部統制（下の正三角形）は，神ならぬ人間の組織が負うリスクの問題であり，当然，人間が持つ弱さも考慮すべき事情なのです。

次に，３つ目の経営のメッセージです。

これも，リスク管理上，重要な問題であり，特に評価は異なりません。すなわち，内部統制（下の正三角形）に関し，会社を人体に例えた場合，全ての従業員がそれぞれの立場や役割に応じたリスクセンサーとして機能してもらわなければなりません(D3.4)。「どうにかなろう」という，自律性や参加意識のない従業員が増えると，組織は破滅してしまうのです[33]。

そして，細かいことへのこだわりに，組織を挙げて徹底的に取り組むことによって，全従業員に，他人事ではないことを実感させることになります。経営のこだわりを，実際に体を動かして共有することになるので，行動を持ってメッセージを共有することになります。
　これは，簡単なことでも意外と馬鹿にできません。
　例えば避難訓練です。揃って避難階段を降りるだけのことですが，一度，皆で実際に避難階段を下りた経験があるだけで，いざというときの気持ちの余裕が違ってきます。実際に体を動かしてもらうことで実感し，その実感から理解を深めてもらう，ということは，組織の感度を高め，組織の意識を揃えるうえで有効なツールなのです。

5．おわりに

　同様の言葉として，松下幸之助氏の言葉とされる「経営者の仕事は大きいことを考えることと小さなことを大切にすることだ」という言葉も紹介されています[34]。実際，松下氏に叱られた人々には小さなことで叱られた人が多いと言われ，この理由に関し，①ビジネスシステムの全体の機能が小さなことの集積に支えられているから，②小さなことをないがしろにすると，そこから組織のタガがゆるみ，現場での学習と実験の努力がそこなわれるようになるから（蟻の一穴），と分析されているのです。
　ここでは，「小事は大事」を例に検討しました。
　このように，経営の先駆者の残した言葉には，単なる金儲けのノウハウに関わるようなものばかりでなく，リスク管理の観点から見ても含蓄のある言葉が多いことが分かります。経営の先駆者が残した言葉や，その功績の多くは，リスク管理の観点から見ても，参考になるものなのです。

(芦原)

33　『続不祥事』18講「傍観者となった社員たちが企業を滅ぼす」
34　『経営学入門』84頁

5-11 コストカットによる体力低下

<用語解説>
　コストカットをする経営者は，放漫経営をする経営者よりもはるかにマシだが，誤ったダイエットで体を壊すように，誤ったコストカットは会社を破壊してしまう。特に，ビジネスの問題とリスク管理の問題を一体として考えることがポイントとなる。

事例　経営学の勉強を始めた社内弁護士のＡは，外資系企業に勤務する友人の社内弁護士Ｑが，会社のコストカットを理由にその会社を辞めることになったという話を聞いた。
　Ａは，以前からＱが，社内弁護士は顧客が１社しかおらず，リスク分散されていないから危険だ，と言っていたことを思い出していた。

◆ 対応例

　Ａの話を聞いた法務部長Ｂは，「なるほど，Ａ君も心配になったかな？　大丈夫だよ，君は会社の仲間だよ。」と，Ａを安心させました。
　そこでＢはニコニコしながら，言いました。「コストカットの経営上の意味を考えてみよう。コストカットが重要なことは間違いないけど，問題はコストカットのやり過ぎだ。経営の問題とリスク管理の問題が別々に検討されてきたけど，本当は一体の問題として扱われなきゃいけない。」

◆ 分　析

1．はじめに

　コストカットやコストセーブ，すなわち経費削減です。
　会社で働く従業員にとっては窮屈なことですが，世の中的には当たり前の話です。むしろ，ジャバジャバお金を使う経営者は，従業員からみると気前の良い話ですが，世の中的には放漫経営であり，非常に危険な経営者です。

ちゃっかりと締めるところは締めて，ここぞというときはしっかりとお金をつぎ込む，というのが経営者の理想の金銭感覚でしょう。
　けれども，会社組織，とりわけ内部統制（下の正三角形）を人体に例えた場合，勝負をするには体力が必要です。ダイエットにばかり夢中になって，肝心なときに力が出なければ，ダイエットの意味がありません。会社は，美を競うために存在するのではなく，経済市場での競争に勝つために存在するのです。
　ここでは，このような間違えたコストカット（ダイエット）が会社経営にどのようなマイナス効果を与えるのか，を確認しましょう。

２．運動力低下

　大きな問題の１つ目は，体力の低下による運動力の低下（競争力の低下）です。
　典型的な例は，人員削減です。
　仕事がなくて経営が苦しいときに，一番目につくのは暇そうに見える従業員です。財務上の数字としても，人件費が収益を圧迫していることが際立ってきます。
　このような状況で，ぎりぎりまで人員削減してしまった結果，業績が回復する中で，せっかく戻ってきた波に乗るだけの企業体力が残っていない，慌てて人員を追加確保して体力を回復しても，まだ本来の運動力が備わっていないため，十分に実力を発揮できず，回復の機会を逃してしまう，という場合です。これは，経営判断の悪例として紹介される典型例の１つです。
　これに対し，人員削減ではありませんが，仕事の少ないときにもコストカットせず，稼働率の低い設備や，過剰とも思える在庫を敢えて抱える，という経営戦略で高収益を上げている「エーワン精密」という会社が紹介されています[35]。
　この会社では，高品質の製品を短期間で納品することで差別化を図り，成功していますが，そのために，注文ごとに設定変更や調整などに手間を取られないように高性能の製造機械を多めに保有し，注文が予想される製品については在庫を多めに保有しています。経営の指標で言えば，機械の稼働率と在庫の回

---

35 『続不祥事』25講「日本一の優良企業・エーワン精密の強さの秘密」

転率が極端に低い状態です。普通の神経の経営者や財務担当者であれば，この会社は無駄だらけで非効率である，と感じるはずです。そして，体質改善として機械の稼働率と在庫の回転率を高めるために，製造プロセスや人員の配置を見直し，製品の販売方法や流通過程の見直しを始めるところでしょう。

ところが，この一見非効率的な手法が，高品質の製品を他社よりも短期間で納入できる，という差別化につながり，好業績を維持しているのです。

この事例は，顧客からのオーダーに応じた製品を作るオーダーメイド型のメーカーであり，いわゆるB to Bだから成り立つモデルでしょう。

だからと言って，うちの会社にとってこの事例は参考にならない，とこの話を「おしまい」にしてしまっては面白くありません。学ぶことがあるはずです。

つまり，コストカットは，会社に合った方法で行う必要があります。これが，エーワン精密の事例から得られる教訓です。

もしこのエーワン精密が，普通の人が考えるような一般的な方法でコストカットをしていれば，現在の成功はありえませんでした。会社を人体に例えた場合，会社が挑んでいる競技種目に応じて，必要な運動力が異なります。不要なぜい肉は落とさなければなりませんが，必要な筋肉はむしろ増強しなければなりません。マラソンランナーの体格と，相撲取りの体格は，同じスポーツ選手であっても，明らかに異なるのです。

3．免疫力低下

さらに厄介なのは，ぜい肉のように見えて，実は会社の免疫力に関わる機能です。これを，必要以上にそぎ落としてしまうと，会社のリスク対応力が低下してしまい，トラブルやミス，不祥事のリスクを高めてしまうのです。

免疫力低下によって発症する具体的な症状は多様ですので，免疫力低下を早めに察知できるように，いくつかの実例を検討しておきましょう。

1つ目は，東海テレビの「ぴーかんテレビ」放送事故です[36]。

これは，東日本大震災復興支援のために，岩手県産の米を視聴者プレゼントしていたコーナーで，本番放送中，当選者のテロップに「怪しいお米　セシウ

---

[36] 『不祥事』3講

ムさん」「汚染されたお米　セシウムさん」などの不適切な文言が23秒間流れてしまった，という事故です．

　直接的な原因は，もちろん，試験用のテロップを間違えて流してしまったミスや，試験用のテロップにこのような不適切な表現を用いたミス[37]ですが，そのようなミスが生じたり，気づかれなかったり，対策が遅れたりしたことの最大の原因が，コストカットです．

　すなわち，コストカットにより，①番組制作現場でお互い顔も名前も知らないスタッフが一緒に仕事をしていたため，テロップの異常に10秒後に気づいた者がいたものの，声を上げられなかった，などのコミュニケーション不足(D5.7)，②若手や新たに現場に入ったスタッフへの教育不足，③制作時間の短縮や人員削減による事前のチェック不足，などにつながったのです．アウトソーシングはコストカットの常套手段ですが，外部業者は，独立した事業者として，言わばプロとしての自覚と責任をもって業務に取り組むはず，という抽象的で実体のない安心感から，アウトソース先の管理が手薄になりがちであり，この①〜③も，アウトソーシング先の管理不足そのもの，と言えるでしょう．

　2つ目は，ベネッセの顧客情報漏洩事件です[38]．

　これは，再委託先のシステムエンジニアが，同社の業務用端末から顧客データを大量に持ち出して名簿業者に売却した事件です．

　直接的な原因は，もちろん，再委託先社員による情報の不正取得であり，監督不行届きであり，技術的には，情報書き出し制御をしていなかったこと，私物持ち込みを放任していたこと，アクセス権限の設定などのアクセス制御がされていなかったこと，アクセス記録が残されていなかったこと，警報システムが設定されていなかったこと，セキュリティーの責任の所在が不明確だったこと，などがあげられます．また，顧客情報を様々な部門が様々に加工して活用することを奨励していた結果，顧客情報へのアクセスが緩くなった，という経営的な問題もあります．

　けれども，システム業務を広範にアウトソーシングしたことによって，責任

---

[37] ハッキリと言えば，このような表現を面白がってしまう人間としての品格の問題です．
[38] 『不祥事』6講

もって情報管理に取り組む機能や文化を喪失したことが，最大の留意点です。『不祥事』でも，システム開発の業務の一部は社内に残し，委託先を監督するノウハウや責任感を社内に残しておくべきであった，と指摘しています[39]。

3つ目は，上尾保育所における児童死亡事故です[40]。

これは，保育所でかくれんぼをしていた子供が，収納箱の中で熱中症により死亡した事案です。

直接的な原因は，もちろん，保育士の監督不行届きであり，罰金刑を受けています。さらにその背景には，保育所がモンスターペアレントの対応に手をこまねいていて，モンスターペアレントの子供が増長し，しつけができずに全体が荒れた状況になり，死亡した被害者へのいじめも解決できなかった，保育所側も所長がリーダーシップを発揮してモンスターペアレントに毅然と対峙しなかった，という問題があります。

けれども，ここでは予算の関係から職員会議の開催頻度と時間が削減され，しかも臨時職員は出席しなかったことなどから，コミュニケーションが悪くなっており，例えば子供が閉じ込められた収納箱の危険性に気づいていた保育士が声を上げられなかったこと，なども原因の1つなのです[41]。

4．おわりに

ぜい肉だらけでは勝負になりませんので，経営者は会社の体質を常に筋肉質に保たなければなりません。

けれども，運動力や免疫力を落とすようなことをしてはいけません。

しかも，ビジネスの問題とリスク管理の問題を一体として考えなければいけません。なぜなら，ビジネス上の手当てをした後，リスク管理の問題は別に考える，というようなことであれば，免疫力までそぎ落としてしまったことに気付かないなど，不整合が生じかねないからです。

運動力と免疫力の両方に配慮し，市場競争にうち勝てるようにするためのコストカットを目指しましょう。

(芦原)

39　同88頁
40　『不祥事』12講（168頁）
41　同174頁

5−12 社員教育

> **＜用語解説＞**
> 社員教育は，下の正三角形（内部統制）上，極めて重要なツールであり，会社組織のリスク対応力を高めることになるが，「やって良かった」と思われる社員教育を実施するために，「リスクセンサー機能」「リスクコントロール機能」など，内部統制の重要な概念や機能を正しく理解することが重要である。

> **事 例**
> 内部統制の在り方を調べ始めた社内弁護士のAは，法務部長Bから，チャレンジするためのツールをまとめるように指示され，その一環として社員教育の在り方を検討するようにアドバイスされた。
> Aは，Bのアドバイスに対し，「検討する前の直感なのですが」と断りつつ，「例えば，皆が知っているような有名な弁護士を呼んで，沢山の社員を集めて話を聞かせる，というのはどうですか？」と即答した。

◆ 対応例

Aの話を聞いていた法務部長Bは，「なるほど，有名人を呼べば社員も興味を持って話を聞くから，社員全体に何かを伝えたいときには良い方法だね。」とAの着眼点を評価してくれました。

しかし，BはニコニコしながらΩ首を傾げて，言いました。「だけど，もう一段掘り下げて欲しいな。本当に専門的なことを勉強して欲しい人たちに，必要な専門性を身に着けてもらいたい場合はどうだろう？ 社員教育の目的や内容に応じた，いろいろなバージョンがあった方が良いんじゃないかな。」

◆ 分 析

1．はじめに

社員教育は，リスクを避けるためにも，ビジネスをするためにも，重要です。仕事は仕事を通して覚えるものであって，座学に意味はない，という意見もあ

るでしょうが，OJTも社員教育ですので，そこまで範囲を広げていけば，社員教育は無意味だ，と断言できる人はいないでしょう。

けれども，リスク管理のための社員教育と，ビジネスのための社員教育を，全く別のものと捉えている会社が多いように思われます。

チャレンジできる内部統制 (D3.1)，という観点から，社内教育の位置付けやポイントを確認しておきましょう。

2．社内教育の必要性

わかりきっていることですが，社内教育の必要性を，下の正三角形を使って確認しておきましょう。

そもそも会社は，株主から経営を託された社長が，その負託に応えて「適切に」「儲ける」ためのツールです。

全社員に社長が直接自ら指示できるような規模であれば，社長が直接自ら全社員に対して詳細な指示を与えればよく，社員教育の必要性は低いでしょう。

けれども，多かれ少なかれ，能力のある社員には，その判断や裁量に委ねる領域が増えていきます。意識的に社員教育をしなくても自然に育つ場合もあるでしょうが，会社の規模や業務領域が拡大していくほど，自然に育つのを待っていられない状況になっていきます。

つまり，下の正三角形を使って「適切に」「儲ける」ためには，下の正三角形を構成する従業員全員が，それぞれの職務に応じた能力を有することが必要であり，そのために社員教育が有効であり，さらに，一定規模の会社になれば，社員教育は必要不可欠なのです。

3．教育内容

さて，多くの会社で，コンプライアンス教育やリスク教育が行われています。しかし，そこでは実に残念な研修が多く見受けられます。

例えば，役員や管理職に対し，公務員や取引先の接待に関するルールを研修する場合を想定しましょう。

研修の企画を担当する社員としては，せっかくなので諸外国での贈収賄規制の動向や日本での訴訟の動向に詳しい専門の弁護士に来てもらい，参加する社

員に，基礎から最先端の動向まで，しっかりと勉強して欲しいと思います。上司としても，研修担当者自身による頼りない研修よりは，専門家の研修の方が安心できますし，何か凄い先生を呼んでくれたらしい，という畏敬の念を抱いてもらえますので，張り切って予算を確保し，社内へのアピールに努めます。

聴衆も，せっかく高いお金を払って有名な先生に来てもらうのだから，たくさんの人に聞かせたい，と思い，本当に必要な管理職だけでなく，希望する社員全員に参加の機会を与えよう，ということになります。

すると，各部門の管理者は，自部門からの参加者の数が，部門全体の意欲や雰囲気を反映し，ひいては自分自身のマネジメント能力の評価に関わる，と感じ，積極的な動員をかけます。

その結果，沢山の社員が研修に押しかけ，講師の弁護士も大満足の講演となります。経営陣も，これで会社のリスク対応能力が高まった，と一安心です。

さて，実際はどうでしょうか。本当に会社のために役立つ研修だったのでしょうか。沢山の従業員の時間を拘束し，その分，会社の生産性を落とすだけの価値があったのでしょうか。

答えは，残念ながらNoです。

もちろん，社員の感度を上げたいというレベルで考えれば，有名な弁護士の話を直接聞けて，良い刺激を受けた社員もいるでしょう。それだけで十分というのであれば，それはそれで構いません。むしろ，良い研修だったと素直に喜んでください。

けれども，わざわざ贈収賄に関する専門家の弁護士に，高いお金を払って来てもらったのは，「ああ，そんな問題があるんだ」と雑学知識を増やすためではなく，贈収賄に関する問題点に気づき（リスクセンサー機能），さらに，役員や管理職については，例えば部下から相談があった場合にある程度までは，その良し悪しを判断できるような能力（リスクコントロール機能）を身につけて欲しい，というのが，一番重要な目的だったはずです。

ところが，研修の内容は，実際に講演をしたり，公演を企画して，事前の打ち合わせと実際の講演を聴き比べたりしたことがあればわかると思いますが，講師が聴衆の様子を見ながら，臨機応変に微調整していくものです。しかも，この臨機応変な微調整は，観察力と表現力と経験が豊富な講師ほど的確に，し

かも随所で行いますので、予定していたものが省略されたり、予定されていなかったものが追加されたりします。

そうすると、贈収賄規制に関する予備知識があり、実際の業務上の経験や問題意識のある役職員や部門長（上級者）だけでなく、そのような背景が全くない興味本位の従業員（初心者）もいる聴衆の反応を見て、力のある講師であれば、初心者も理解できるような補足説明を、折に触れて追加していきます。

当初の予定どおり話してください、無駄な追加などせずに、ちゃんと質疑応答の時間を取ってください、などの事前打ち合わせがあったとしても、講師としては、反応の薄い聴衆を切り捨てて話を進めることは大変苦痛です。ですから、少なからず初心者向けのサービスをしますので、例えば予定していた質疑応答の時間が無くなるかもしれません。あるいは、上級者の反応が良ければ、上級者にとって有意義な奥の深い話を沢山織り交ぜられるところ、そのような話がなされないかもしれません[42]。

むしろ、一見贅沢ですが、本当の上級者だけを集め、講師からの講演の時間をできるだけ短くし、逆に、質疑応答の時間を大幅に増やして、会社で実際に直面する問題などを参加者に質問させたり、講師から出席者に対して逆に質問をさせるような、ゼミ形式にしたりする方が、その会社に必要なリスクセンサー機能やリスクコントロール機能を獲得するうえで効果的なのです。

もちろん、初級者たちにも、せめて「リスクセンサー機能」ぐらいは身に着けてもらいたい、と思ってのことかもしれません。

けれども、その点は、例えば上級編に参加した役員や部門長がそれぞれの部下に研修させることにし、自分が受けた研修をそれぞれが実際にどこまで理解しているのかを確認させる、という方法も考えられます。人から聞いて分かった気になっていても身に付かず、実際に自分が人に教えてみて、初めて身に付く、ということは、どこかの予備校のコマーシャルでも言われていることです。部門ごとの違いもあるでしょうから、役員や部門長が、自分でアレンジできる

---

[42] もし、当初の打ち合わせどおり、初心者を一切無視したような講演を行えば、初心者はがっかりしてしまい、無駄な時間を消費した、と不満になります。そうであるなら、その時間は初心者には仕事をしてもらった方が良いですし、そうすれば、企画した部門への不満も発生しません。最初から呼ばなければ良いのです。

のであれば，それこそ心強いことです。あるいは，実際に自分たちが研修を受けた後，自分が部下に研修をしなければならない，ということになれば，研修にも身が入るというものです。

4．おわりに

社内研修を例に出しましたが，このような考え方は，社内教育一般に応用できます。有意義な社内教育を組むための留意点を整理しておきましょう。

第1に，研修の目的です。

あれもこれも，と盛り込むと，どうしても焦点がぼやけてしまい，結果的に，費用対効果の悪い教育となります。その際，「リスクセンサー機能」と「リスクコントロール機能」の区別は，有効なツールになります。聴衆の内部統制上期待される役割を，「リスクセンサー機能」「リスクコントロール機能」の観点から分析し，整理してみると，どのような力を付けさせたいのかが，より具体的にわかってきます。

第2に，「儲ける」ためのリスク対応，という視点です。

例えば，上記の例で，贈収賄の研修を考える場合に，リスク管理に関する研修だから，とビジネスと下手に切り離してしまうと，「みんな，こんなことが危険なんだよ，見かけたら連絡してね」という内容になります。

けれども，「安全に」「儲ける」目的であるとして，ビジネスとリスクを結び付けると，特に上級者たちは，実際にこんな時にどうすればいいのだろう，とリアルな問題意識を満たすために，真剣で突っ込んだ議論を始めます。研修の密度が格段に上がるのです。

1つ目と2つ目のポイントで矛盾することを言っているように聞こえるかもしれません。リスク目的である，と言いながら，「儲ける」ため，というのは，目的の整理が不十分ではないか，という指摘です。

けれども本書で繰り返し述べているとおり，両者は一体なのです。

(芦原)

● おまけ小説　法務の小枝ちゃん ●

第5章　内部統制の運用

社長秘書の「お蝶夫人」からの内線電話を取った。
「小枝さん，今ちょっとよろしいかしら，社長室にお越しいただける？」
はい，すぐ行きます，このメールを出してから。

工場の中を見渡せる中2階の社長室に近づいてきた。階段を上りながら，工場を見下ろすガラスの壁越しに，お蝶夫人のほか，杉田一社長，宗像副社長，藤堂営業企画部長，緑川財務部長，岡課長補佐，赤松人事部長がいる。我が青木法務部長は，訴訟の証人尋問の傍聴のため，私の父（武田化成の顧問弁護士）と地方出張中。
どうぞ。
お蝶夫人が扉を開け，中に招き入れる。私と入れ替わりに，部屋の外に出た。
どうやら，今回も私が最後だったようだ。
息子の杉田茂から聞いているが，と断りを入れて，杉田社長が，参加者に向かって切り出した。
「武田システムズのデビューの準備，一山超えたようだな。原点回帰の『心の会話』というメッセージも素晴らしい。我々も，同業者や取引先に自信をもって武田システムズを売り込める。感心したよ。」
「ところで今日は，我が武田化成の方の話だ。」

話はこうだ。
数年前から，従前の主力商品である「旧素材」をシンガポールの会社に生産委託していた。そして，品質や納期が安定してきたことから，いよいよ我々も出資して当社製品として製造販売することにし，日本の工場は「新素材」の生産に特化する。もちろん，相手のあることだから，これからの交渉次第でどのようなスキームになるのかわからない。
けれども，シンガポールの現地工場も武田化成の連結対象になるのは間違いない。これまでは，相手の資産だったから遠慮があったが，今後は我々の責任も重くなるのだから，しっかりとした管理体制を構築しなきゃいけない。

さらに，武田システムズやシンガポール事業の展開を考えると，武田化成本体の内部体制をこの機会に再確認し，ゆるんでいるネジがあればしっかりと締め直したい。
　そこで，今日は武田化成本体の管理上の問題点について，それぞれ思いつくところを自由に話してくれ。今日は，今後の検討課題や方向性が決まれば御の字，結論を急がなくていい。むしろ，ほんの些細なことでも重要な問題の予兆かもしれない。遠慮しないで話して欲しい。
　誰に言われるでもなく，タガを締めようと考える杉田社長は，さすがに苦労人だけある。
　たしかに，桜子の自殺未遂から始まり，「新素材」販売開始，株式公開，シンガポールの会社への「旧素材」製造委託，ニイベン買収，と目まぐるしく動いてきたところ，ここしばらくは大きな動きもなく平和な状態が続いていた。
　その落ち着いた時間も無駄にせず，次の展開のための体力作り（会社の体力）に励む様子は，シーズンオフにトレーニングをしているスポーツ選手のようだ。部下からすると，たまにはのんびりさせて欲しいと思うのだが。

　昨日，技術部長と特許申請の準備について話していた時のことを思い出した。本題が終わり，雑談になったときに，技術部長が少し困った顔をして言ったことだ。
　技術部長は，赤尾人事部長にも話していることだけど，と断ったうえで続けた。
「新素材の開発で忙しかった後に，今度はシステム開発への協力要請で忙しかったことと，その後にふと気持ちの余裕ができたことが原因じゃないか，と話しているんですが，最近元気のない従業員が増えているんです。」
　例えば，病気休職者が増えているとか？
「そうなんです。ちゃんと精神科や心療内科の診断書を提出して病気休職を申請してきているし，言われてみればそうかもしれない，と思い当たる節がある人ばかりなので，仮病ではないと思うのですが，今までよりもその数が増えているんです。」
　そうすると，残っている人にしわ寄せがいきますね？
「そうなんです。素材メーカーとしてはどうしても基礎的で地道な研究開発が多くなります。会社全体が落ち着いているからと言って，我々の日ごろの研究開発のための作業がそんなに減るわけではなく，むしろ忙しいときに先送りに

されていた業務もあわせて片付けなきゃいけない状態です。一方で，緊張の糸が切れているのに，他方で，仕事は相変わらず沢山ある，という状況です。気が重くなりますよね。」

「そんな状態でのしわ寄せですから，当然，大問題です。今度はしわ寄せされた従業員が病気になるんじゃないか，と冷や冷やしているんです。」

「さすがに，素材メーカーの技術部門が，自社の基幹商品の開発業務を外部委託するわけにはいかないですからね。シンガポールの会社に技術開発力があるかというと，まだまだそこまでの力は備わっていないようですし，製造販売の間口が広がった分，技術開発の負荷は今後も増えることはあっても，減ることはないはずなんです。」

重たい問題ですね。

ええ，私一人の力では何とも。

そうだ，この技術部長の悩み事をみんなに知ってもらおう，と思って手を上げようとした矢先に，赤尾人事部長がこの話を始めた。やはり，人事部長だ。私が口を挟むまでもない。

赤尾部長が問題提起する。

最近読んだ企業不祥事の分析本には，同じ部署に長くとどめるといろいろな不都合が生ずるから，定期的な人事異動が重要と書いてあった。閉塞感はメンタルにも悪影響があるのではないか。根本的には，技術者を増員しなければいけない。

いろいろな意見が出た。

人事は，これまでの方法とは違う人材募集の方法を取り入れようとはしないのか。

シンガポールの会社から技術者を受け入れて，将来の戦力になるように教育したらどうか。即効性は無いが，新しい血が入ってくると，閉塞感は払拭できるのではないか。

一時期，経費削減が徹底されていたが，技術部での経費削減の方法に問題があったのではないか。コストカットによる会社の体力低下が懸念される，と指摘する文献を読んだことがある。

「なるほど，いろいろ出るもんだな。技術部の病気休職率の論点出しはこの程度にしておこう。人事部でもう少し掘り下げてくれ。」

その他にも，何か気づいた問題はないか？

「はい，その前に，議論の進め方の提案があります。」

小枝，何だ？　今度はどんな「悪だくみ」を見せてくれるんだ？

杉田社長はにやにやし，参加者はほがらかに笑っている。

ええ，ええ，どうせ私は賑やかし役のガヤ芸人ですから。

「進め方ですけど，今ここでは，言いっぱなしで終わるにはあまりにももったいない，とても大切な議論がされています。議事録だと，どの問題が重要なのか，よく分かりません。ですから，リスクマップを作りながら議論しませんか？」

なんだそれ。

マップ，ってことは，絵にするのね。

「そうです。リスクが現実化する可能性と，リスクの与えるインパクトと，どっちが縦軸でも横軸でも構わないのですが，それぞれの大きさにしたがって位置を決めていけば，原点に近いほど重要性が低く，原点から遠いほど重要性が高くなります。」

「結果として，出来上がったマップを皆で共有すれば，会社の状況を皆が共有できることになります。」

「さらに，マップを皆で一緒に作れば，その過程で，リスクの大きさや内容の認識合わせができるので，経営陣の問題意識のずれが解消できます。」

例えばこんな感じです，とホワイトボードに16マスの表を描き，そこに技術部の休職問題の点を打って見せた。

「この点は，私が勝手に打った仮置きです。この点の位置をどこにするのか，皆さんで議論して，点の位置が決まったら，次の論点に移ります。このマップの中に，皆が納得するだけの点が打たれれば，マップ作りはお仕舞いです。」

「16マスには，赤黄青の3色を塗りましょう。原点に近い部分が青。要経過観察。原点から遠いところが赤。要治療。その間が黄。要精密検査。」

どうです，簡単だし，役に立ちそうだし，いいでしょう？

なるほど，議論が空中戦にならなくて良さそうだね。

こうして，大の大人たちが寄ってたかって，ワイワイと盛り上がっている。

もっと右。いや上，上。

何言ってんだ，下だろう，下。そんなに大きくないよ，このインパクト。

でも，発生率は高いから，そうすると，両方合わせて右下じゃないか。

さて，こんなもんかな。
　杉田社長が立ち上がった。
「小枝，楽しい悪だくみ，ありがとう。」
　どういたしまして。でも，悪だくみは余計ですから。
「今日は，リスクを出すことで精いっぱいだったが，数週間後にもう一回会議を設定する。それまでに，今日打ったそれぞれの点について，自分も関係があると思う責任者は，リスクを減らすための対策案を考えておいてくれ。しっかりと対策が打てれば，そのリスクはリスクコントロールが効くことになるから，インパクトもそれだけ下げることができるはずだ。」
　赤や黄も沢山あるけど，それを一つでも多く青にしていこう。
　随分と質が異なるリスクが盛りだくさんだが，作業の方向性は揃えられた。
　トレーニングにも，楽しく頑張れるメニューが必要だよね。

第6章

法務部門の運用

6−1　日の当たらない法務

<用語解説>
　世の中には，未だに「日の当たらない法務部」が沢山存在する。ただの裏方であればまだましで，法務部自体が必要とされていない場合すらある。もちろん，それが好ましくないことは言うまでもないが，そうなる原因も知っておきたい。

事例　内部統制の在り方を調べ始めた社内弁護士のAは，大学のゼミの同窓会で他社の法務部で働く同窓生と話ができた。
　その中の1人は，自分の会社の法務部が「日の当たらない法務部」で，雰囲気が暗く，一度そこに配属されると将来がないと言われている。そこで変に我慢するよりも転職するか，退社してロースクールに入学するか，本気で考えている，と打ち明けていた。

◆ 対応例

　法務部長Bに対し，Aは，「うちの法務部は活気があってありがたい，と本気で思いました。自分はラッキーです。」と感想をのべました。
　これに対してBは，「黙っていても社内で存在感を維持できるわけではないから，A君には今後もしっかりと働いてもらうよ。」と釘を刺しました。

◆ 分　析

1. はじめに

　私（野村）は大学の教員が本業であり，これまで多くの卒業生を送り出してきました。法学部やロースクールで教鞭をとっていますので，会社の法務部で働く卒業生が多くいます。さらに，商法が専門分野であり，弁護士業務にも携わっているため，私自身も会社の法務部の活動に直接かかわる機会に恵まれています。
　このように，様々な会社の法務部の活動に，様々な形で触れてきた経験に照

らせば，日本の法務部は一般的に「日の当たらない」立場にある，と感じます。

　本書をはじめ，『法務の技法』シリーズの中では，法務部門が現場と一緒に活躍することが期待され，そのためのノウハウやロジックがたくさん紹介されていますが，ここで改めて，「日の当たらない法務部」の状況をしっかりと確認しておきましょう。まずは己を知ることが大切だからです。

2．法務部のイメージ

　「日の当たらない法務部」のある会社では，法務部を経営にあまり関与させたくない，という意識があるようです。そこで，この経営の意識を分析しますが，まずは法務部によくあるイメージを確認します。

　1つ目は，理屈っぽくて，正論ばかり言い，せっかくのムードに水を差してばかり，というイメージです。いわゆる「頑固」です。法務の仕事には，ルールはルールであり，守らなければならないのだ，という仕事が多かれ少なかれ含まれています。このような仕事は，どこか「頑固」でなければ成り立たないので，法務部に「頑固」なイメージが伴うのは，業務の内容から見て，ある程度仕方のないことです。

　そして，「頑固」な人は，往々にして他者に対しても厳しい場合が多く，ひいては不寛容な面を持ち合わせるようになります。法務部員も全員が強い人間ではありませんから，親しい人に対して厳しいことを言いたくなく，だから親しい人を増やさない，という行動になる人も出てくるのです。

　そうすると，法務部がある程度こもりがちになるのも，生理的に仕方のない面があるのです。

　2つ目は，人の話をすぐに理解できず，人の話を聞いているのかいないのかわからない，たまに発言しても的外れで空気が読めない，という意味です。これは，会社の人事がそのような人を集めているからこうなったのか，法務の仕事に向いている人を集めるとこうなってしまうのか，鶏と卵のような関係がありますが，多くの会社で，法務部には「過去の成功体験」で生きているタイプの社員が集まっている傾向があります。その会社の歴史を知っている人が法務にいること自体は，むしろ有意義です。会社の中で起こる問題の歴史や背景をどの部門よりも正確に理解できるからです。

けれども，問題は将来に向かって自分自身が変わろうという意識が薄く，他者や周囲への興味もなく，したがって会社や状況の変化に対して関心のない法務部員です。

他方，ビジネスは，現在の社会で受け入れられなければ成り立ちません。誰も商品やサービスを買ってくれなくなります。その状況で，変化する意識のない人がビジネスの場に合わないのは，火を見るより明らかです。

3．生理的な違い

次に，人間の生理的な面から検討をします。

法務部には慎重なタイプの人間が集まりますが，他方で，ビジネスのイメージは，目から鼻に抜けるようなチームが行うものであり，とっさの状況の変化に機敏に対応できる判断能力や行動力が必要です。

ここで，学生時代を思い出しましょう。そこでは，程度の差はあるものの，利発で活動的なグループと，地味でのんびりしたグループに分かれていませんでしたか？

このように見れば，ビジネス側のチームが，法務部とどこかしっくりこない理由には，人間の生理的な問題がある，と理解できます。

けれども，会社経営は，生理的な個性の違いを知って終わりにするものではなく，生理的な個性の違いをどのように活用するのか，が重要なはずです。

つまり，経営の観点から，個性の違うビジネスと法務部の活用方法として見た場合，「日の当たらない法務部」となっている会社では，法務部を活用できていない，と言えるでしょう。

4．組織論

法務部に日が当たらない原因を組織の面から見ると，法務部を経営判断における事前の検討に加えていない，ということが分かります。事前の検討に加わっていれば自ずと「日が当たる」からです。

しかし，こうした組織は危険です。そもそも経営はリスクをとって利益を上げるものですから，経営判断の前提として，リスク分析やリスク評価をしっかりと行うことが不可欠です。法務やコンプライアンスを事後的なブレーキ役と

捉えるのは間違いで，法務リスクやレピュテーション・リスク（評判リスク）を事前に分析し，その影響を評価して適切な経営判断につなげる仕事だと位置づければ，法務に日を当てないことがどんなに危険かがわかるはずです。

万が一にも法務リスクを見誤ってしまうと，結果として，行政処分や刑事罰を受けることになったり，苦労して締結した契約の効力が否定されたりしてしまいます。そうならなくても，長年にわたって培ってきた企業ブランドを失ったり，悪い評判が立って顧客を失ったりすることになってしまいます。こうした結果の深刻さを考えれば，法務リスクの総合的な分析・評価を抜きにした経営判断ほど恐ろしいものはありません。

海外では，法務担当の役員は社長の右腕であるのが一般的ですし，どんな大事な会議の最中でも，社長は彼からの連絡には最優先で対応します。

こうした会社の中で輝いている法務担当者は，過去のしがらみや，成功体験にしばられることが最も危険であることを良く知っています。1つには，過去のしがらみや成功体験で曇ったメガネをかけていると，新しいリスクを見落としてしまいますし，リスクにうすうす気づいていてもブレーキをかけることに躊躇してしまうからです。

5．いつの間にかキャラクターの問題に

教員としては，教え子たちの配属された法務部が「日の当たらない」場所であってほしくないと願っています。

「日の当たらない」場所で仕事をしていると，いつの間にか，自分の存在意義を確認するために，「過去の成功体験」に頼ってしまう傾向が生まれます。話す内容も，自分は「○○大学の出身だ」「○○の資格を持っている」などといった過去の話題が多くなってしまいます。

そうこうしているうちに，自分よりも「過去の栄光」に乏しい人が自分以上に日が当たっているのを見ると，ついついその人の粗探しをし，批判するだけの毎日になってしまいます。

こうした人材が，企業の雰囲気を劣化させることは言うまでもありません。そうなると，「日の当たらない」原因が，法務部という組織の問題ではなく，法務部員個人のキャラクターの問題になってしまいます。教え子たちには，そ

んな人生を送ってほしくないと思っています。

6．おわりに

　学生たちには，自己紹介をする際には，過去の栄光だけを語るのではなく，今自分が何を目指していてどの分野で輝こうとしているかを述べるように教えています。

　こうした訓練をしていれば，今自分が何を期待されていて，何をしなければならないかを常に意識するようになります。

　先日，同窓会の会場で，ある上場企業の法務部に勤めている卒業生が，守秘義務を意識しつつ上手にオブラートに包みながら，企業の大事なプロジェクトの立ち上げの段階から社長の事実上の右腕として関与していることを，後輩の学生たちに生き生きと語っていました。

　この姿を見た時に，法務部も変わりつつあるんだなと感じました。その彼が，次の夢として語っていたのは，海外のビジネス・スクールへの留学でした。法務部に「日が当たる」ためには，経営を深く理解し，そこに役に立つ形で法務の仕事をすることが重要だと考えるようになったと語っていました。

　いつの日か，法務部が本来の仕事を取り戻し，「日の当たる場所」になることを期待しています。そして，必ずやそうなる日が来ると確信しています。

（野村）

6-2 キャリアパス

<用語解説>
　内部統制（下の正三角形）では，各部門が人材を最大限に活用することも重要な課題だが，会社従業員にキャリアパスを示すことは，そのための重要なツールであり，法務部門でもキャリアパスを上手に示す必要がある。

事例　内部統制の在り方を調べ始めた社内弁護士のAは，法務部長Bから，法務部門の業務の在り方を検討するように指示された。
　Aは，法務部門の人材に関し，法務が好きそうな社員を集めれば，自分のやりたい仕事を与えられて，自ずとやる気が出てくるはずだ，という考えから，法務部門の人材マネジメントについて，特に検討しなかった。

◆ 対応例

　Aが，法務部門の人材マネジメントについて検討しなかった理由を聞いていた法務部長Bは，「なるほど，法務部門の業務に合った人を集めるのはとても重要だね。」とAの着眼点を評価してくれました。

　しかし，BはニコニコしながらF首を傾げて，言いました。「だけど，もう一段掘り下げて欲しいな。法律が好きな人が社内に十分いるかどうかわからないし，もし限られた人をずっと法務部門に置いておく，ということになると，法務部門の人事だけ会社全体の人事から切り離されることになるけれど，うちの会社でそれは現実的でないよ。法律が好きな人が見つかったとしても，その人は，いつか人事異動で法務部門を離れていくんだ。」

◆ 分　析

1. はじめに

　内部統制（下の正三角形）を考える場合，人事も重要なツールです。リスク

対応力を高めるためには、従業員の能力を高めなければならず、そのためには個人の力量と意欲を高めなければならないからです。経営上も、限られた予算で従業員のやる気を引き出すためにどのような人事制度を採用し、どのように運用するのか、という問題は常に重要な問題です。

そのうち、会社のリスク対応力を高めるための人事上の工夫などに関し、ここでは、法務部門の担当者の「キャリアパス」を検討します。

2．キャリアパスの重要性

キャリアパスはなぜ重要なのでしょうか。

それは、お金だけで従業員のやる気を引き出すことは不可能だからです[1]。

もちろん、限られた予算の中でできるだけ多くの従業員のやる気を引き出さなければならないから、ということもありますが、それだけではありません。満たされてしまった人よりも、少し飢えている人の方が、より良い生活のために努力する傾向があります。また、現状に満足している場合でも、それがいつまでも続くかどうかわからない場合には、やはり、将来のために努力しようと考えます。

そこで、①その向上心を社内で活用する（社外に逃げ出さないようにする）ためには、将来、従業員にとってより望ましい生活を得られる機会が明確に描かれている必要があるのです。なぜなら、社内での機会の方が社外での機会よりも現実的であり、しかも魅力的であれば、社内での機会を投げ打ってまで社外に出ようと思わなくなるからです。

逆に、②社内へのつなぎ止めにこだわるよりも、社外から優秀な人材が来るようにしたい、という場合もあります。この場合、収入額がすべてなのかというと、必ずしもそうではありません。転職すること自体が、終身雇用の人に比べると不安定な状況に身を晒すことにつながるので、新しい会社にもずっといられないのではないか、と心配するのが普通の感覚です。したがって、転職した会社でうまくいかなくなった場合も考え、その会社に行くと将来役に立つこ

---

1 経営学でも、この点は重要な課題です。例えば、『経営学入門』9章「組織と個人、経営の働きかけ」、11章「インセンティブシステム」、15章「人の配置、育成、選抜」、19章「場のマネジメント」など。

とが何かも考えながら転職します。

このように，同じ会社にとどまる場合も，転職を繰り返す場合も，その人なりのキャリアパスを考えるのが普通なのです。

3．法務部門のキャリアパス

そこで，法務部門のキャリアパスですが，①弁護士資格を有しない法務部員（他の従業員と同様，社内での異動もある）と，②社内弁護士から構成される，「混成チーム」を想定しましょう。

まず，①法務部員ですが，彼らの社内でのキャリアパスを考えなければなりません。特に，法務部門は多くの会社で花形部門ではなく(D6.1)，大きな会社では，若手の法務部員が自分の将来にあまり期待を抱けない場合が見受けられます。

そこで，法務部門を活用し，活性化させる方法の1つの具体例として，「定期便」2 (D6.5, A2.13)を活用する方法を考えてみましょう3。

定期便は，法務部門が各部門に定期的に訪問するという運用方法ですが，その主担当（機長）を法務部員，副担当（副機長）を社内弁護士と定めます。常識的に逆のように見えますが，法務部員を，担当部門の責任者と定め，しかし業務の専門性は社内弁護士が付くことによって補完し，教育的な効果も期待するのです。

最初は，副機長（社内弁護士）ばかり活躍しますが，主役である機長（法務部員）が頑張って力をつけていけば，主担当としてきめ細かくサポートしてくれる法務部員の方に対して，いろいろな部門を掛け持ちでサポートしている社内弁護士よりも，気楽に相談するようになります。

そうすると，例えば随分若い法務部員であっても，担当する部門の信頼を得

---

2 芦原一郎「法務部とガバナンス～『定期便プロジェクト』の試み」（奥島孝康編著「企業の統治と社会的責任」，きんざい，2007）
3 私がいくつかの会社で実際に経験したことをもとにしています（つまり，実際に効果的であることが確認されている方法です）が，ここで検討することは，特定の会社での運用例を意味するものではなく，いくつかの会社で私が経験したものや，他の会社の運用例を聞いたものに基づきます。また，ここで検討する「定期便」が，すべての会社でうまくいくわけでもありません。

ていき，法務部門からの異動の機会には，担当する部門に異動することが起こり得ます。しかも，その部門でかなりハイレベルの業務を期待されたうえでの異動です。

これを結果から振り返ってみると，法務部員の社内でのキャリアパスのために社内弁護士がOJTを施している，という評価も可能なのです。これによって，決して花形ではなかった法務部員に，立派なキャリアパスを示してあげることができ，後進の法務部員のやる気にもつながるのです。

次に，②社内弁護士です。彼らには，むしろ会社を離れた後のキャリアパスを考える必要があります。つまり，弁護士としての市場価値が高まる道を準備してあげるのです。

この観点から見ても，「定期便」が活用されます。

すなわち，「副機長」としていろいろな部門を担当しますので，特定の業務にだけ詳しくなるのではなく，むしろ会社業務全般をより広い視野で俯瞰する能力が身につきます。他方，各部門の実情については，「機長」がより深いところまで案内してくれますので，単に法務部に腰を据えているだけの他社の社内弁護士よりも，より会社の業務を深く理解できます。つまり，適度に幅広く，適度に深く，会社業務に精通することになるのです。

しかも，OJTで「機長」を教育しますので，転職活動の際には「部下を指導した」経験として職務経歴書に記載することが可能です[4]。社内弁護士の転職を実際に経験するとわかりますが，専門性はもちろん，よりハイレベルの機会が与えられるためには，部下を何人持っていたのか，英語はできるのか，が重要になります。そして「定期便」では，前者について，社内弁護士のキャリアアップにつながる（箔付けできる）のです。

ここでも，結果から振り返ってみると，社内弁護士に，部下を育てる機会を与えた，という評価も可能なのです[5]。

---

[4] マネージャーではないが，チームリーダーとして業務指示や指導を行い，部下を育てた，ということになります。
[5] なお，社内弁護士のビジネスマンとしてのキャリアについては，「法務のキャリア」（B2.8）参照。

4．おわりに

このように，法務部門も人材の活用を考えなければならないのですが，特に法律業務の専門家であるほど誤解しがちな重要なポイントがあります。

それは，特定の経営目標と，そのための施策とは，必ずしも一対一の関係にない[6]，あるいは，政策は一発で正解に至らない場合もある[7]，ということです。

例えば，「定期便」には，法務部門だけでなく会社自身のリスク対応力を高める効果と，法務部員や社内弁護士にキャリアパスを設定するという効果があるのです（その他の効果もあります）。

ところが，法的な立場から事後的に会社の責任や過失の有無を検証する作業ばかりしていると，特定の目的のために特定の施策を講じる，という「目的効果基準」のような発想に陥りがちです。

また，経営的な効果については，その効果がすぐに表れるものばかりではなく，しかも時間差をもって効果が見えてきます。「定期便」のキャリアパス効果も，開始して数年後，人事異動や社内弁護士の転職があって初めてその効果が具体化します。

さらに，経営的な施策はいずれも決定的なものではありませんので，いくつかの施策を上手に組み合わせることも必要です。副作用を打ち消しあうようなことも考慮しなければなりません。

このように，複数の漢方薬を調合して，じっくりと体質を変えていくような発想が，内部統制（下の正三角形）では特に必要となるのです。

(芦原)

6　例えば，「相互牽制」(D4.10)
7　例えば，「落としどころを狙うな」(D5.9)

6-3 切り分けたピザかチーズか

<用語解説>
　法務部門の業務に関し，特に契約書審査業務について，他部門の業務と並列的にとらえ，契約書審査を作業工程の一部として切り分ける発想（切り分けたピザの一切れとする発想）が多く見受けられるが，法務部門の業務は会社全体に関わる業務とする発想（ピザ全体にかかっているチーズとする発想）の方が好ましい。

事例　内部統制の在り方を調べ始めた社内弁護士のAは，法務部長Bから，法務部門の業務の在り方を検討するように指示され，手始めに契約書審査業務の検討に着手した。
　Aは，実際に検討を始めてみて，契約書の起案を法務部門が一元的に行う方が，全社的に統一でき，専門性も活かされるので，リスク対応上好ましいと思うがどうだろうか，と検討の方向性を相談した。

◆ 対応例

　Aの意見を聞いていた法務部長Bは，「なるほど，すべての契約書に関し，法務部門が関与するべきであるという意味では，そのとおりだね。」とAの着眼点を評価してくれました。

　しかし，BはニコニコしながらAを傾げて，言いました。「けれども，取引の多様性や，担当部門の自主性，取引実態への適合性など，いろいろな観点からの検討を忘れないように頼むよ。内部統制（下の正三角形）については，ガバナンス（上の逆三角形）に比べると，こうでなくてはならないという制約が少なくて，制度設計の自由度が高い分，理屈だけで簡単に決められない面もあるんだから。」

◆ 分　　析

1. はじめに

「切り分けたピザかチーズか」という用語について、ここでは会社組織論上のツールとして検討します。

ところで、儲けるための内部統制（下の正三角形）にとって、リスク対応がカギとなります。「適切に」「儲ける」ためには、リスクを避けてばかりでは駄目で、チャレンジするためにリスクをとることが必要であり、その前提としてリスクに適切に対応できることが必要なのです。

このようなリスク対応の重要性に鑑みて、法務部門を設置することが多くなってきました。

そこで、契約書をどの機関が作成すべきか、という問題を通して、法務部門の権限や役割を検討しましょう（契約書作成の工夫は別に検討します(D6.6)）。

2. 契約書作成義務

さて、せっかく法務部門を作ったのだから、全部の契約書を作成してもらおう、という発想で権限配分を行う会社を多く見かけます。

すなわち、提携交渉から契約締結、業務開始という一連の作業工程の中の、契約締結という工程を法務部門が担うという発想です。これを例えれば、ピザを切り分け、その一部分が法務部門である、という発想です。

しかし、残念ながらそれは一般的には合理的とは思われません。それは以下の理由によります。

1つ目は、担当部門に判断させることが適切だからです。

契約書を何か特別なものと考え、例えば弁護士が作った契約書は上等だが、ビジネスマンが作った契約書は不完全で危険が沢山、という考えが基本にあるのでしょうか。あるいは逆に、契約書は役所への届け出のような事務手続きの1つに過ぎず、実際に契約書の世話になるようなことも発生しないから、できるだけ簡単に終わらせる方が良い、という考えが基本にあるのでしょうか。

けれども、契約はビジネスのツールです。

どのような背景があり、どのようなルールが好ましいのか、それはどのように交渉しながら獲得すべきルールなのか、ということを、ビジネス側でなけれ

ばわかるはずがありません。

　2つ目は，法務部門に判断させることが不適切だからです。

　たしかに，法律的で技術的なルールもあります。

　けれども，それもビジネスの実態に応じて，いくつかの選択肢があり，そのうちのどの選択肢がビジネスの実態に合致するのかについて，最終的に判断でき，判断すべきなのは，担当部門です。ましてや，法的な専門性がない分野のルールについて，ビジネスの経緯を知らずにルールを定めることは，ビジネスに合致しないルールになってしまう危険こそあれ，ビジネスに役立つルールが作成されることなど，期待する方が無理です。ビジネスのことを分かっていないといって法務の関与を小さくしているくせに，契約書の作成を投げてしまうことで，かえって法務にビジネス上の判断をさせることになる，という皮肉な結果になってしまうのです。

　3つ目は，担当部門の負担が小さいからです。

　法務部門に起案をさせようと考える会社では，ビジネスの交渉が終わってから契約書の作成に取り掛かります。

　けれども，交渉の最初から契約書案をやり取りし，契約書の文言を通して交渉を行えば，二段階の交渉を回避できるだけでなく，合意後の契約書作成交渉の中で，こんなはずじゃなかった，というトラブルも回避されます。交渉の過程で，契約書の見直しなどを通して法務部門のサポートも期待できますので，技術的な問題も早期に対応可能となります。

　このように，交渉プロセスや契約書の役割を見直せば，契約書作成の負担は，随分と小さくなるはずです。

　4つ目は，法務部門の負担が大きいからです。

　このことは，逆に言うと，特に二段階の交渉が必要ということになれば，交渉の経緯を知らないだけでなく，第一段階の交渉と合意によって選択肢も時間も縛られている法務部門にとって，負担が大きすぎ，ときにその能力の限界を超えてしまいます。

　特に，それまでの経緯を契約文言から探ったり，背景もロクにわからないのに契約文言を考えることのストレスは，実際に知らない取引の契約を書かされてみないとわからないものです。

5つ目は，担当部門のビジネス能力向上につながるからです。

このように，自ら契約書の詳細まで詰めた交渉を行うようになると，ビジネスの進め方が，非常に詰めのしっかりした，頼りがいのある進め方になっていきます。特に，ルールを文言にすることは，「ここら辺でいかがでしょう，じゃ，とりあえずそんなことで」で済まされず，誤解を与えない表現で双方が合意するまで詰めなければいけません。ルールの機能をより深く知れば，ルールをツールとしてもっと上手に使いこなせるようになるのです。

このように，担当部門が自ら契約書を起案しながら交渉を行う役割にすると，ビジネス交渉能力が上がり，ビジネスの安定感も高まるのです。

6つ目は，会社のリスク対応力向上につながるからです。

リスク対応の観点から見た場合，例えばリスクセンサー機能やリスクコントロール機能として検討したように，現場部門が自らリスク対応できることが，会社全体のリスク対応のために必要です。このように，担当部門が契約書を自ら起案しながら法的なリスクまで自ら配慮し，対応することで，自覚と責任を持つようになり，ひいては会社全体のリスクセンサー機能とリスクコントロール機能が上がるのです。

7つ目は，会社の内部統制力向上につながるからです。

これは，契約交渉が終わってからチェックを受けるのではなく，早い段階からチェックを受けるようになるため，契約交渉の過程がより透明化し，プロセスが強くなります。

プロセスが強くなれば，会社の経営判断の内容が否定されたり，責任を追及されたりする危険が小さくなりますが，ビジネス判断の早い段階からチェックが入ることで，内部統制力が向上するのです。

8つ目は，法務部門の専門性向上につながるからです。

担当部門が自ら契約書類の作成を担当するように改めることは，法務の役割を，書類のチェックにとどめる（切り分けたピザ）のではなく，例えば先方との交渉について早い段階でアドバイスするなど，その会社のビジネスの専門家としての能力が要求されるアドバイス業務について，しかもより広く会社の意思決定に関わる必要性が高まります。すなわち，作業工程の一部を担う（切り分けたピザについて責任を負う），というイメージではなく，会社業務全般に

ついて、専門家として関与し、サポートすることについて責任を負う（ピザ一面にかけられているチーズのような業務を担う）、という形に法務の役割が変化することにつながります。

このように、法務部門には、書式をチェックするだけの能力から、その会社のビジネスの専門家としての能力が要求されるようになり、法務部門の専門性が向上します。

9つ目は、各事業部門の自覚や自立性の強化につながるからです。

実際にアメリカの会社では、法務部門の業務を上記7つ目の理由のように整理することにより、各事業部門の権限と責任が重くなっています。そのため、自覚的積極的に法務部門（社内インフラ）を活用するようなります。

つまり、自分でリスク管理するのであって、法務部門の使い方も含めて自分で責任を持つ、という意識が育つのです。

10コ目は、ビジネス上のノウハウの共有化につながるからです。

契約書がすべてではありませんが、ビジネス部門が自分たちで工夫し、形にしてきた契約書です。あの時の契約書が使えるんじゃないか、という検索可能性がビジネス部門側に集積されますので、過去の契約書が、単に表現上の工夫として参考になるだけでなく、その時の交渉の進め方や契約の背景などを思い出し、活用することにもつながります。

このように、契約書の記録がビジネスの記録となり、会社の財産になります。

3. おわりに

内部統制（下の正三角形）の問題は、ガバナンス（上の逆三角形）の問題のように強行法的に厳格なルールが定められているわけではなく、かなり自由に制度設計ができます。

ここでは、契約書の作成についてビジネス側が行うべき理由を検討しましたが、もちろん、それがすべてではありません。

法務部門がビジネスの交渉過程などにしっかりと早い段階から関与しているような場合には、ここで心配したようなリスクは小さいでしょう。むしろ、役割分担本来の効果が期待できそうですので、この場合には法務部門が契約書を作成する合理性もありそうです。検討の参考にしてください。　　　　（芦原）

6-4 実体法的な企業防衛

> **＜用語解説＞**
> 法務部門は一般に文書作成が得意だが，その能力は，企業防衛の観点から見た場合，会社の外に設置される「盾」「シールド」に例えられる。法務部門は，さらに，企業の体質を強化する役割も果たすべきである。

> **事例** 内部統制の在り方を調べ始めた社内弁護士のAは，法務部長Bから，法務部門の業務の在り方を検討するように指示された。
> Aは，法務部門が最も得意とする文書によってリスク対応に貢献すべきであるとして，限られた法務部門のリソースを，まずは契約書の作成や検討に優先的に振り分けるべきである，との提言をまとめました。

◆ 対応例

Aの提言を聞いていた法務部長Bは，「なるほど，法務部門の得意とする文章作成能力を活用しよう，という視点はとても良いね。」とAの着眼点を評価してくれました。

しかし，Bはニコニコしながら首を傾げて，言いました。「だけど，もう一段掘り下げて欲しいな。法務部門の仕事は，会社を守ることだけだろうか？仮にそうだとして，会社を守る方法は，契約書などの文書の品質を高めるだけだろうか？」

◆ 分析

1. はじめに

法務部門の機能は，専門的な知識を動員して契約書などを完璧に作り上げ，会社をリスクから守る，というのが一般的なイメージではないでしょうか。

本書では，法務部門には，むしろ積極的に経営判断のための「お膳立て」をする機能を果たして欲しいと考えます(D3.1, D4.9)が，しかし，専門的な知識

で契約書などを作り会社をリスクから守る，というイメージも，それほど間違えたものではありません。むしろ，法務部門の基本的な最低限の役割，と評価することもできます (D6.3, D6.6)。

ここでは，この基本的な役割がどのような場合に適用されるのかを確認し，それを通して法務部門の機能や役割を再検討しましょう。

2．防衛専門か？

まず，法務部門が企業防衛の担い手とされている点です。

たしかに，例えば「予防法務」という言葉があるように，企業防衛は法務部門の基本的な機能であり，このこと自体は正しい指摘です。

問題は，法務部門が企業防衛「専属」ではない，という点です。

すなわち，繰り返し指摘しているように，内部統制（下の正三角形）はリスクを回避するのではなく，適切にリスク対応して，チャレンジすることが求められます。経営者のミッションは「適切に」「儲ける」ことにあります。その経営者がミッションを果たすためのツールが会社，特に下の正三角形です。したがって社長は，リスクは，全て避けるものではなく，むしろここぞという場面ではむしろ積極的に取りに行く必要があります。リスクをとってチャレンジしなければ「儲ける」ことができないからです。むしろ，リスクをとらずチャレンジしないことは，職務怠慢であり，株主への背任とも言えるのです (D3.1, D4.8)。

その中で，法務部門はどのように機能すべきでしょうか？　すなわち，会社がチャレンジする場面で，法務部門はどのように貢献することができるのでしょうか。

この点は，「実体法，手続法，組織法」(D4.3) と「デュープロセス」(D3.6, A2.6) の視点がヒントになります。

すなわち，経営がチャレンジするために必要な状況は，デュープロセスが尽くされた状態であり，それを検証し，法務部門はこれをサポートする役割である，と位置付けるのです。具体的には，単に契約書をチェックして，何か危険な部分がないかを見る（実体法的な視点）だけでなく，交渉の過程（手続法的な視点）や，契約成立後の体制（組織法的な視点）など，契約書に必ずしも反

映されない部分も含めた取引全体を把握して，適切な検討がされているかどうか，したがってリスクをとることが可能な状況になっているかどうか，を検証することが考えられます。さらに，法務部門の積極的で能動的な関与が認められるのであれば，後から検証するのではなく，プロセスや組織体制について好ましい在り方を積極的に提案し，検討プロセスを主導するなどの方法で，リスクコントロールをより効果的に行うことも可能です。

というのも，リスクが減少するかどうかについては総合的な判断が必要ですが，実際の訴訟に関与できる法の専門家だからこそ，事案の詳細にかかる証拠の評価から，事案の全体に係る総合的なリスクの見極めまでこなすことが期待されるからです。

このように，リスクから逃げるだけでなく，リスクに立ち向かう場面でも，法務部門の貢献が期待されるのです[8]。

3．文書専門か？

次に，契約書など，文書の中で法務部門の専門性が生きる，と理解されている点です (D6.3, 6.6)。

たしかに，法務は，法律の概念を正しく解釈し，事実や証拠を適切に評価し，両者を結びつけることで法を適用し（三段論法），紛争を解決します。紛争の予防も，法務ができる予防は，基本的にはこの手法を用います。本来，説得のための話術の1つだった三段論法 (A3.1) が，法的な論証の基本として洋の東西で採用されているのですが，そこでは，抽象的な規範と具体的な事実を結びつけることによって他人を説得します。そのため，とりわけ抽象的で一般的な「概念」を正しく論述する能力が求められます。しかも，訴訟など利害が対立する厳しい場面で「概念」をぶつけ合わせ，すり合わせますので，突かれたり揚げ足を取られたりしないような，隙のない概念を使いたがる習性があります。

そして，この抽象的な概念を使いこなす能力と隙のない概念を使う習性は，企業防衛の場面でこそ，最も端的に生かされるのです。

---

[8] より高次のレベルになると，「参謀，番頭，ジェネラルカウンセル」として，経営判断のお膳立てをし，経営にリスクをとるように背中を押すべきです (D4.9)。

けれども，そればかりではありません。

リスクセンサー機能 (D3.4) について考えてみましょう。そこで検討したとおり，会社のリスクを会社の特定の部門だけで全て感知することは不可能です。日常的な取引の中に，何か異常を知らせるサインが存在するからであり，会社を人間の体に例えた場合，体全体に張り巡らされている神経網のように，会社の現場の担当者全員がセンサーとして機能することこそが，会社のリスクを感じとるために必要なのです。

ところで，法務部門が果たすことのできる役割として，「デュープロセス」を尽くさせることを指摘しました。

その役割から見た場合，隙のない「概念」で語る能力は，むしろ有害です。会社の現場の人たちは，正しくて隙のない概念だと，結局何をして欲しいのか理解できず，仮にそれが理解できたとしても，実際にそれぞれの持ち場で遭遇するリスクのサインに気づいてくれるかどうか，非常に疑わしいからです。むしろ，例えば会社で実際に起こった事例なども織り交ぜながら，具体的なイメージを現場担当者と共有することが必要となるのです。

例えば，製品の素材を購入する部門の人たちであれば，素材の品質の異常に気付いて欲しいですが，例えば最近の贈収賄規制の国際的な動向の勉強で頭がいっぱいになり，肝心の素材のチェックポイントを理解できなくては困ります。現場の担当者に，難しい知識はいりませんが，「これは臭い」という嗅覚を持ってもらうことが，会社全体の「リスクセンサー機能」を高め，会社の免疫力を高めます。そのために，現場担当者には，何に気付いて欲しいのか，気付かないとどんなことになってしまうのか，を，ビジュアル的にイメージしてもらうことの方が，正しい隙のない言葉を羅列するよりも，はるかに有効なのです。

つまり，法務部門に必要な表現力は，得意技である隙のない正しい「概念」を使いこなす表現力ばかりではなく，それとは全く逆の表現力も必要なのです。つまり，多少不正確であっても，問題の本質を，具体的に，しかも鮮明に共有できる，まるでCMのキャッチコピーや写実的な小説家の描く小説のような表現をする能力なのです。法務部門は，内部統制上，会社のリスク対応力を高める役割が期待されますが，そのためには，会社の現場の社員たちにイメージを

共有してもらうことが必要となり，そのために必要な能力は，上手でわかりやすいたとえ話^(A2.7)なのです。

このように，言葉だけでなく，イメージを共有する方法も駆使しますので，法務部門の業務は，文書専門ではないのです。

4．おわりに

では，契約書などで会社を守る業務と，デュープロセスを尽くしてチャレンジさせる業務の関係をどのように整理すべきでしょうか。

ここでは，「イメージ」で整理してみましょう。

すなわち，内部統制は下の正三角形ですが，契約書などによる企業防衛は，下の正三角形の外側に設置される「盾」「シールド」とイメージできます。取引の相手方だけでなく，例えば下請法や独禁法違反と非難される危険を減らしたり，各事業会社のかかわりのある「業法」違反とされる危険を減らしたりするためにも，契約書や弁護士の意見書などが有効です。いずれにしろ，様々な文書が，会社を，その外側から守るべき盾となるのです。

他方，「たとえ話」「イメージ共有」によるリスク対応は，下の正三角形を内側から強くする「漢方薬」「サプリメント」とイメージできます。現場部門や各担当者が自らリスクに立ち向かえるようになれば，組織の免疫力が高まり，風邪をひかない強い体になるのです。

このように，契約書などによる実体法的な組織防衛だけでなく，会社全体を巻き込んだ，組織法的・手続法的なリスク対応も，法務部門の重要な役割なのです。

(芦原)

6-5 定期便

<用語解説>
　法務部門は，「甘やかすと各部門が自分で考えなくなる」等の口実で，自ら業務開拓しない傾向があるが，各部門が自分で考えなくなることは運用次第で克服できる問題であり，それを上回るメリットを正しく理解することが重要である。

事例　内部統制の在り方を調べ始めた社内弁護士のAは，法務部長Bから，法務部門の業務の在り方を検討するように指示された。
　Aは，書籍で紹介されている「定期便」を自社でも採用すべきである，そのためにまずは，「定期便」を始めることについて各部門の正式な同意を得るべきである，との提言をまとめました。

◆ 対 応 例

　Aの提言を聞いていた法務部長Bは，「なるほど，定期便は僕も採用したいと思っていたから，君の提案に基本的に賛成するよ。」とAの着眼点を評価してくれました。

　しかし，Bはニコニコしながら首を傾げて，言いました。「だけど，もう一段掘り下げて欲しいな。正式に各部門の了解を取るとなると，「忙しい」「わざわざ来てもらうほどのことはない」などの口実で，結局実現しないよ。まずは，五月雨式に沢山の仕事をくれる部門の担当者と，個人的に1週間分まとめて打ち合わせする機会を設ける，という形から初めて実績を積み重ねてから，正式に展開しよう。『定期便』就航前の『ゲリラ作戦』だ。」

◆ 分　析

1. はじめに

　「定期便」は，別の機会に何度か検討してきましたが[9]，法務部門の運用上の工夫です。

これは，各部門から法律相談や契約書審査などの案件が来るのを待つのではなく，法務部門の方から積極的に各部門を訪問することによって，法的な案件を掘り起こそうというものです。具体的には，法務部門内で部門担当者を定め，その部門担当者が，自分の担当する部門を定期的に訪問する（例えば，人事部門は木曜日の午後訪問し，人事部門内で待機する）方法です。

　例えるならば，巡回法律事務所を会社の主要な部門に定期的に開設するようなものです。私自身が勤務したいろいろな会社で，似たような取り組みを行ってきましたが，共通しているのは，最初はお客さんが来ないけれども（私も暇なので，自分の仕事をせっかくの訪問先で片づけて時間を潰します），ちゃんと役に立つことをやっていれば，そのうち次第にお客さんが増えてくる，という点です。

　実際には，法務部員に社内弁護士を組み合わせた複数人で訪問することにより，法務部員に対するOJTと，逆に社内弁護士に対する土地勘教育になる，などの副次的な効果がありますが[10]，ここでは，内部統制（下の正三角形）との関係で特に重要なポイントを検討します。

2．リスクセンサー機能の向上

　この運用の1つ目の効能は，各部門のリスクセンサー機能(D3.4)の向上です。

　このことを，実際の定期便の運用から見てみましょう。

　定期便を始めると，最初は，一週間分の業務をまとめて処理するところから始まります。直接話をすると，メールや電話よりも効率的[11]なことに気づき，例えば，それまでは契約書が完成してから来ていたような質問が，先方に契約書案を投げる前段階で相談されるようになります。

　その中で，定期便運用当初に感じた印象的なことと言えば，先方担当者の「芦原さん，ちょっといいですか？　まだ法務に相談するレベルではないんで

9　「法務部とガバナンス ～『定期便プロジェクト』の試み」(「企業の統治と社会的責任」，奥島孝康編著，きんざい，2007年6月)，「定期便」(「社内弁護士という選択，商事法務，2008年4月」，(A2.13)
10　詳細は，上記各文献のほか，「キャリアパス」(D6.2)
11　例えば，ニュアンスの確認にメールを何往復もさせなくて済む，など。

すけど」という趣旨の「お断り」です。

当初,「何かそれまで隠し事をしていたのか？」「法務に相談しないレベルで一体何をしているのだ？」と疑心暗鬼になっていました。せっかく社内弁護士になり,同じ社員で同じ仲間となったのに,少し寂しい気分だったのでしょう。

けれども,これは決して悪気があってのことではなく,会社内部の組織を考えれば直ぐに納得できることでした。

すなわち,それまで法務部門に相談したり審査依頼したりするということは,正式な見解や「お墨付き」をもらいたいときに限られていたからです。これは,その部門から見た場合,正式な見解を求める以上は,自分たちも部門として正式に質問しなければならない,という発想になります。そうすると,まずは部門内部で,何を聞きたいのか疑問点を整理したり,質問用の説明資料を作ったりして,そのうえで準備万端でなければ相談できない,という雰囲気があったのです。

ですから,この「お断り」は,それまでの風習が壊され始めた証として,むしろ歓迎すべきことなのです。

そして,このように質問や相談のタイミングが早くなっていくことにより,各部門が法的リスクに気づく機会も早まります。その意味で,リスクセンサー機能が向上するのです[12]。

特に注意して欲しいのは,法務部門のリスクセンサー機能ではなく,各部門のリスクセンサー機能が向上する,という点が重要なのです。

3. リスクコントロール機能の向上

2つ目の効能は,各部門のリスクコントロール機能（D3.5）の向上です。

ここでも,実際の定期便の運用から見てみましょう。

定期便の開始当初は,各部門の部門長やチームリーダーなど,しかるべき管理職者が立ち会うのが普通です。ところが,定期便に対する警戒心が薄らいでくる[13]と,管理職者の立ち会わない場合が増えてきます。

---

[12] その他にも,文字どおり膝を突き合わせて定期的に議論を交わすことによって,各部門の担当者に対するOJT効果が期待されます。

その中で，定期便が定着していく過程で感じた印象的なことと言えば，先方担当者の「芦原さん，ちょっといいですか？ 実は，上司や他部門をどう説得しようか悩んでいるんですけど」という趣旨の「告白」です。

これを最初に聞いたときは，担当社員が上司に対して何か不満を持っているのだろうか，と少し心配した一方で，より早い段階から法務部門が関与できるようになった証ですので，少しうれしく感じました。より早く相談を受けることにより，よりリスクセンサー機能が高まるのです。

しかも，それだけではありません。

「告白」を分析してみましょう。「告白」の内容は，社内プロセスに関する相談です。部門内でどのような点を議論すべきか，という手続法的な対応や，関係する部門をどのように巻き込むべきか，という組織法的な対応についての相談であり，これらに適切に応えていけば，よりデュープロセスが尽くされることになるのです。

ところが，それまでの法務部門は，このようなプロセスの相談を受けていませんでした。それまで法務部門に相談しておらず，本当に相談していい事項なのか確信が持てないから，「告白」から話が始まったのです。

実は，社内弁護士の業務の中で，「デュープロセス」が重要であり，プロセスや組織体制が重要である，と私自身が認識したきっかけは，定期便が定着しかけた時に初めて出会った，このような「告白」でした。最初は，何か「社内政治」「悪だくみ」に巻き込まれてしまうのではないか，法務の中立性に悪影響を与え，信頼を損ねてしまうのではないか，と心配しましたが，「告白」が減るのではなく，逆に増えていく状況になって冷静に考えてみると，社内弁護士の業務として，そこには何かもっと積極的な意味があると感じたのです。

デュープロセスやリスク対応，プロセスや組織体制，などの概念は，様々な検討と議論の結果，かなり整理されてきましたので，今となっては当然のことのように感じるかもしれませんが，そこに辿り着くためには，私自身が越えなければならない「思い込み」がありました。それは，プロセスや組織体制に法

---

13 「正式な」意見交換という意識が薄らいできて，一緒にビジネスを行う仲間という言い方もできるでしょうか。

務は関与しない，そのような問題は社内政治にすぎず，法務の中立性を損ねてしまう，という思い込みです。

このような思い込みを克服して，社内のプロセスや組織を強くし，会社の経営判断をより安定させるために，法務部門が積極的に関与する，という法務部門の新たな役割が見えてきたのです。

定期便の活動によって，各部門がプロセスや組織体制を意識し，よりデュープロセスを尽くした判断を行うようになることで，各部門のリスクコントロール機能が高まります。それだけでなく，これに伴って法務部門のリスクコントロール機能も高まっていくのです。

4．おわりに

そのほかにも，定期的にまとめて相談する機会が確保されることによって，各部門からの突発的な相談が減っていきます。例えば木曜日の午後に来ることが分かっていれば，その機会にまとめて相談を持ってきてくれるようになり，五月雨式にいつも仕事に追われる感覚が和らぎます。

これは，法務部門の担当者にとって，仕事の主導権を取り戻す[A2.1]ことになり，精神衛生上好ましいだけでなく，早めの対応が可能となることで，切羽詰まった極限状態での限られた選択肢ではなく，幅広い選択肢が残されていますので，ビジネスにとってもチャレンジできる選択肢が増えるのです。

最初は，たまっていた案件が大量に動き出してしまう（掘り起こしによって目覚めさせてしまう）ので大変ですが，そこを乗り越えれば，まさにWin-Winの関係になります。ぜひ，試してください。

（芦原）

6-6　契約書審査の工夫

<用語解説>
　契約書審査では，多くの場合，申請部門に対して修正すべき個所の指摘やアドバイスが中心になるが，契約締結に至る過程まで検証し，デュープロセスが尽くされていることの記録を残すようにする方法もある。

事例　内部統制の在り方を調べ始めた社内弁護士のAは，法務部長Bから，法務部門の業務の在り方を検討するように指示された。
　Aは，法務部門の業務負荷を減らし，重要な業務に集中できるようにするため，契約書審査の在り方を見直すべきである，とし，システムだけでチェックできる流れを作ってはどうか，と提案した。

◆ 対応例

　Aの提言を聞いていた法務部長Bは，「なるほど，システムは便利だね。」とAの着眼点を評価してくれました。
　しかし，BはニコニコしながらCを傾げて，言いました。「だけど，もう一段掘り下げて欲しいな。システムで処理できるからと言って，申請担当者とのコミュニケーションを疎かにせず，むしろ積極的にコミュニケーションを促して，リスク対応力を高めて欲しい。」

◆ 分　析

1．はじめに

　契約書審査は，法務部門の主要業務ですが，皆さんはどのように運営していますか？
　①一所懸命条文を読み，②少しでも気になるところには丁寧にコメントを付けて申請部門にフィードバックする，③法務部門の指摘に対する申請部門の対応結果はファイルの修正履歴として残す，そういう運用でしょうか。

ここでは，これと少し違うタイプの契約書審査方法を検討します。

すなわち，①契約書を読む前に，担当者に来てもらい（こちらから訪問することもあります），契約の背景を聞きます。②気になることのコメントは，仮につけるとしても1か所か2か所，多くの場合は，条文に手を入れることすらしません。③記録に残すものは，法務部門からの指摘に対する申請部門の対応結果よりも，社内での検討プロセスを適切に履践したこと，先方と十分議論し，先方も当社関係部門もその内容に満足していること(D3.6)，特に想定される最悪なシナリオ(A1.1)への対応は検討されていること，などです。

1つの取り組みとしてご紹介しますので，参考にしてください。

2．話を聞く

たしかに，契約書を先に読んでから申請担当者に話を聞くと，申請担当者に与える印象も良く，いろいろとお願いしやすくなるかもしれません。

もちろん，私も，ファイルを開いてざっと眺める程度のことはします。

けれども，以下のような理由から，詳細に読み込む前に担当者に話を聞く方が好ましいと考えられます。

1つ目は，効率です。

契約書を一所懸命読んで，ここが大事だ！　と気になる点をチェックしておいたものの，実際に話を聞いてみると，あまり重要でなく，もっと大事な条文が抜けていた，というようなことを経験している方は沢山いると思います。

そこまで極端な場合でなくても，先に背景を理解しておけば，契約書もメリハリをつけて効率的に読むことができます。

2つ目は，コミュニケーションです。

メールなどのツールだけで契約書審査をすると，法務部門の指摘がどうしても詰問調になり，反感を抱かせやすくなります。これは，法務に限らないことですが，メールや文書のやり取りによって，表現がどうしてもきつくなってしまい，ギスギスしてしまった，という経験は皆さんおありだと思います。

これに加えて，事前に背景などを聞き，その場で双方の気になる点や確認する点を話し合っておけば，どのような点に法務部門が興味を抱くのか，したがってどのような指摘を受けることになりそうなのか，など，申請担当者に，

その後の検討の方向性やかかる時間などについて、予見可能性を与えます。

このように、コミュニケーションが取れた状態で作業が進むと、相互の不信感を払拭し、今後の展開が予想できることから、ストレスが減ります。

3つ目は、リスクコントロールです。

1つ目の効率性と重なる部分ですが、真っ先に契約の背景などを聞けば、急いで対応すべき問題に早く気づいたり、再交渉によって調整すべき事項について選択肢が広がったりします。時間はとても大事ですので、重要な問題に対して申請部門が対応できるタイミングが早いほど、リスクコントロールもより充実しうるのです。

3. 添　　削

たしかに、沢山添削すると、よく見てくれた、と思われるかもしれません。逆に添削が少ないと、本当に見ているのか？　と疑われるかもしれません。

けれども、以下の理由から、添削は最低限にとどめるべきです。

1つ目は、申請担当者の意欲です。

せっかく起案しても、どうせ直されるんだよな、と思うと、自分から起案しようという意欲が削がれます。その結果、どうせ法務がちゃんと見てくれるから、と（良い意味では頼られて）自ら十分検証しないまま、詰めの甘い契約書ばかり上がってくることになり、法務部門がイライラしながら詳細なチェックを行わなければならなくなる、という悪循環に陥ってしまうのです。

2つ目は、リスク対応力です。

メリハリを付けた指摘をすることで、申請部門や担当者も、何が重要なことなのかを理解します。細かい指摘の方が、理解しやすいですし、細かい指摘が減ればそれだけ進化した手応えも得られるのですが、得てして細かいことばかり気づくが、大事なことに気が回らない、ということにもなりかねません。むしろ、事前の聞き取りで明らかになった、骨太で重要なポイントについて、申請担当者と一緒に文章を練り上げていく、という方法によって、申請部門や担当者の主体的な意欲や責任感を高めるべきなのです。

3つ目は、メリットとデメリットの比較です。

細かいことの修正を相手方の会社に申し入れることが、相手方との関係に悪

影響を与える可能性がある場合（難しい政治的決断の結果，苦心して何とかまとめ上げた条項の場合など）に，修正しても大した影響がないのであれば，修正の申し入れすらしない，という選択をするのは，ビジネス上当然のことです。契約は，相手のある話であり，常に百点満点の契約書など作れるわけもありませんから，リスクや案件の重大性との比較で，ときには合格点ギリギリのレベルで満足すべき場合もあるはずです。

4．記　　録

さて，最大のポイントです。

たしかに，法務部門の指摘内容を沢山記録に残し，それに対する申請部門の対応結果を記録に残しておけば，法務部門がちゃんと仕事をしていることが記録に残せますし，特に，重要な問題点を指摘しておいた，として法務部門としての責任を免れることも期待できるでしょう。

けれども，以下の理由から，社内での検討プロセスや先方とのやり取りの過程など，デュープロセスを尽くした証拠になりそうな事情を記録に残すべきです。

1つ目は，会社のリスク対応です。

その契約書の解釈などが争われ，契約書作成の経緯が問題になった場合，法務部門からの指摘や，せっかく法務部門が指摘しているのに，実際にはその一部しか対策が講じられていない記録ばかりが残されていると，会社はリスクを承知で契約した，と評価されかねません。

他方，例えば相手方の会社も重要な条件を理解している経緯や，社内の各専門部門の十分な検証が終了していること，想定されるリスクに対して，社内体制として次善の策が講じられていること，など，デュープロセス上好ましいが契約書に反映されない事情は沢山あります。「十分な情報」で「十分な検討」がされた，と評価されるべき事情であって，しかし契約書の文言には特に反映されるわけではない事情を，契約書審査の際に確認した，として記録に残しておくのです。

このことによって，適切なプロセスの記録が残されることになりますので，契約書審査の記録の証拠価値が極めて高くなります。

2つ目は，申請担当者の意欲です。

私は，よく以下のような言い回しを使いました。すなわち，「契約書審査の記録で，『申請担当者がこれだけリスク対応をしている』とできるだけ沢山誉めたいので，自慢できることを話して欲しい」，と言うのです。

「いえ，いつもどおりのプロセスです」「普通です」と言われることも多々ありますが，本人が意識しなくても，立派にリスク対応できていることの証拠になるような事情は，聴きだしてみると沢山見つけ出せます。ですから，最初に否定的なことを言われても，怯むのではなく，「どんなプロセスでしたか」「最悪な事態に対し，どんな手当てをしていますか」など，上手におだてながら話を聞きだします。

このようなことを繰り返していると，申請担当者が自ら積極的にリスク対応してくれるようになります。

5．おわりに

特に最後の記録の部分は，「山本五十六方式」と呼んでいます。

これは，氏の有名な「やって見せ，言って聞かせてさせてみせ，褒めてやらねば人は動かず」[14]という言葉を実践するもので，各部門の契約書担当者をおだててその気にさせることに主眼があります。各部門の担当者が主体的に取り組んでくれているので，ありがとう，という意味を込めて，上手にリスクコントロールしていた点を特に意識的に記録に残します。これによって，会社のリスク対応力が上がり，申請者の意欲も上がるという好循環につながります。

コミュニケーション（D5.7）も，法務部門の重要なツールですので，会社全体のリスク対応力を高めるために，上手にコミュニケーションしてください。

(芦原)

---

14 この言葉は，山本五十六氏が地元で何かと頼まれて色紙に書いていたため，非常に沢山のバージョンがあり，例えば最後の「人は動かず」についても，「人は動かじ」など，細かい違いがある，とのことです。

6−7 人事部門との関わり

＜用語解説＞

人事部門は，間接部門・管理部門であり，直接ビジネスに関わらないことから，ビジネス上のリスクへの対応には直接関わらないが，会社全体の重要な労働リスクに関わるだけでなく，内部統制そのものを強化するうえでも重要な役割を果たすので，法務部門との密接な協力関係を構築しなければならない。

事例　内部統制の在り方を調べ始めた社内弁護士のAは，法務部長Bから，法務部門の業務の在り方を検討するように指示された。
　Aは，人事部門が，労働訴訟の存在すら法務部門に伝えず，法務部門を関与させずに直接社外の労働法専門の弁護士を雇って対応しているが，しっかりした弁護士なので，下手に干渉しない方が良い，という考えである。

◆ 対応例

　Aの消極的な意見を聞いていた法務部長Bは，「なるほど，無理にこれまでのやり方を変更することで，人事部門との間で無用な軋轢を生じさせることを避けるべきである，という配慮はとても重要だね。」とAの着眼点を評価してくれました。

　しかし，Bはニコニコしながら首を傾げて，言いました。「だけど，もう一段掘り下げて欲しいな。変に遠慮して最初から検討すらしない，という姿勢だと，いつまでも内部統制を変えられないよ。まずは，人事的な施策も含めて，できるだけの施策を十分検討したうえで，実際にその実現可能性を考える段階で初めて，人事部門に配慮するのであれば，まだマシだよね。最初からあきらめてしまう必要はないよ。それよりも，人事部門との関わり方を考えるには，最近の労働法上のリスクもちゃんと考えてくれるかな。」

◆ 分　　析

１．はじめに

　内部統制（下の正三角形）を考える場合，人事も重要なツールです^(A2.28)。そのうち，会社のリスク対応力を高めるための人事上の工夫などに関し，本書では２つのテーマを検討しましょう。

　ここでは，そのうち法務部門と「人事部門との関わり」を検討します[15]。

２．人事部門の位置付け

　人事部門と聞いて，どのようなイメージを持ちますか？

　極端なイメージを上げると，①会社の「黒幕」的な存在で，絶大な影響力を持つ部門というイメージと，②給与計算などの雑用ばかり押し付けられ，存在感のない部門というイメージの２つでしょう。

　①は，伝統的な日本の会社に多いイメージです。

　すなわち，伝統的な日本の会社では，終身雇用制の下，従業員の配置転換や昇進などの人事政策を一本化する必要がありました。他方，経営者が会社をコントロールする主なツールは「金」「人」なので，「金」を担う財務部や経理部と「人」を担う人事部や労務部が，会社経営の中枢に関わる重要な情報を掌握するようになりました。このような事情を背景に，人事部門が強大になったことに基づくイメージです。

　これに対して②は，特に事業部門ごとの独立性の強い外資系の会社に多いイメージです。

　これは，典型的には，外資系の会社の中でも特に，従業員のキャリアは労働市場で行われることが通常であって，会社内で人材を融通しあう発想が薄い形態の会社です。この場合，人材の採用や評価，解雇などは，各事業部門がそれぞれの責任で行うべきものとされています。したがって，①の場合の人事部門の有する機能のほとんどが各事業部門に移譲されています。人事部門には，給与計算などの技術的な業務だけが残されており，人事部門が貧弱になったことに基づくイメージです。

15　もう１つは，「人事施策」参照（D5.4）。

3．労働紛争のリスク

　ここで，法務部門と人事部門との関りについて，最初に理解しておくべきポイントは，労働紛争のリスクの変容です。

　かつて，労働紛争は，組合交渉などの集団的労働問題を除けば，労働時間や残業時間の把握など，労働基準法の解釈に関わるものが多く，そこでは，労働大臣の解釈例規がとっさに思い出せるかどうか，という「知識の問題」が主流でした。労働基準法は，刑事罰も規定されていて，刑事捜査権限を有する労働基準監督官による犯罪捜査の根拠にもなる「労働刑法」ですので，条文の構成要件も厳格に解釈される傾向があります。そのことも，予め条文上の概念が明確であり（あるいは明確にする解釈例規が存在し），「知識の問題」という印象を強くする原因です。

　ところが最近は，メンタルなどの従業員の健康問題や，ハラスメントなどの従業員の勤務環境問題の紛争が，新しい問題として，非常に多くなりました。過労死，ブラック企業などは，一面で労働基準法の問題（特に，労働時間規制や労働安全衛生に関する問題）ですが，会社の損害賠償責任が追及される場面では，労働契約の付随義務ともいうべき健康配慮義務，安全配慮義務の問題となります。

　このような問題は，義務の内容は事案ごとに異なってきますので，労働基準法に関する問題のように，解釈例規などにその解を求めることができません。

　しかも，特に年号が平成に変わった後の新しい問題に対する裁判例を見ると，単に義務違反の有無や因果関係の有無などの実体法上の論点だけでなく，例えばハラスメントを防止するために会社はどのような組織やプロセスを整備しているのか，実際に当該事案でどのようなプロセスが踏まれたのか，などが詳細に認定され，会社責任の有無や程度の判断に大きな影響を与えています[16]。例

16　特に，ハラスメントの事案では，技術的に見た場合，会社の使用者責任を追及するためには，ハラスメント行為者の責任（特に，過失と因果関係）と，それが（外形上）会社業務の遂行に該当することの立証だけで，会社は責任を負います（民法715条）。本文で指摘したような組織やプロセス，当該事案処理のプロセスなどは，本来であれば，会社が行為者に求償する場面で問題になるに過ぎず，被害者と会社との間では，理論的には関係がないはずです（少なくとも，重要性は低いはずです）。しかし，現在の労働判例では，このような事情が必ず争点として議論されます。

えば，メンタルの病を理由に休職していた従業員が，休職期間満了前に復職することが問題になる事案では，従業員に復職のために十分な機会を与え，会社側もその可能性を十分吟味したことが求められますが，そのために，急に休職前と同じ負荷の仕事を与えるのではなく，様子を見ながら徐々に負荷を高めていくような配慮が求められるのです。

これは，労働紛争の解決には，実体法的な視点だけでなく，手続法的・組織法的な視点も組み込まれてきたことを意味します。そして，これらの手続法的・組織法的な要求に応えるために，会社の人事制度にも，手続法的・組織法的な配慮が必要となってくるのです(D4.3)。

そうすると，従前の「知識の問題」ではなく，デュープロセス(D3.6)の観点からのリスク対応が必要となってきます。

ところが，人事部門の多くは未だに「知識の問題」で紛争に対応し，予防しようとする傾向が強く残っています。

ここに，デュープロセスに対応することが期待される法務部門の関与の必要性があるのです。

4. 会社全体のリスク対応

さらに，会社全体のリスク対応力を高める観点からも，特に①のイメージの人事部門の場合には，その協力が不可欠です。

すなわち，リスク対応は，特定の部門だけが担う業務ではなく，全ての従業員が担う業務です[17]。したがって，すべての従業員のリスクに対する感度や意識を高めなければならないのですが，その方法として考えられるいくつかの施策は，人事部門が行うべきものなのです。例えば，給与や賞与，昇進，昇格などの基礎資料となる人事考課に関し，全体の5％について，リスク対応上の問題を起こさなかったことや，リスク対応に積極的に取り組んだことなどを組み入れるだけで，会社の雰囲気ががらりと変わります。さらに，そのような感度や意識の高い社員を上手に会社の要所要所に配置する，ということも考えられます。

---

[17] 「リスクセンサー機能」(D3.4)，「リスクコントロール機能」(D3.5) など。

このように，特に①のイメージの人事部門，すなわち伝統的な日本の会社の人事部門のように強大な権限や権威を持つ場合は，会社のリスク対応力を高めるために極めて重要な役割が期待されますので，法務部門との密接な協力関係が必要なのです。

5．おわりに

これに加えて，法務部門の機能強化にも，人事部門の協力が必要です。

すなわち，法務部門の担当者のキャリアパス(D6.2)を作り上げるために人事部門の協力が必要なのです。

さらに，特に①のイメージの人事部門の場合，人事部門の社内での権威や影響力が非常に大きいですから，法務部門が人事部門を重く見ている，という印象が社内に向けて発信されるだけで，法務部門の社内での発言力や影響力も飛躍的に大きくなります。法務部門の存在感を高めることは，内部統制（下の正三角形）を強くするうえで，とても重要なのです。

会社経営は，様々な手法を組み合わせることで，会社の組織そのものを動かし，変えていくことですから，このような「場」[18]「雰囲気」[19]まで配慮した施策も，使いこなせるようになりましょう。内部統制（下の正三角形）の問題であるリスク管理は，経営そのものであり，経営上の施策と表裏一体の関係にあるからです。

（芦原）

---

18 『経営学入門』19章「場のマネジメント」
19 『経営学入門』13章「経営理念と組織文化」

6-8　事業分野の専門性

<用語解説>
　社会には数多くの種類の事業があり，それぞれの事業分野ごとに固有のルールや規制がある。弁護士にも，専門領域が極めて狭いかわりに，当該事業分野のことは何でも知っているような専門家も出現し始めたが，その数や領域はまだまだ限定的である。

事例　内部統制の在り方を調べ始めた社内弁護士のAは，法務部長Bから，法務部門の業務の在り方を検討するように指示された。
　Aは，自分も含めた社内弁護士のモチベーションを高め，会社自身の信頼性も高めるために，事業分野の専門的な法領域に関する事案を社内弁護士に集中させ，社内弁護士を事業分野の専門家として育てるべきである，と提案しました。

◆ 対応例

　Aの提案を聞いていた法務部長Bは，「なるほど，事業分野の専門性に着目したのは良いね。業界固有の問題について，うちの業界は本当に頼れる社外の専門家がいないからね。」とAの着眼点を評価してくれました。
　しかし，BはニコニコしながらB首を傾げて，言いました。「だけど，もう一段掘り下げて欲しいな。やる気があっても，その業界にいるだけで当然専門家である，と言うわけにはいかないからね。A君がいるからあの会社の法的判断は間違いない，と言われるように，A君自身が成長するプランを示してくれるかな。」

◆ 分　析

1．はじめに
　何人かの若手社内弁護士から聞いた意見です。

法律事務所から社内弁護士に転身する際，この会社の事業分野に関する専門性を身に付けることができる，という期待もあって入社したけど，本当に重要な問題は社外の弁護士に検討してもらい，自分はせいぜい，相談してきた部門と社外弁護士とのつなぎ役しかしない。これでは専門性が身に付かない。期待外れだ。なぜ，自分ではなく社外弁護士に検討させるのだろう。

　Aの場合とは逆に，事業分野の専門性について，社内弁護士に対する期待が低い場合ですが，この意見を言う気持ちもわかります。事業分野の専門性が，その後のキャリアパスに役立つと期待しても当然だからです[20]。しかし，もう少し前向きに考えて欲しいものです。

　ここでは，若手社内弁護士のキャリアパス，という観点から，業界の専門性に対して会社がどのように対応するのかを考えてみましょう。

2. 背　景

　社内弁護士がいるのに，社外の専門家を使う背景は何でしょうか。

　もちろん，まだまだ社内弁護士の力量が足りないから，という場合もありますが，社内弁護士の力量が十分であっても，社外の専門家を使うことがあるのです。

　それは，内部統制（下の正三角形）の観点から見て，好ましいからです。すなわち，十分な情報で十分検討し，「やるだけのことはやった」「人事を尽くして天命を待つ」と言える，デュープロセスを尽くした状況を作るために，社外の専門家を使うのです。

　仮に，社内弁護士に十分な力量があり，それで十分であったとしても，社外の専門家の検証やアドバイスがあれば，新たな発見があるかもしれません。

　さらに，形式の問題もあります。

　社内弁護士よりも社外の専門家の方が，客観性や中立性が高いように感じてもらえます。また，社外の専門家は，その分野での専門家という社会的評価がありますが，社内弁護士にはそのような評価がない場合があります。

　このように，様々な目的を考慮して，社外の専門家(A3.5)が利用されるの

20　「キャリアパス」(D6.2)

です[21]。

3．関わり方

背景がわかれば，関わり方も見えてきます。いくつかの方法を考えてみましょう。

1つ目は，形を整えるためだけに社外の専門家を使う方法です。

すなわち，社内弁護士が作った意見書などに，社外の専門家のサインだけをもらう方法です。

しかし問題は，やり方を間違えると，社外の専門家の感情やプライドを傷つけてしまうことが心配されます。絶交されるかもしれません。

2つ目は，一緒に作業する，という方法です。

例えば，論点の整理や下調べを行ったうえで相談に行く，社内での調査やドラフトを担当させてもらう，などの方法で，仲間に加えてもらう方法です。社内弁護士にとって，勉強の機会になり，社外の専門家にとって，会社内の様子などを詳しく知る機会になりますので，Win-Winの関係とも言えるでしょう。

問題は，社外の専門家がこのような申し出を受け入れてくれるかどうかですが，顧客会社との関係が深まるので，ずっと受け入れやすいはずです。

そして3つ目は，自分自身がその分野の専門家として認められることで，社外の専門家への依頼を減らす方法です。社外の専門家と異なり，自分の所属する会社の案件しか扱いませんので，たとえより深く関わるとはいっても，少し遠い道のりですが，しかし，不可能なことではありません。

結局，何が言いたいかというと，社外の専門家にお願いするか自分が担当するか，という二者択一の問題ではないこと，顧客として社外の専門家を選べる立場にあるので，社外の専門家に学ぶ機会が作れること，を踏まえて，社内弁護士のキャリアパスと会社業務の両立を考えて欲しい，ということです。

さて，ここまでは，社外の専門家に学ぶ方法です。

---

21 経営上の施策は，多くの場合，目的と効果が一対一の関係になっているわけではありません（D5.4）。

4. 内部統制

　次に，社外の専門家に学べないものを身に付ける方法です。

　ここで，内部統制（下の正三角形）の問題に立ち戻ります。事業分野の専門性に関する社外の専門家の活用方法，という観点から見た場合，コンプライアンスと法務を区別して考えると便利です[B1.2]。

　すなわち，業界固有のルールや規制には，たいていの場合，必要最低限のルールや規制があります。これを守らなければ事業に重大な影響が出る，というものであり，「取る余地がない」リスクに分類されます。これに対して，最低限のルールではなく，会社に一定の裁量の余地が残されているルールであり，「取る余地のある」リスクがあります。

　そこで，以下では，この2つのリスクに対する対策の在り方の特徴を検討しましょう。

　まず，「取る余地がない」リスク，すなわち必要最低限のルールや規制に関するリスクです。

　このような必要最低限のルールや規制への対応は，リスクセンサー機能[D3.4]がポイントで，危険を察知すれば，後はそれを回避するだけです。リスクコントロール機能[D3.5]としては，回避することしか選択肢はなく，デュープロセス[D3.6]を尽くしてリスクをとる（チャレンジする）という問題ではありません[B2.2]。

　したがって，必要最低限のルールや規制については，社内ルールを慎重に設定すれば，後はこの遵守を社内に徹底することが，内部統制上の対応ということになります。つまり，全社一丸となって「遵守」すべき社内ルールを厳しく徹底することが内部統制となります。この業務は，コンプライアンス部門に親和性があります。

　次に，「取る余地のある」リスクです。

　この場合には，リスクセンサー機能もさることながら，リスクコントロール機能が重要になります。リスクをとるかどうかの判断が必要となってきますので，デュープロセスを尽くして適切にリスクコントロールしながら判断する必要があるからです。ここでは，プロセスや組織体制まで視野に入れた，柔軟な対応が必要になり，法務部門の業務に親和性があります。

これを，社外の専門家について関連付けてみましょう。
　まず，「取る余地がない」リスクの場合です。
　この場合には，社外の専門家には，全社一丸となって遵守すべき社内ルールの策定に協力してもらうことになります。安全のためだからと言って，あまりにも幅広く規制してしまうと，現場の業務に支障が出ますが，現場の裁量をあまりにも広く残してしまうと，社内ルールを作る意味がなくなってしまいます。このように，安全とビジネスの両立のためのルールと位置付ければ，ルール作りの段階で両者のバランスを上手に取ることが重要だからです。いずれにしろ，社外の専門家には最低限のラインを引くルールを作ってもらうことになります。
　他方，「取る余地のある」リスクの場合です。
　この場合には，デュープロセスを尽くすことが重要になりますから，社外の専門家には，意見書の作成など，事案ごとに専門家らしい仕事をしてもらうことになります。すなわち，どのようなルールが問題になっているのか，そのルールの背景や裁判例などからどのように解釈されるのか，などの解釈の可能性や選択の幅を示してもらい，経営判断のために柔軟な検討が必要な場合もあるのです。

5．おわりに

　このように見ると，事業分野の専門性についても，コンプライアンス的に安全なところで固いルールを定める場面と，法務的にデュープロセスを尽くしてチャレンジする場面があり，配慮すべき背景事情も異なります。
　社外の専門家には，いずれの場合も手堅い判断しか示してくれない方を多く見かけます。
　したがって，このような状況の違いをよく知っているべき社内弁護士だからこそ，上手に社外の専門家を使いこなすことが期待されます。
　このように，社外の専門家に学ぶことだけでなく，社内だからこそ見え，社内だからこそできることの能力を高める，ということも，業務分野の専門性を高めることにつながるのです。

（芦原）

● おまけ小説　法務の小枝ちゃん ●

第6章　法務部門の運用

　今日は，私と桜子の行きつけの，渋谷のイタリアン。日本初上陸のワインを飲みに来た。
　桜子が渋谷のニイベンに転籍し，私も，ニイベンの法務部長を兼務することになったので，前よりも来やすくなった。店長だけでなく，店員さんとも仲良くなった。
　今日は早いですね。おや，3人ですか，じゃ広めのお席にご案内しますね。
　そう，今日は緑川部長も一緒。
　憧れの緑川部長と，しかもこんなに少人数で，ゆっくりとお喋りできる。そんな時は，やっぱり素敵なお店で美味しいものが食べたい。
　「素敵なお店を知ってるのね，楽しみだわ。」
　ありがとうございます。実際，おいしいですから。
　早速，日本初上陸のワイン，冷やした白で。
　間に合ってくれて良かったよ，あと5本しか残ってないんだ。好評だから追加注文したんだけど，ワイン運搬用の無振動ワインセラー付きの船便だから，まだ時間がかかるんだよね。もし，今日もう一本頼むなら，今のうちよけておくけどどうする？
　乾杯して味見したら相談しますね。
　あ，そうだね，味もわからないのに追加はしないよね。ちょっとせっかちだね。でもお食事はごゆっくり。心込めて作るので，しっかり楽しんでくださいね。
　さてさて，乾杯。

　言ってみれば，緑川部長のしごきのせいで自殺未遂した桜子が，こうやって緑川部長と楽しそうに食事してるんだから，人生は不思議だ。
　ここ数年の，会社に起こった怒涛のような沢山の出来事を思い出語りしながら，店長がイタリアで仕入れてきた新しい料理をいろいろ試す。
　イタリアンは，食材を活かす料理だよね。
　うん，そう思うよ。この野菜，シャキシャキしてるのに，甘みもあるよ。すごいよね。

「ところで，あなたたちに聞きたいことがあるの。」
　落ち着いたころを見計らって，緑川部長が切り出した。
「課長補佐の岡さん，小枝さんにしばらく預けたいと思うんだけど，どうかしら？」
　ドキッとした。岡さんが藤堂部長を見つめている顔が浮かんだ。まさか，何で私が。
　答えが見つからなくてためらっていると，桜子が先に意見を述べる。
　あ，とても素敵です。良いと思います。
「小枝が，会社のあちこちに首突っ込んでるから，それにくっついて歩き回るだけで，いろんな業務のことやいろんな人のことが分かってきますよね。」
「そうなの。岡さんは，とても真面目でいいんだけど，言われたこと以外に自分から積極的に関わっていくことができないタイプなの。だから会計のことはとても勉強していて，すごく知識もあるんだけど，会社の業務のこと，時々本当にわかってんのかな，って心配になることがあるのね。」
　いつもの私なら，どうせ私はフラフラしてますよ，とプリプリするところだけど，今日はドキドキしてしまって，そんな冗談なんかとても言えない。軽くあしらうことなんか，とても無理。
　そんな私の気持ちにお構いなしに，2人の会話が続いていく。
「はい，岡さん，どこか昔の私と似ているところがあって，変に煮詰まったりしないか心配してるんです。」
「ありがとう。桜子はいつも優しいね。」
「それに，御用聞きみたいに自分で仕事を増やす小枝を見たら，ものすごい刺激になると思うんです。財務って，どうしても受け身ですよね。使われている立場でいる限りはそれでいいかもしれないですけど，いずれ管理職になってもらうなら，人を使えるようにならなきゃいけないし，それ以前に，受け身ではない形で他人と向き合えないといけないですよね。」
　それに，会社のリスクをどうやって拾い上げて整理していくのか，という過程を小枝から学んでくれれば，財務ももっと強くなって，会社にもっと貢献できるようになると思うんです。」
　桜子も，部長になって器が大きくなったみたいね。
　そんな，まだまだです。緑川部長のように，他部とやり合ったりなんて，とても怖くてできないです。

あら，それは褒めてくれているのかしら。そう受け止めておくわね。
　ええ，もちろんです。
　2人が楽しそうに笑い声をあげているけど，私は顔を引きつらせることしかできない。
　「どうしたの，小枝，具合悪いの？　それとも，もう酔っぱらっちゃった？」
　ううん，そうじゃないの。心配しないで。ちょっとお手洗い行ってくる。
　どうしよう。
　たしかに，「定期便」はとても勉強になるから，岡さんのためにぴったりだと思う。
　けど，藤堂部長を見つめる岡さんの表情が頭から離れない。その本人と毎日一緒に暮らしていけるわけがない。ぜったい無理。
　けれども，断る理由もない…。

第7章

関連会社の管理

7-1 内部統制型

<用語解説>
　関連会社の管理にも，リスク対応の視点が欠かせないが，そのうち，関連会社を親会社の一部門と同様に位置付けてリスク対応する方法。関連会社は，単体で経営が成立しない場合でも，リスク対応には主体的に取り組まなければならない。

事例　内部統制の在り方を調べ始めた社内弁護士のAは，法務部長Bから，関連会社の管理の在り方を検討するように指示された。
　Aは，関連会社は，曲がりなりにも独立した会社として設立されているので，会社法の規定に基づくガバナンスを中心にリスク対応も考えるべきだ，「所有と経営の分離」を徹底しなければならない，と主張した。

◆ 対 応 例

　Aの主張を聞いたBは，「なるほど，会社法のルールのことを考えなければいかないのは，そのとおりだね。」とAの着眼点を評価してくれました。
　しかし，Bはニコニコしながら首を傾げて，言いました。「けれども，会社法の要求する最低限の機能しかなくて，実際に単体だけでは会社経営ができない場合も同じかな？　『所有と経営の分離』という会社法の大原則どおりに，親会社が関連会社の経営に関与しない，という方法が本当に現実的なのかな？」

◆ 分　析

1．はじめに

　事業がある程度大きくなると，1つの会社だけでは足りなくなり，複数の会社でグループを形成し，グループ全体で事業に取り組む場合が多くなります。
　そうすると，グループ経営の観点から，関連会社をどのように管理するのかが課題になります。関連会社も営利法人ですので，スペイン国王とコロンブスの関係と同様，「適切に」「儲ける」ことが要求されます。つまり，単にリスク

を避けて親会社に迷惑をかけないだけでなく，むしろ適切にチャレンジしてもらわなければなりません(D1.2)。

このことから，関連会社の管理についても，ここまで検討してきた様々な考え方やツールが応用できるのです。なお，議論をシンプルにするため，特に指摘しない限り100％子会社を想定します。

2．内部統制型の発想

ところで，別会社なのに「内部統制型」は矛盾ではないか，と感じる読者もいると思います。

「上の逆三角形」は，スペイン国王とコロンブスの関係であり，投資家と経営者の関係です。そして，子会社と言っても独立した法人であり，現在の会社法の領域だから，関連会社の管理も当然，この「ガバナンス型」になるのではないか，という疑問です。

しかし，技術的にはそのとおりですが，対立する利害の状況を考えましょう(A1.6, D3.5)。

関連会社から見て，本当に投資家として利害対立するのは誰でしょうか。すなわち，関連会社は，一体，誰の資産を元手にして「適切に」「儲ける」のか，というと，親会社ではなく親会社の株主です。逆に言うと，投資家の負託に応えるべき経営者が，そのためのツールとして親会社を作り，さらに関連会社も作ったのですから，関連会社は，親会社の経営者が「適切に」「儲ける」ためのツールです。「対立する利害」を物差しにして，株主，親会社，関連会社のどこに線を引くか，と言うと，親会社と関連会社の間ではなくて，株主と親会社の間に線が引かれるのです。

極端に言えば，親会社と関連会社の一体性が高い場合，関連会社は親会社の一部門と同様に位置付けられます。実際，一事業部門が独立して成長していく例は数多く存在します。

ところで，一部門の管理の問題は，ガバナンス（上の逆三角形）の問題ではなく，内部統制（下の正三角形）の問題です。

そして，関連会社も親会社の一部門と同様に見るべきですから，内部統制の手法で管理するべきなのです。

この考え方を推し進めていくと，グループ内の管理は，全て内部統制型の管理方法で行うことも可能，ということができます（適切かどうか，あるいは税務，財務，労務上の限界や留意点は何か，は別問題）。

3．組織体制

とは言うものの，会社というツールを利用している以上，会社法のルールを守る必要があります。

そのため，準拠する会社法（多くの場合，その会社が設立された国の会社法）が定める最低限のルールを守る，という制約があります[1]。

しかし，特に子会社であれば，100％株式を保有することで，ガバナンス設計の自由度が上がるはずです。株主は一人であり，利害調整を必要とする少数株主が存在せず，したがって，利害調整のためのルールを設ける必要はなくなるからです。

そして，このように設計の自由度が上がった中で，内部統制のように自由に会社組織の設計を行うのです。

ここでは，「内部統制型」，すなわち実体が会社の一部門である関連会社の特徴を，最も徹底した場合を想定して，整理しましょう。

まず，多くの会社が有すべき管理部門を持ちません。人事，総務，法務だけでなく，財務も持ちません。独立した会社として必要な帳簿類の作成などの財務管理業務について，本社財務部門が業務を受託するなどの方法がとられます。

さらに，監査部門[2]も持ちません。本来の意味の監査部門として，株主をボスとし，株主のために会社の業務遂行状況を事後チェックする機関を想定した場合，グループとして一体に活動していますので，関連会社だけを別の部門が監査するのではなく，親会社を監査する部門が合わせて一緒に監査をする方が，実体にも合致するからです。

つまり，関連会社の側から見た場合，関連会社だけでは会社経営ができない状態なのです。

---

1 さらに，グループ会社に対する規制への対応も必要です。「アームズレングスルール」（D7.3, A1.15）
2 「法務と監査の位置付け」（D1.9）

4. リスク対応

　では，リスク対応も親会社が行うのでしょうか。

　リスク対応は，第3章で検討したように，チャレンジするためのツールであり(D3.1)，リスクセンサー機能とリスクコントロール機能に整理して検討します。

　まず，リスクセンサー機能(D3.4)です。

　リスクセンサー機能は，法務部門やリスク管理部門だけが果たすべき機能ではありません。全従業員が，業務に関する異常に気づくべきです。会社組織を人体に例えた場合，皮膚全体に神経があり，熱さや痛さを感じるからこそ，人間は様々なリスクを察知することができるのです。

　したがって，親会社の法務部門やリスク管理部門は，関連会社の全従業員の感性や意欲を高めるために，様々な働きかけをすることが，その役割になります。具体的には，その関連会社に特有のリスクを聞き取り，整理し，現場の従業員の感性や意欲を高めるための教育やキャンペーンなどの施策を講じるのです。

　次に，リスクコントロール機能(D3.5)です。

　リスクコントロール機能は，リスクセンサー機能よりも複雑な判断が必要になりますから，現場部門ではなく，法務部門やリスク管理部門などの管理部門が行うことを原則にする方法もあります。

　そうするとこの場合，リスクコントロール機能は親会社の管理部門が担うことになります。

　しかし，リスクコントロール機能はビジネス上の判断と表裏一体ですので，リスクセンサー機能と同様，各部門が行うことを原則とする方法もあります。

　そうするとこの場合，リスクコントロール機能は関連会社自身が担うことになります。リスクコントロール機能はリスクセンサー機能よりも判断が難しい，という部分についての対応と評価ですが，これは，関連会社自身がリスクコントロールするのを原則とするものの，親会社の法務部門やリスク管理部門，コンプライアンス部門などが，その判断の難しさの程度に応じてサポートや関与の度合いを高めていく，という「程度の問題」で対応するのであって，ドラスティックに親会社側にあるのか関連会社側にあるのか，と整理するのではない，

ということになります。

5. おわりに

　関連会社をマネジメントするために、「内部統制」と同様の手法を用いる場合のポイントを整理しました。逆に、「コーポレートガバナンス」と同様の手法を用いる場合のポイントは、次のトピックで検討します(D7.2)。

　そもそも内部統制は、本来はリスク対応のためのツールではなく、例えばラーメン屋さんモデル(D1.5, B1.1)で言えば、全ての従業員が、店長の出す味、サービス、雰囲気などを出せるようにコントロールするツールです。

　しかも、リスク管理とビジネスは表裏一体で、切り離してしまうとうまくいきません。ここでは、リスク管理の観点から、内部統制型の制度設計のポイントを検討しましたが、もちろん、ビジネスの面からの制度設計の方がより重要です。

　むしろ、ビジネス側から見て、関連会社の管理方法として、「内部統制型」が好ましいのはどのような場合なのかについて、検討する必要があります。残念ながら、経営学全般について幅広く検討している『経営学入門』では、組織の在り方に関する一般的な研究成果はまとめられていますが[3]、特に関連会社の管理に関する研究成果として整理されていません。

　とは言うものの、関連会社の管理は、多くの会社が常に試行錯誤していることであり、非常に豊富な実例があります。「経営学」という学問として整理されていない領域が多そうですが、だからと言って何も検討しないのはおかしいことですので、既にある先例等を参考に、関連会社のコントロールの在り方を考えなければなりません。

　その際、数多くある先例に加え、リスク管理の観点から見た場合の分析として、ぜひ、このトピックと次のトピックを参考にしてください。　　　　　　（芦原）

---

[3] 同9章「組織と個人、経営の働きかけ」〜15章「人の配置、育成、選抜」

7-2　ガバナンス型

> **＜用語解説＞**
> 関連会社のリスク対応に関し，関連会社を独立した1つの会社と同様に位置付けてリスク対応する方法。ただし，関連会社が独立した会社法人であることが根拠なのではなく，独立性が高い，という実態が根拠であることが重要。

> **事例**　内部統制の在り方を調べ始めた社内弁護士のAは，法務部長Bから，関連会社の管理の在り方を検討するように指示された。
> Aは，関連会社は，曲がりなりにも独立した会社として設立されているので，会社法の規定に基づくガバナンスを中心にリスク対応も考えるべきだ，と主張した。

◆ 対応例

Aの主張を聞いたBは，「なるほど，会社法のルールのことを考えなければいけないのは，そのとおりだね。」とAの着眼点を評価してくれました。

しかし，Bはニコニコしながら首を傾げて，言いました。「（内部統制型 (D7.1)についてのコメントに続けて）さらに，関連会社が組織的にもしっかりしていて，『ガバナンス型』でリスク対応する場合でも，会社法の大原則どおりに，親会社が関連会社の経営に関与しない，という方法を徹底することが本当に現実的なのかな？」

◆ 分　析

1. はじめに

関連会社の管理につき，前のトピックで，会社組織論の内部統制（下の正三角形）になぞらえた「内部統制型」を検討しました (D7.1)が，ここでは，ガバナンス（上の逆三角形）になぞらえた「ガバナンス型」を検討します。

すなわち，所有と経営の分離のために，所有者である親会社は，原則として

関連会社の経営に口を挟まない，という体制です。なお，議論をシンプルにするため，ここでも特に指摘しない限り100％子会社を想定します。

2．関連会社固有の視点

　関連会社は，曲がりなりにも独立した会社として設立されているので，会社法が適用されます。ここで，ガバナンス型の管理を行うことは，この会社法の形式にも合致しますので，その意味で実効性が期待されます。
　しかし，会社法に合致するから，という理由が決め手ではありません。
　というのも，制度設計の自由度が奪われるからです。
　すなわち，関連会社の経営と親会社の経営の関係を考えてみると，両者は一体の場合が多く考えられます。むしろ，「関連会社に関する」株主（親会社）と経営者（関連会社の経営者）の間の利益相反は，会社法の想定する場面よりも小さく，「内部統制型」で検討したように，親会社と一体的なリスク対応が求められる場面が多くなるのです[4]。
　そこで，考え方を整理するために「ガバナンス型」を検討しますが，それが会社法から理論的に導かれることになってしまうと，例えば「ガバナンス型」を基本としつつ，親会社による直接の関与を少しだけ含めるなど，両者の中間的な形態を設計することが「理論的に」否定されてしまいます。
　むしろ，「ガバナンス型」と「内部統制型」の間に質的な違いを設定せず，それぞれのモデルの前提や，それぞれのモデルが適合する条件を明らかにし，会社の状況に応じて両者の要素をうまく組み合わせた制度設計を可能にすべきです。つまり，1つの会社を分析するときには，ガバナンス（上の逆三角形）と内部統制（下の正三角形）の構造的な違いを強調して検討しましたが，グループ会社経営の中での関連会社の管理を考える場合には，両者を二者択一の問題と位置付けるのではなく，両者の違いを相対的なものとして捉えるべきなのです。

---

[4] 株主と親会社間の利害対立の方が，親会社と関連会社間の利害対立よりも本質的なものであって，より重要です。関連会社は，親会社経営者の株主に対する「適切に」「儲ける」ためのツールの1つと位置付けられます。

3．内部統制型との違い

　では、「内部統制型」と「ガバナンス型」の違いはどこにあるのでしょうか。

　それは、関連会社の経営者に委ねられた権限や責任の大きさの差です。この権限や責任が小さい場合には「内部統制型」、大きい場合には「ガバナンス型」と整理されるのです。

　この根拠ですが、1つ目は、内部統制の実態に合致する点です。

　グループ会社でなく、会社内の問題で考えましょう。営業課長の権限と、独立性が高い事業本部担当役員の権限を比較すると、単に決裁権限の金額が違うだけでなく、承認プロセスや責任も大きく異なります。

　すなわち、前者は、一担当課長としての権限しかないだけでなく、関連部門の承認がないと決済できない場合も多くあります。

　他方、後者は独立した会社が行う場合と同じようなプロセスで決定されます。また、任せている以上、担当役員の判断に対して、他の事業部の役員などの事前の意見徴収の機会は限られていますが、その分、担当役員の判断に対する責任追及は非常に厳しくなります。その権限が大きければ大きいほど、会社経営者と同様の責任や自覚が必要となり、それに合わせてその事業本部の独立性が高まり、「ガバナンス型」の要素が大きくなっていくのです。

　さらに、会社組織を管理するべき場面は、法的リスクだけではありません。予算やその執行、決算などについてコントロールし、人材の採用、管理、解雇などについてコントロールします。その他にも、ITシステムの開発、運用や、外部業者の管理、購買、研究、社風、経営目標など、様々な要素について、適切にコントロールされなければなりません。むしろ、ビジネス上の検討がなされれば、その結果自動的にリスク対応も完了するようなプロセスと組織体制を作ることが、内部統制の本来の課題なのです[D3.5]。

　したがって、本来、ビジネス的な理由からガバナンス型か内部統制型か（あるいはその中間型か）が定まるべきであり、リスク管理の観点からも、それに合わせたシステムを作ることが可能である、ということが重要なのです。

　このように、内部統制（下の正三角形）であっても、役員の権限が極めて大きい場合があり、その場合には、広い権限と重い責任を課しつつコントロールする、という「ガバナンス型」のリスク管理を考えるべきなのです[5]。

2つ目は、制度設計のしやすさです。

「内部統制型」と比較すると、会社法が予め用意している「ガバナンス型」のコントロールシステムは、特に、投資家と経営者の潜在的な利害相反がある構造の場合に、非常に良く練れたシステムと評価できます。

したがって、関連会社への権限移譲が大きい事案では、親会社と関連会社の利害相反の可能性も高くなりますので、それでも「所有と経営の分離」を確保しつつ適切にコントロールするためのシステムとして、会社法の定める「ガバナンス型」のシステムを拝借することは、制度設計を容易にする、という意味で合理性が認められるのです。

4．組織体制

このように整理すると、「ガバナンス型」の下での組織体制の特徴も簡単にイメージできます。

すなわち、「内部統制型」とは逆に、関連会社が単体でも十分経営が成り立つように、財務、人事、総務、法務などの機能が備わっています。

また、リスク対応や監査についても、親会社とは独立した部門が存在すべき場合が多いでしょう。

これは、単体でも十分経営が成り立つということは、親会社から独立した業務が多いということであり、グループ会社としての一体的なリスク対応や監査よりも、関連会社の状況に応じた固有のリスク対応や監査の重要性が高くなるからです。つまり、関連会社固有の事情を熟知したリスク対応部門や監査部門が無ければ、これら業務の実効性が確保されないのです。

5．リスク対応

したがって、言うまでもなくリスク対応は、当然関連会社自身が行います。リスクセンサー機能、リスクコントロール機能いずれについても、関連会社の各部門や全従業員が関わるだけでなく、リスク対応の全体を統括する業務につ

---

5 しかも、与える権限と責任の大きさや態様は、「内部統制型」「ガバナンス型」の二者択一ではなく、ビジネスの実態に合わせた柔軟な設計を可能とすべきです。

いても，関連会社自身の法務部門やリスク管理部門が担うことになるのです。

6．おわりに

「ガバナンス型」のポイントを確認すると，あまり口出しをせずに，けれどもしっかりと管理する，というプロセスや体制にあります。「所有と経営の分離」を果たしつつ，利害相反が内在する経営者を適切にコントロールする，という長年の課題に対応し，進化してきた会社法の仕組み (D1.1, D1.2, D1.3) を活用するのです。

けれども，①独立した会社に典型的に適合する内部統制やガバナンスの考え方を，グループ会社の場合に応用しているにすぎず，その本来の適用場面ではないこと，②グループ会社全体についての固有の問題や，グループ会社内での利害対立など，特に考慮すべき要素もあること，などから，ここでの「ガバナンス型」は，それぞれに応じた修正がなされるべきです。

本章で検討されるいくつかのトピックは，このような調整に関する問題も孕んでいますので，本来のガバナンスが関連会社の場合にどのように修正されるのか，という問題意識も持って，検討を進めてください。

さらに，このシステムは，親会社と関連会社の関係について適用されるものであって，関連会社内部のコントロールは別に考えなければなりません。

まず，関連会社の経営者の役割ですが，それだけの権限と責任を負わされますので，関連会社の経営者は，関連会社を自らコントロールできなければいけません。これができない経営者は，経営者として失格であり，当然のことながら株主から解雇されるからです。

さらに，関連会社自身のリスク対応が疎かになっていいわけではありません。それでは，せっかくグループ会社全体のリスク対応を考えているのに，その前提を壊してしまうのです。

このように，関連会社のコントロールについて「ガバナンス型」を採用するということは，親会社と関連会社の間に「ガバナンス型」のシステムを導入し，関連会社内部では，「内部統制（下の正三角形）」そのものがしっかりと機能するようにする，ということです。

なお，財務や税務，労務に関する問題は，別に確認が必要です。　　　（芦原）

7-3 アームズレングスルール

＜用語解説＞
グループ会社を一体としてみると、グループ会社内の取引には何も危険がないように感じるが、実際にはグループ全体に危険が及ぶ場合もあり、その例の1つがアームズレングスルールである。

事例　内部統制の在り方を調べ始めた社内弁護士のAは、法務部長Bから、関連会社の管理の在り方を検討するように指示された。
　Aは、親会社と関連会社双方について、グループ外との取引や社会的な活動に関わるリスクについて、想定されるリスクや対策を詳細に検討したが、親会社と関連会社の間の取引については特に何も検討を加えていない。

◆ 対応例

　Aの報告を聞いたBは、「なるほど、親会社と関連会社それぞれ、さらに両者の関係について、リスクを洗い出して分析するのは、リスクを鳥瞰できて、とてもいい視点だね。」とAの着眼点を評価してくれました。
　しかし、BはニコニコしながらAB首を傾げて、言いました。「けれども、もう一段掘り下げて欲しいな。グループ内だからと言って、関連会社と親会社の間の取引について、何も心配することはないのかな？」

◆ 分　析

1．はじめに
　Arm's length rule [A1.15] は、直訳すると「手の長さのルール」ですが、これだけだと何のことかわかりません。
　これを少し具体的に説明すると、関連会社との取引について、関連会社ではない会社との取引と同様の条件で取引すべきである、というルールです。この

ことを説明するために，誰とでも同じ距離（手の長さ）で取引するべきルール，と説明されます。

これでも，まだ分かりにくいという人のために，私は以下のように説明しています。

端的に言えば，「甘やかさない」「ぼったくらない」です。

つまり，関連会社を「甘やかす」ということは，他の取引先よりも関連会社にとって有利な条件で取引することになります。そうすると，親会社の資産や利益を関連会社の下に移転し，隠すことができてしまいます（あるいは，隠したことを疑われてしまいます）。

逆に，「ぼったくる」ということは，他の取引先よりも関連会社にとって不利な条件で取引することになります。そうすると，親会社に実体以上の資産や利益を計上することができてしまいます（あるいは，粉飾していることを疑われてしまいます）。

この説明でわかるでしょうが，アームズレングスルールは，グループぐるみの帳簿操作を防ぐこと，などを目的としているのです。

次に，名前の由来です。

出典を確認できませんでしたが，「握手をする長さ」を意味する，という見解もあるようです。握手以上に近すぎても，握手以上に疎遠でもない，という意味にとれば，「甘やかさない」「ぼったくらない」というイメージにも近く，（正誤はともかく）覚えやすい説明です。

もちろん，通常の取引と全く同じ条件でなければならない，ということではありません。もしそのように解するのであれば，わざわざ関連会社を作る意味がなくなってしまいます。

問題は，通常の取引先との違いを合理的に説明できるか，という点にあります。つまり，通常の取引と条件が大きく異なるほど，この合理性の説明がより難しくなるのです[6]。

本来，アームズレングスルールが適用されるのは，特に財務上の信頼性が疑われる場面です。金融機関に対する規制として，特に明確に定められています

---

[6] 「説明責任」（A3.3）

が，それは，金融機関の健全性などに関わるからです。また，税務上の問題とされるのは，上記の説明のとおり，資産や利益の隠蔽や，粉飾などを防ぐためです。

さて，このアームズレングスルールについて，法務のツールとして別の機会に検討しました(A1.15)が，このような，予防的な目的のルールについては，他の場合でも言えることですが，リスクセンサー機能とリスクコントロール機能の観点が役立ちます。

ここでは，特に，関連会社の管理の問題として，実際に「リスクセンサー機能」(D3.4)と「リスクコントロール機能」(D3.5)をあてはめてみます。

2．リスクセンサー機能との関係

まず，リスクセンサー機能から見た場合，親会社と関連会社の双方が，アームズレングスルールに引っかからないか気にかける，ということになります。

例えば，関連会社の側から見て，親会社との取引条件がおかしい，「甘やかしている」「ぼったくっている」と違和感があるような取引がないかをチェックすれば，グループ会社全体としてのリスクに気づくきっかけになります。

特に，親会社の方が，一般的に立場が強く，関連会社自体を道具としてみてしまう傾向があり，知らず知らずのうちにグループ会社全体の経営の適切性が疑われる状況になっていきます。また，「内部統制型」(D7.1)で検討したように，関連会社をあたかも親会社の一部門に過ぎないとして取り扱うような場合には，関連会社が形式的には別法人であることから，アームズレングスルール違反を疑われる危険があるにもかかわらず，そのような意識が希薄になってしまう場合もあります。

そこで，そのような危険を早めに察知するために，親会社との取引で「甘やかされている」「ぼったくられている」様子はないか，の検討を，親会社だけに任せきってしまうのではなく，本社と関わりのある関連会社従業員にも日ごろから気にしてもらいます。数年に一度，思い出したように，改まって帳簿を精査して確認するのではなく，日常的に気にしておくことで，不正や失敗の予兆を感じとる可能性が高まり，これらを未然に防ぐことが可能になるのです。

3. リスクコントロール機能との関係

次は，リスクコントロール機能から見た場合です。

リスクセンサー機能は，何かおかしいと感じて，それを報告してもらえれば良いのですが，リスクコントロール機能は，①このリスクを減らし，②このリスクを取るかどうかを決断する（そのためのお膳立てをする）ことが，その役割となります。

ここで，まず，①を徹底し，アームズレングスルール違反が疑われる取引は一切認めない，という運用を徹底する方法が考えられます。

この場合には，上記リスクセンサー機能と直結した形になります。すなわち，何かおかしいと誰かが感じれば，自動的にその取引が止まるようなプロセスや組織体制，すなわち誰かの判断を仰がなければ止まらない，というのではなく，逆に，止めないためには相当の権限と責任のある者による判断が必要である，というプロセスや組織体制を構築すればよいのです。言うは易し行うは難し，の典型ですが，一律に対応が決まりますので，判断のブレやミスが少なくなる，一律対応なので公平さを疑われる危険が減る，というメリットがあります。法務とコンプライアンスを対比した場合のコンプライアンス的な対応です[7]。

しかし，これでは関連会社を作り，そこと取引を行うことの意味がほとんどなくなってしまいます。そもそも，アームズレングスルールは「不合理」などの，規範的で評価を伴う基準によって判断されるもので，評価に幅が出ます。完全な「シロ」でも完全な「クロ」でもない，その中間領域が広がっていますので，どのようにリスクコントロールしたうえでチャレンジするのか，という問題が極めて重要になるのです。

したがって，②の要素も含め，デュープロセス（D3.6）を尽くしたうえでリスクを取る（親会社と取引を行う）ことができなければなりません。両者の組み合わせ方の問題です。

すなわち，①まずはアームズレングスルール違反を疑われないような状況，ルール，プロセスを定めて運用することを検討します。コンプライアンス的な

---

[7] コンプライアンス的な手法と法務的な手法については，「事業分野の専門性」(D6.8)，「コンプライアンス，法務，監査役」(B1.2)。

手法ですが，原則的なルールやプロセスを定め，それを遵守させることでリスクを回避するのです。

さらに，②事案によっては，このような一般的な対応の例外ルールとして，一定の「疑わしい」取引に該当する場合のルールを定める方法も考えられます。

すなわち，予め定めた「疑わしい」取引類型に該当する場合には，より慎重な検討やプロセスを踏まえて（例えば弁護士の意見書を取る，など），「甘やかされている」「ぼったくられている」と疑われるような取引であっても，その合理性を十分説明できるよう，デューデリジェンスを尽くしてリスクを取ります。法務的な手法です。

4．おわりに

グループ内の取引であっても，無条件に自由に行えるものではありません。関連会社のコントロールには，このようにグループ内の問題と思われるものの中にもリスクが潜んでいますので，これに対応できることが必要です。

このほかにも，注意すべきリスクとしては，グループ内での労務管理に関し，グループ会社を利用することによって，労働法上の様々な規制やルールの潜脱が行われている，と評価される危険が考えられます。グループ会社での人事労務リスクについては，最近整理が始まった領域で，まだまだ流動的ですが，注意が必要です。

その他にも，グループ全体の活動が問題にされうる領域は，経済法（独占禁止法など）や各種業法など，自由な経済活動の領域に対し，一定の制約が課される領域で問題になり得ます。

グループ内部の管理は自由，と安直に考えず，まずは「リスクセンサー機能」を働かせることを検討してください。

ところで，本問は，グループ会社固有の問題を理解することを目的としていますが，同時に，第3章の復習も兼ねています。

第3章では，リスクセンサー機能やリスクコントロール機能など，様々なツールを別々に検討しましたが，これらをどのように組み合わせて使うのか，という観点からも確認してください。

（芦原）

7-4　現地に与える権限，与えない権限

<用語解説>
　関連会社の管理を考える際，会社組織の枠組みも重要だが，関連会社のトップに，実際にどのような権限を与え，どのような権限を与えないのか，という内容が重要である。ポイントは，権限に見合う責任も負わせることである。

事例　内部統制の在り方を調べ始めた社内弁護士のAは，法務部長Bから，関連会社の管理の在り方を検討するように指示された。
　Aは，特に海外の関連会社のリスク対応がうまくいった事例といかなかった事例を調べ，現地の従業員が本当にやる気を出してくれて，リスク対応力が上がるようなことは，最初から期待しない方が良い，日本人を送り込んで徹底的に管理した方が良い，という仮説を報告した。

◆ 対応例

　Aの報告を聞いたBは，「なるほど，いろいろな事例を調べてくれた上に，そこから何かを導き出そう，という姿勢はとてもいいね。」とAの努力を評価してくれました。

　しかし，BはニコニコしながらBは首を傾げて，言いました。「けれども，もう一段掘り下げて欲しいな。従業員に期待しないで徹底的に管理する方法と，逆に従業員の主体的な意識を高める方法を比べた場合，会社組織全体として，どちらのリスク対応力の方が高いだろうか？」

◆ 分　析

1. はじめに

　関連会社の管理を考える場合，内部統制型とガバナンス型の2種類に分類されることを検討しました (D7.1, D7.2)。

　しかし，この両者の区別は相対的なものです。

何も，理念形に固執する必要はありません。その間の好きなレベルで組織設計すればよく，一部については関連会社に権限を与え，一部については与えない，という設計も可能なのです。

と言っても，多種多様な会社組織を個別に検討しても整理がつきません。「内部統制型」「ガバナンス型」という理念形を設定することは，議論を整理するうえで有用です。

したがって，関連会社の組織体制に関するいくつかのポイントについて，理念形からどのように修正されるのか，という観点から検討します。

2．外資系企業の日本支社

まず，日本に定着している外資系企業の内部統制を検討しましょう。

考えてみれば，日本の会社が海外でうまくいかずに苦労している[8]中，外資系企業の中には，見事に日本に定着しているものがいくつもあります。もちろん，「内部統制型」（権限を委譲しないタイプ）もありますが，「ガバナンス型」（権限を大幅に委譲するタイプ）が多いように思われます。

これのどこが凄いことかというと，①日本の会社は，「内部統制型」を取ったうえで日本人社長を送り込むなど，なかなか外国人に任せようとしませんが，日本に定着している外資系企業の多くが，「ガバナンス型」を採用し，日本人に経営を大幅に任せています。②日本の会社が「文化が異なるから」と言い訳をする東南アジアと日本の文化的な違いは，欧米と日本の文化的な違いよりも遥かに小さいはず[9]ですが，それでも日本人に経営を任せています。

このような観点から見た場合，経営的に，特に海外の事業所は現地の外国人に経営を任せた方が良いのではないか，と思えてきます。

これを，会社組織論の見地から検討しましょう。

実際に外資系企業で働いたり，他の外資系企業の社内弁護士たちと話をした

---

[8] 例えば，「『日本人を送り込むと業績が下がる』のはなぜか？」(D7.9)

[9] 特に昭和の時代であれば，東西冷戦下の西側陣営の中で，唯一のアジアの先進国であり，日本異質論が台頭していました（最近は，もっと異質な国が多く目につくようになり，日本もすっかり「普通」の国になってしまいました）。そのような異質な国の異質な人間に会社経営を任せてしまう，というのは，今の日本の会社のアジアでの事業展開を見れば，物凄い勇気のある決断のように思われます。

りして分かったのですが,「ガバナンス型」を採用している外資系企業の日本法人について, 特徴的な組織体制のうちの1つ[10]は, 現地に「与えない権限」です。

多くの場合, 本社が手放さない権限が2つあります。1つ目は「財務」で, 2つ目は「役員人事」です。古今東西普遍的な「金」「人」のコントロールです。

つまり, たとえ日本人社長を採用し, 現地スタッフは日本人がほとんどであり, 社内言語が日本語であったとしても, 財務は本社直轄であり, 主要な役員は本社が選解任する, という組織体制です。

さらに, 運営上のコントロールとしても, 本社は日本支社に対し, 営業目標や経費の削減目標など, 様々な成果を約束させます。

他方, それ以外の権限については, もちろん本社側への報告義務などがありますが, かなり大幅な権限が与えられます。

つまり, 日本人の社長は, 非常に大きな権限を有する一方で, 財務と役員人事について制約があり, 大きな目標を約束させられたうえで, 会社経営を任されているのです。

これが, 日本支社の内部統制(下の正三角形), 特に経営判断にどのような影響を与えるのか, というところが本書の大きな問題意識ですが(D3.1), 人事上の制約と言っても役員人事だけで, それも本社からのお目付役ですから, ビジネスの中核を担うリーダーから, 現場の社員まで, 自分の納得できるメンバーを集めることができます。そうすると, 日本のビジネスの実態に精通した組織を作ることができますので, 日本の規制環境や市場環境に適合した経営をしやすくなり, それ自体が大きなリスク対応になります。その分, チャレンジしやすい環境を作りやすい, ということになるのです。

3. 日本企業の外国支社

別の個所で, 日本企業が海外進出してもうまく経営できない場合の問題点を,

---

10 その他の特徴的な組織体制として,「デュアルラインを使いこなす」(D7.6),「専門家のネットワーク」(D7.5) など。

トップが日本人の場合について分析してみました（D7.9）。しかし，そこでは議論の場を整理することしかしていませんので，ここでは，もう少し掘り下げてみましょう。すなわち，日本人がトップの場合のうちでも，内部統制型の場合を考えてみます。このようなパターンが，失敗事例の中で比較的多いように思われるからです。そして，外資系企業の日本支社の場合と比較すると，問題点がわかりやすいと思います。

ここで，1つ目の問題点は内部統制型の選択です。

外資系企業の日本支社での成功例は，ガバナンス型でした。これに比較すると，会社の一部門としての扱いなので，現地関連会社の従業員としては，自分たちのために仕事をしているのではなく，遠く離れた外国人のために働いている意識が強くなりがちです。そうすると，リスク対応上もっとも重要な全従業員の意識や感覚（リスクセンサー機能）（D3.4）が育ちません。せいぜい，マニュアルどおりに仕事をして，約束どおりお給料をもらえればそれで充分，という意識になるからです。遠く離れた一部門の士気が低下しがちであることは，日本国内でも十分わかっているはずなのに，海外にそれを持ち込んでしまっているのです。

さらに，意欲や能力があるとしても，海外の事業所自身が単体では経営ができない状況にあることも，管理業務の現地対応力の限界を作り出しかねず，リスク対応力の低下が懸念されます。すなわち，現地の人が関与しない業務に関わるリスクについては，遠くにある日本の本社で感知しなければならなくなりますので，現地ならではの情報が入手しにくくなり，その分，リスク対応力が低下するのです。

このように，リスク対応の観点から見るだけでも，内部統制型は，いくつかの組織的な弱点のあることがわかるのです。

2つ目は，トップの地位です。

日本から遠く離れた外国で頑張る日本人トップは，いつか日本に呼び戻してくれると期待していますし，会社としても，あまり厳しく処遇すると後が続かない，という問題があります。そこに，「和」を尊ぶ日本式経営のうちの「仲良し」部分だけ持ち込めば，誰も責任を取らない無責任な雰囲気やルールが出来上がることは，時間の問題です。

かといって，本社から地位が保障されている日本人の上司が現地人の部下にだけ厳しくても，部下がついていくはずがありません。外資系企業の日本支社に本社から外国人社長が送り込まれ，本社の虎の威を借りて厳しく日本人従業員を叱責した結果，会社の雰囲気がとても悪くなり，業績も人も取引先も離れていった，という事例をよく聞きますが，それと同じことが起こってしまうのです。

やはり，どこの国でも同じですが，トップ自らがリスクに立ち向かい，責任感と自覚をもってリーダーシップを発揮するからこそ，その部下もついていくのですから，日本人をトップとして送り込む場合には，そのトップに相当の自覚や責任と，逆に大きな機会を与えなければ，現地の従業員はついてきません。日本企業の外国事業所を日本人トップが管理して成功した例は，たるみ切ってしまい，もうダメと思われていたところに，日本本社への復帰が約束されていない，片道切符で送り込まれた日本人経営者が，背水の陣で現地の従業員と一丸となることができた場合がイメージしやすいですが，いかがでしょうか。

4．おわりに

外資系企業の日本支社と同じやり方でなければ駄目だ，とは言いません。

しかし，経営は様々な施策の組み合わせです。どのような施策があるのか，どのように組み合わせるのか，が重要です[11]。違うやり方をする場合でも，その長所と短所を予め知っておくことが重要です。

ここでは，リスク対応の観点から，現地事業所の従業員の意欲や能力を重視しました。そのほかの切り口もあるはずです。検討してみてください。

(芦原)

---

11 例えば，「相互牽制」(D4.10)，「キャリアパス」(D6.2)。

7-5　専門家のネットワーク

＜用語解説＞

　関連会社の管理を考える際，関連会社トップの人選や権限なども重要だが，関連会社トップ以外の人選や組織体制も重要である。そこで，本社や各関連会社内の専門家同士のネットワークと機能させ，関連会社トップだけではない複合的な連携網を構築する方法が，参考になる。

事例　内部統制の在り方を調べ始めた社内弁護士のAは，法務部長Bから，関連会社の管理の在り方を検討するように指示された。
　Aは，ガバナンスの本来の役割である「所有と経営の分離」を重視して，関連会社トップに大きな責任を負わせることで関連会社の自立性やリスク対応力を高めるべきである，という問題意識から，関連会社トップの部下である専門家に対し，本社の各専門家が接触すべきではない，という考え方を示した。

◆ 対応例

　Aの考えを聞いたBは，「なるほど，関連会社トップに責任を負わせることと，リスク対応力との間に関連性があることに気づいたのは，とても良いね。」とAの視点を評価してくれました。

　しかし，Bはニコニコしながら首を傾げて，言いました。「けれども，もう一段掘り下げて欲しいな。関連会社トップに大きな権限や責任を与えつつ，グループ全体としての一体性も確保できるような方法が考えられないかな？」

◆ 分　析

1．はじめに

　外資系企業の日本支社の管理方法について見聞きした内容を整理し，関連会社の管理方法の在り方のヒントを考えたいと思います。

外資系企業の日本支社の管理方法は，基本的にはガバナンス型 (D7.2) が多いようですが，だからと言って必ずしも理念形どおりではありません。

すなわち，本来，会社組織論におけるガバナンス（上の逆三角形）は，株主が経営者を管理するためのツールであり (D1.1, D1.2, D1.3)，「所有と経営の分離」が徹底しています。

たしかに，管理会社のトップに対して大幅な権限を与えていますので，「所有と経営の分離」と同様の外見ですが，子細に見てみると，会社法の定めるガバナンスに比較すれば，本社の介入可能性が若干広げられていることに気づきます。そこで，「ガバナンス型」と，わざわざ「型」という字を付けているのですが，そのうちの1つは，別のところで検討したように (D7.4)，トップの権限への制約です。本来のガバナンス上も，株主は「金」「人」に関し，間接的にコントロールする権限（自ら直接業務を行わず，他人に任せたうえでコントロールする）を有しますが，関連会社の管理の場面では，本社がそれを直接把握しています（本社が直接これらの業務を担う）。さらに，本社は日本支社の経営者に厳しい経営目標を約束させるなど，広い権限とともに重い責任も負わせているのです。

ここでは，2つ目の修正として，専門家のネットワークについて検討します。

2．理念形のどこを修正しているのか

専門家のネットワークは，各国の専門家同士のネットワークを作り，活用しよう，という制度です。

これのどこが「修正」なのかというと，通常のガバナンス（上の逆三角形）では，株主と経営者の間でこのような交流は想定されていません[12]。特に，株主の数が多くなる公開会社の場合には，投資家と受託者，という利害対立のある関係であり，この利害対立を調整するルールが会社法の1つの根幹をなしているからです。

この観点から見た場合，監査部門のネットワークは理解できます。理念的に

---

[12] 例外的に，内部通報制度は，従業員と株主（又は株主の代理人）とが直接交流するプロセスとして設計することも可能です (D2.5)。

見て、監査部門は株主のために現場の状況を監査するのですから(D1.9)、親会社と関連会社の監査部門が連携することは、この基本構造に適合するのです。

ところが、それ以外の部門について、ガバナンス問題の株主に相当する親会社との間で、同じ専門家同士のネットワークを作るということは、利害対立を前提とするガバナンスの本来の理念形と、明らかにその前提から発想が異なるのです。

例えば、親会社の法務部門と関連会社の法務部門が連携したとしましょう。本来法務部門は、内部統制（下の正三角形）の1つのツールであり、社長の適切な経営判断をサポートします。これが、経営者と利害対立する株主の側と連携することは、弁護士が禁止されている「コンフリクト」「利益相反」に該当する可能性すら認められるのです[13]。

このように、専門家のネットワークは、本来は親会社と関連会社が別々に有すべき専門家の連携を認めてしまう、という点で、理念形の修正なのです。

3．ネットワークの具体例

では、具体的にどのようなネットワークを作るのでしょうか。

例えば、社内弁護士、リスク管理やコンプライアンスの責任者、ITの責任者などの管理部門の専門家だけでなく、場合によっては、マーケティングや商品の専門家まで、それぞれの専門家ごとに研修と交流のために集められます。もちろん、全てをごっそりと集めてしまうと、業務に支障をきたしますし、専門家ごとのネットワーク、という本来の目的が薄まってしまいますので、時期をずらして集められますし、頻度も、一様ではありません。また、グループが大きければ、世界規模で集められるのではなく、東アジア地域やヨーロッパ地域など、地域ごとに集められる場合が多くなります。

もちろん、同じ専門家でも、他国と連携する業務の多い場合と少ない場合が

---

[13] 理論的には、親会社法務部門が関連会社の法務上の問題を処理することが、利害相反やアームズレングスの観点から許されるのかが、社内弁護士の業務の在り方に関連して、特に弁護士法のコンフリクト禁止について議論されたことがありますが、残念ながらその時の議論の記録などを見つけることができませんでした。実際は、その後この点に関する議論を見かけなくなりましたが、依然として注意が必要な論点です。

あり，前者の場合にネットワークづくりが必要なのは，業務に直接関係することから容易に理解されます。しかし，これだけにとどまらず，後者の場合にもネットワークづくりが行われます。

例えば，特に個人保険を販売する会社の場合，保険商品は各国政府の認可商品である場合が多く，同じ商品を複数の国で販売することは通常考えられません[14]。日本の法務担当者は，アジア地域を統括するジェネラルカウンセルに報告すればよく，他の国の法務担当者と連携する業務上の必要性は，実際ほとんどありません[15]。それでも，他の国の法務担当者と状況認識を一致させ，親睦を図るため，一堂に会する会議に招集されるのです。

では，なぜ，直接の効果がなくても招集するのでしょうか。

それは，社内専門家集団に一定の役割が期待されているからです。例えば，法務部門を考えてみましょう[16]。

いくつかの外資系企業で用いられている整理ですが，世界各国の法務部門は，グループ内の「法律事務所」と位置付けられます。他方，グループ会社は全体としてその「顧問会社」，各国の事業所は「顧問会社の出先機関」，各国のCEOは「顧問会社の出先機関の責任者」，と位置付けます。

そうすると，たとえ目先すぐにかかわりがなくても，顧問会社の動向を把握することが法律事務所のビジネス（顧客サービス，顧客動向の把握）として重要となりますので，顧客の動向に関する情報交換や事務所内での連携を強くするために，各国の法務部門を招集するのです。特に，各国の法律問題の解決のために情報交換が必要でなくても，世界中の法務部門が適切に機能しているのか，そのための制度設計やプロセス設計が適切なのか，というグループ全体の観点から見た場合には，現地の連携の重要性が大きくなるのです。

そして，このような「顔の見える」つながりを基礎に，専門家部門内での，

---

[14] 認可の問題もありますが，そもそも日本の法制度（保険業法だけでなく，保険法，不法行為法，民事訴訟法，医師法，弁護士法，道路交通法，など社会のインフラに関わる法領域全てが問題になる）を前提に精密に作り上げられた日本の保険商品が，違う法制度の下で簡単に機能するとは思えません。
[15] 別に検討する企業保険の場合は，国を超えた商品やサービスがあり，法務部門同士の連携の必要性があります（D7.7, 7.8）。
[16] 背景にある問題として，「Report Line②」（B1.4）。

特に国を超えた横の連携（いつでも気軽に相談できる，相互に情報提供する，など）を構築していくのです。

4．おわりに

　さて，関連会社管理上の効用です。経営的な観点から見た場合，特にリスク対応に限ったとしても，大きく2つの効用が考えられます。

　1つ目は，関連会社の管理です。

　すなわち，関連会社管理の体制としての「ガバナンス型」(D7.2)は，典型的なガバナンス（上の逆三角形）そのものではなく，これを一部修正していますが，専門家のネットワークも，典型的なガバナンスを修正するものの1つとして位置付けられるのです。

　つまり，本来は自由裁量に任されている現地経営に関し，法務部門については，本来は現地トップの部下であるべき法務部門が，本社の法務部門と連携している，ということになります。これは，現地法務部門を巻き込んだ不正を許さない，という意味もあります（その意味でトップに対する牽制となります）が，グループ全体のリスクをコントロールする面もあり，特に後者の面を考慮すれば，現地トップに対する牽制だけにとどまらず，現地トップの支援にも役立ちます。

　2つ目は，経営情報の収集です。

　これは，本社経営陣に集まる情報の厚みが増す，という意味です。

　すなわち，現地トップに委ねているのだから，本社は介入すべきではない，という姿勢を徹底してしまうと，現地から上がってくる情報がどうしても偏ってしまいます。現地トップが納得した情報しか上がってこないからです。

　しかし，通常の報告ライン以外のルートも確保されることで，経営が入手する情報が多元的になり，立体的にグループ経営上の情報が入手でき，グループ全体のリスク対応可能性が高まるのです。すなわち，法務に限らず，例えば財務，人事，IT，営業など各業務領域ごとに直接現地関連会社の情報を収集し，分析してくれれば，現地経営者以外の視点での情報も入手され，現地関連会社の状況を，多角的に，あたかも「3D」のように立体的に把握することが可能になるのです。

（芦原）

7-6 デュアルラインを使いこなす

<用語解説>
　デュアルラインは，1人の従業員に対して上司が2人いるということになり，従業員から見ても，会社から見ても，最初は扱いにくくて面倒くさいシステムのように思われるが，特に海外の関連会社の管理上，活用が期待される。

事例　内部統制の在り方を調べ始めた社内弁護士のAは，法務部長Bから，関連会社の管理の在り方を検討するように指示された。
　Aは，多くの外資系企業が採用しているデュアルラインについて，1人の上司が命運を握っている外資系企業と異なり，解雇権濫用の法理によってその地位が守られている日本では，弊害こそあれ，機能する余地はない，という考えを伝えた。

◆ 対応例

　Aの考えを聞いたBは，「なるほど，雇用形態にまで配慮した点はとても良いし，したがって外資系企業で普通に採用されているデュアルラインをそのまま日本に導入することは難しいのは，そのとおりだと思うよ。」とAの視点を評価してくれました。

　しかし，BはニコニコしながiPadら首を傾げて，言いました。「けれども，もう一段掘り下げて欲しいな。海外の関連会社に対しては，必ずしも日本的な管理が行き届かないから，専門家のネットワークと組み合わせて，海外の関連会社を管理するツールとしてどのように使えるのか，という観点から検討してもらえないかな？」

◆ 分析

1. はじめに

　デュアルラインについては別の機会に検討しました[B1.4]が，ここでは，関

連会社の管理、という観点から検討します。

デュアルラインは，1人の担当者が報告すべき先を複数有する場合を意味しますが，特に関連会社の管理の観点から見た場合，関連会社の担当者でも特にハイレベルの担当者や役員に対し，関連会社内での上司やCEOに対する報告と，本社での上司に対する報告の両方を義務付ける，という組織体制です[17]。

ポイントは，単に報告するというだけでなく，その背景には人事考課や選解任に関する権限も含まれますので，デュアルラインが課される者から見た場合，上司が2人いる，という非常に面倒くさい状況になります。

そんな面倒くさいデュアルラインであっても，上手く使えば，現地トップに権限と責任を与えつつ，それを本社側からサポートし，牽制するうえで非常に有効なツールです。

日本の会社はこのデュアルラインを使いこなすことが苦手であると言われますが，特に外資系企業では広く採用されていますので，デュアルラインの効用と留意点を確認しましょう。

2．効　用

端的に言うとデュアルラインの効用は，専門家のネットワークと同じです(D7.5)。

すなわち，現地トップのサポートや牽制になるだけでなく，現地トップ以外のラインからの情報収集も可能にし，グループ全体のリスク対応を可能にするのです。

さらに，デュアルラインに関して言えば，人事管理上のメリットもあります。

すなわち，多くの場合，デュアルラインが人事考課と結びついていますので，その場合，現地の担当者や役員は，関連会社内の人事考課だけでなく，本社からの人事考課も行われることになります。

これは，多様な観点からの評価を可能にし，人事考課の厚みを増す，という面があり，同時にリスク対応にもなります。すなわち，どうしても人間関係には相性や好き嫌いがつきものですが，多様な立場からの評価を行うことによっ

17　このような組織体制を「マトリクス」と称する会社もあります。

て，たまたま相性の悪い上司の下で十分実力を発揮できていない人材の存在に気づき，活用する機会が得られるのです[18]。

さらに，デュアルラインを負う担当者の立場を見た場合，たった一人の上司に評価権限や解任権が集中している状況ではなく，地位が比較的安定している点が挙げられます[19]。これが重要なのは，当該役職者が関連会社の経営に対して厳しい意見を言う可能性がある場合です。例えば，ジェネラルカウンセルは会社の参謀や番頭のような役割ですが[(D4.9)]，だからと言って，いつも社長の気に入ることばかり言うわけではありません。むしろ，本当の参謀や番頭であれば，誰も言えない苦言を呈する役割も期待されるはずです。

ここで，ジェネラルカウンセルが本社のジェネラルカウンセルの信認さえつなぎとめていれば，多少嫌われても，関連会社の社長に対して厳しいことが言いやすくなるのです。

3．問題点

しかし，「デュアルライン」には問題点があります。この問題点こそ，日本の会社がデュアルラインを使いこなせない理由でもありますので，この機会に検討しておきましょう。

1つ目は，過重な負担となる危険です。

これは言うまでもなく，こっちにもあっちにも報告しなければならない，特に外国語で報告するのは一苦労，というものです。

2つ目は，責任の所在が曖昧になる危険です。

これは逆です。つまり，①あっちの仕事で忙しい，と言いながらこっちの仕事の手を抜き，同時に，②こっちの仕事で忙しい，と言いながらあっちの仕事の手を抜く，結局，上手に両方の仕事をさぼる，というものです。

これは，2つのラインが牽制しあってしまい，両方とも十分に使いこなせない，という状況につながる原因でもあります。日本の会社がデュアルラインを

---

[18] 多様な評価，という点だけを切り出せば，上司だけでなく，部下や同僚，関連部門など周囲の関係者による幅広い評価を求める「360度評価」という人事評価手法もあります。それだけ，多様な評価は有効と位置付けられているのです。

[19] アメリカのように解雇が自由な場合には，特に重要な特徴となります。

苦手とする最大の理由は，この点にあると思われます。先に効用として指摘したことの裏返しで，地位を安定化させる代わりに，厳しいことが言えなくなってしまう，ということです。

4．対　策

そこで，例えばグループ内の法務部門の体制を検討してみましょう[20]。法務部門は，多くの外資系企業でデュアルラインの対象とされている一方で，上記の問題が現実化しているという話を聞かないからです。

具体的には，いくつかの外資系企業で用いられている整理ですが，世界各国の法務部門は，グループ内の「法律事務所」であり，グループ会社は全体としてその「顧問会社」，各国の事業所は「顧問会社の出先機関」，各国のCEOは「顧問会社の出先機関の責任者」，と位置付けます。

つまり，デュアルラインのうちの1つは，各法務部門の所属する関連会社のCEOに，もう1つは本社のジェネラルカウンセルに，それぞれつながっています。この2つのラインの位置付けについて，関連会社のCEOは「顧問会社」による評価であり，本社の法務部門は「法律事務所」のパートナーからの評価になります[21]。

例えば，ある国の法務部門の業務が不十分であったとしましょう。

この場合，2つのラインが別々に動くのではなく，連携して動きます。すなわち，現地の関連会社のCEOが法務部門の業務に不満を抱けば，CEO自身が法務部門に業務の改善を命じます。「顧問会社」から苦情がもたらされた状態になります。

すると，当然のことながら，「法律事務所」のパートナーは担当弁護士に対し，顧問会社の信頼を取り戻すように業務の改善を命じます。法務部門の業務に対する不満は，グループ会社内の法務部門全体の評価にも関わり，本社ジェネラルカウンセルの立場を危うくするからです。

20　「専門家のネットワーク」（D7.5）でも紹介しましたが，少し違う切り口から検討します。
21　ここで，本社ジェネラルカウンセルのラインを「リアルライン（実線）」，現地関連会社CEOのラインを「ドットライン（点線）」として区別する会社もあります。

5．おわりに

　他の専門業務についても，同じような整理が行われています。

　すなわち，現地の関連会社（ここでは，現地関連会社の経営者）が納得できるサービスを提供する，という使命を本社側の上司（ここでは，本社のジェネラルカウンセル）に負担させることで，両者のラインの空白を予防し，ポテンヒットを回避するのです。2つのラインが本当に空回りしてしまうのは，法務部門の例で言えば，現地法務部門と現地経営陣との対立について，本社ジェネラルカウンセルが現地法務部門を支持するような，極めて特殊な状況だけになるのです。

　このように，2つのラインが連携して機能する方法として，それぞれのラインの責任者の役割や協力関係を明確にする方法が考えられるのです。

　具体的には，関連会社の経営者と本社ジェネラルカウンセルによる定期的な打ち合わせの機会を設け，現地の法務部門の働きぶりについてお互いが率直に意見交換する機会を密に設けます。

　これは，現地法務部門としては，自分の仕事ぶりについて，自分の知らないところで評価がされている状況であり，慣れるまでは気になって仕方がない状況です。たしかに，仕事ぶりが悪いときには，関連会社の経営者と本社ジェネラルカウンセルが揃って厳しい評価をするようになります。けれども，一方が不満を持つだけの場合には，他方がなだめてくれたりもします。

　なによりも，現地法務部門は，両方から見られている状況になってしまうので，両方の隙間で手を抜くことができなくなってしまいます。

　このように，デュアルラインの場合には，2つのラインの評価者が密に連携することが，その実効性を確保するうえで重要なのです。　　　　　（芦原）

350　第7章　関連会社の管理

7-7　企業保険の活用③
（保険規制の多様性とリスク）

<用語解説>
　国際企業保険は，特に国を跨ぐ事業に関して，有用である。その効用を検討する前に，企業保険のルールが国によってどのように異なり，それによって事業会社にどのようなリスクがあるのか，リスクの所在と背景を概観する。

事例　内部統制の在り方を検討している社内弁護士のAは，海外の多国籍企業と日本企業の競争力の違いの原因の1つに，企業保険の活用方法の違いがあると目を付けた。
　忘年会の席で，Aの熱い思いを聞いた法務部長Bは，なるほど，とつぶやきながら，Bの意見を述べ始めた。

◆ 対応例

　法務部長Bは，「なるほど，日本企業ではそもそも企業保険自体入っていない会社もあるくらいだから，さらに企業保険そのものへの関わり方の違いに目を付けるのは，とても良いね。」と，Aの着眼点を評価しました。
　「たしかに，かつては外国政府のルールを無視した保険を，事業会社に不利益が及ぶかもしれないのに黙って販売するようなことがあったけど，それは改善されてきたね。けれども，大事なのは，その国の保険事業免許の問題だけじゃない。法制度の違いのリスクは，もっともっと多様なんだよ。」と，BはAに検討の方向性を示唆したのです。

◆ 分析

1. はじめに

　海外に事業展開する会社にとって，国際企業保険は必需品です。それは，国によって保険事業のルールが異なり，それぞれの国のルールに合致した保険を手配しなければならないからです。そのポイントを検討しましょう[22]。

2．海外からの付保

　まず，最も基本的な問題は，海外の保険会社による保険引き受けが可能かどうか，という問題です。これは，その国の保険事業免許を有する保険会社しか保険を引き受けることができないかどうか，という問題です。

　例えば，同じ中国でも，香港にはそのようなルールはありません。したがって，日本の事業会社Xが香港に設立した法人や香港に有する資産に関し，Xの日本本社が日本の保険会社との間で保険契約を締結することが可能です。香港の保険会社である必要はありません。

　けれども，中国本体は，そのようなルールがあります。したがって，Xが中国に設立した法人や中国に有する資産に関し，Xの日本本社が日本の保険会社との間で保険契約を締結することは不可能です。中国の保険会社である必要があります。

　この点は，簡単に間違いを犯してしまい，しかも保険会社だけでなくXに対しても，不利益が生ずる可能性があります。非常に危険な問題なのです。

　具体的には，例えばXの日本本社が，世界各地で販売している商品をカバーするためにPL保険を締結するとします。そのPL保険契約書の中で，契約がカバーする国の名前をリストとして添付するなど，カバーする国が契約で定められますが，ここで，うっかりと中国の国名を記入してしまえば，それが，中国のルール違反になってしまうのです。

　実際に中国で保険事故が発生した場合，中国政府に分からないようにその損害を査定し，日本の保険会社からXの日本本社に対して保険金を支払ってしまえば良いではないか，という荒っぽいことが，過去実際に広く行われていたようですが，現在はその危険性がかなり認識されてきました。保険会社だけがペナルティを受けるのであれば，それは保険会社がリスクを取っていることであり，保険会社のコンプライアンス上の問題はともかく[23]，Xに迷惑はかかりません。ところが，中国政府の方針によっては，Xにもペナルティや何らかの不

---

[22] ここでの各国のルールの内容は，本稿執筆（2018年10月末）時点で，チューリッヒ保険会社がそのMIAサービスで提供しているデータに基づきます。

[23] 外国とはいえ，保険会社が法令違反を犯すこと自体，コンプライアンス上重大な信用問題ですが。

利益がかかる可能性が指摘されています。

つまり、香港であればともかく、中国でのビジネスに関してXの日本本社で保険を掛けることは、X自身にもリスクがあることであり、リスクを減らすための保険によって、かえって別のリスクが生じてしまうのです。

3．保険料税

次の問題は、保険料税です。

日本では馴染みがありませんが、意外と多くの国で、保険会社に支払う保険料に対して保険料税が課され、保険契約者がこれを負担する必要があります。

しかも、海外から付保された場合ですら、保険料税の支払いが要求される場合があります。

例えば、海外からの付保が可能な香港では、保険料税の支払いを求められません。つまり、Xの日本本社が日本の保険会社と締結する企業保険の中で、香港の工場も保険対象にすることが可能ですが、その際、Xは香港政府に保険料税を支払う必要はありません。

他方、同じように海外からの付保が可能であるにもかかわらず、イギリスでは、保険料税の支払いを求められます。つまり、Xの日本本社が日本の保険会社と締結する企業保険の中で、イギリスの工場も保険対象にすることが可能です（保険料の計算が必要ですが、技術的には、付保対象リストにイギリスの国名を追加するだけで可能です）が、その代わり、Xはイギリス政府に保険料税を支払う必要があるのです。

保険料税の納税義務者は多くの場合保険契約者Xであり、これに違反した場合には、国によってペナルティの内容や手続は異なりますが、日本で言えば重加算税や税法違反罪の刑罰が科されることになり、特に保険契約者にとってリスクの大きい問題です。

4．現地での損害調査可能性

次の問題は、保険金支払手続きです。

保険金支払いのためには、専門の支払査定者が、本当に保険事故が発生したことや、その程度などを実地に査定し、評価します。これがなければ保険金は

支払われないのですが，興味深いことに，海外からの付保を認めるものの，海外の保険会社による支払査定を禁じている国があります。

例えば，海外からの付保が可能な香港では，海外からの支払査定も可能です。つまり，Xの日本本社が日本の保険会社と締結する企業保険の中で，香港の工場も保険対象にすることが可能ですが，その工場で問題が生じた場合，日本の保険会社の査定担当者が査定を行い，Xに対して保険金を支払うことができます。

他方，同じように海外からの付保が可能であるにもかかわらず，タイでは，海外からの支払査定ができません。つまり，Xの日本本社が日本の保険会社と締結する企業保険の中で，タイの工場も保険対象にすることが可能ですが，その代わり，タイの工場で問題が生じた場合，Xのタイ工場は自ら保険査定業者を雇い，保険金支払いに必要な査定業務や書類作成をしてもらわなければなりません。日本の保険会社は，査定したくてもできないのです。

慣れない国だからこそ，保険を付けているのに，保険金申請に関する手続きを全てXの現地が自分自身で行う（保険査定業者を探し出して委任するなど）必要が生じてしまいます。この問題も，保険契約者にとって負担の大きな問題です。

5．保険金送金の可能性

次の問題は，為替のルールです。

実際に保険金を支払う段階になって，現実の保険金を受け取るべきは，保険の対象となる業務拠点でしょう。ある国の工場が消失した場合の火災保険金は，その国の工場再建費用に充てるのが普通です。

ところが，興味深いことに，海外からの付保を認めるものの，海外からの保険金の送金を禁じている国があります。

例えば，海外からの付保が可能な香港では，海外からの保険金の送金も可能です。つまり，Xの日本本社が日本の保険会社と締結する企業保険の中で，香港の工場も保険対象にすることが可能ですが，その工場が消失して火災保険金が支払われる場合，日本の保険会社がXの香港工場に保険金を送金することができます。

他方，同じように海外からの付保が可能であるにもかかわらず，インドでは，海外からの保険金の送金ができません。つまり，Xの日本本社が日本の保険会社と締結する企業保険の中で，インドの工場も保険対象にすることが可能ですが，その工場が消失して火災保険金が支払われる場合，日本の保険会社がXのインド工場に保険金を送金することができません。

これでは，Xのインド工場は新たな資金繰りをしなければならず，保険を掛けた意味が激減してしまいます。この問題も，保険契約者にとって負担の大きな問題です。

6．おわりに

一昔前は，日本の保険会社も日本の事業会社も，海外の事業に対して保険をかける際，その国に対する日本からの付保の可能性すら問題にしませんでした。なんとも大らかな時代です。

しかし，西側諸国対東側諸国の構図が崩れ，国際的な競争に参加する企業だけでなく国家の数も増えました。しかも，自国優先の発想の強い国家が増え，国家ごとの規制の違いがより深刻な問題になっています。国際企業保険の分野に関して言えば，国際協調や，統一ルールの策定は，まだまだ遠い未来のことのように思われます。むしろ，それぞれの国策に応じて，閉鎖的で厳格なルールが増えることも懸念されます。

しかし，未だに，海外からの付保の問題しか検討せずに保険を購入する事例が多いと言われます。国際的な規制の違いのリスクについて，今まで以上に注意が必要です。

(芦原)

7−8　企業保険の活用④（国際企業保険）

> **＜用語解説＞**
> 　国際企業保険は，特に国を跨ぐ事業に関して，有用である。前問で検討したリスクに対し，国際企業保険がどのように役立つ（リスクの発見，リスクコントロール）のかを検討する。

> **事　例**　国際企業保険の検討を開始した社内弁護士のAは，単に，外国の保険を適法に手配するネットワークがあるだけでなく，様々なサービスが提供されていることに気づいた。
> 　Aは，法務部長Bに対し，どのサービスを組み合わせれば完璧だろうか，と相談した。

◆ 対応例

　法務部長Bは，「なるほど，外国の保険を適法に手配するのは当然のことだけど，それ以外のサービスも活用したいね。」と，Aの着眼点を評価しました。
　「けれども，国際企業保険は，そのサービスをいくら組み合わせても完璧にならないよ。保険でカバーされるリスクなんて限られているので，まずは自分の会社のリスクを自分で把握し，管理するプランを作り，その中で活用できる保険や保険のサービスを活用する，という発想が必要だ。そうでないと，管理されていないリスクが残ったり，無駄な保険料を負担したりしてしまう。」

◆ 分　析

1. はじめに

　国際企業保険の背景にある，保険規制の多様性とリスクに関して，前のトピックで検討したとおり[D7.7]，国際企業保険を活用するためには，国家間の規制の違いを克服しなければなりません。
　その中で，全て自分で対応しようと思えば，事業を展開する国ごとに，現地

の保険会社と交渉して，必要な保険を国ごとに手配することになります。

しかし，長年事業を営んでいて様子が分かってきた国であればともかく，まだなじみの薄い国であれば，信頼できる現地の保険会社を探すこと自体が，とてもしんどい仕事になります。

そのため，多くの損害保険会社は，現地の保険会社（関連会社や提携先）を顧客に紹介するサービスを提供しています[24]。

けれども，国際企業保険の実績の長い欧米の保険会社は，単に現地で適法に保険を手配するだけでないサービスを提供しています。これらのサービスはリスク管理上有効なツールとして活用できますので，代表的なものを概観しておきましょう。

2．データベース

前問で検討したとおり，保険規制の違いは，事業会社に様々なリスクや不利益をもたらしますので，予め正しく把握する必要があります。代表的なものだけでも，海外からの付保の可能性だけでなく，保険料税，現地での損害調査可能性，保険金送金の可能性，などに関し(D7.7)，保険契約者が保険を必要とする国の規制がすぐに確認できると便利です。

そのために，グローバルな保険会社は，世界各国の法律事務所と提携して各国の規制をアップデートしており，希望する会社に必要なデータを提供しています。

3．インターナショナルプログラム

規制の違いを知るだけではありません。

例えば，事業会社Xの日本本社が，A国の工場に5億円の保険を掛けるとしましょう。A国が，香港のように無条件で海外から付保できる国であれば，日本で5億円の保険を手配できます。けれども，海外から付保できない場合や，付保できたとしても問題がある場合（保険料税，損害調査可能性，送金可能性

---

24 さすがに，海外から付保できない国について，無理に日本の保険でカバーするような違法な方法は少なくなってきました(D7.7)。

など),日本で5億円の保険を手配できません。この場合,現地の保険会社が保険を引き受けます。

　ここで,A国の保険会社がX社のA国工場について5億円を引き受けられるのであれば,問題ありません。問題は,A国の保険会社がX社のA国工場について3億円しか引き受けられない場合です[25]。足りない2億円の補償をどのように確保するのでしょうか。

　保険会社によって様々なプランを準備していますが,ここでは,外資系の保険会社が提供するプランのうち,3つのプランを紹介しましょう。

　1つ目は,欧州経済領域(EEA)内でのFoS(Freedom of Service)制度を活用したプランで,A国がEEA域内の場合に用いることができます。

　つまり,EEA域内であれば自由に経済活動(保険事業も含む)ができることから,日本の保険証券と同じ保険証券をヨーロッパで発行し,それでA国工場について5億円の補償を提供することになります。

　2つ目は,A国工場の補償で足りない2億円部分を,日本本社の保険が補償する方法です。これは,A国に海外から付保できない場合や,A国に送金できない場合などには活用できませんが,A国で3億円しか引き受けられない理由が,信用上の理由などの場合には活用可能な方法です。

　3つ目は,2億円部分を日本本社の保険が補償する方法ですが,2つ目の方法と異なり,A国工場を保証するのではなく,日本本社の財務上の損失を補償します。すなわち,A国工場が消失した場合,日本本社の財務諸表上も損失が計上されるのであれば,この財務上の損失を補償する保険に加入します。多少技術的なのですが,補償対象は,A国工場ではなく,したがって火災保険ではありません。補償対象は,日本本社の財務上の損失です。

　この方法は,A国工場の火災保険を日本から掛けられない場合に活用できますが,A国に送金できない場合には,A国工場に対する保険として機能しませ

---

[25] 金額が不足する場合以外に,付けたい補償を付けられない場合も同様です。また,希望通りにいかない理由には,その国の規制にある場合だけでなく,現地ビジネスの規模や態様により,例えば巨額の保険を引き受けることのできる信用力が足りない,などの理由で現地保険会社が引き受けられない場合もあります。

ん。限界があるのですが[26]、2億円のギャップを埋める1つの方法となります。

4．一括契約

ところで、統合リスク管理（ERM）[D5.2]が進んでくると、X社の日本本社が各国の保険をまとめて管理したくなってきます。これには、A国の保険全てという場合だけではなく、例えば、工場など、それぞれの国の事業に関する保険はA国に任せるが、全世界で連携している事業や全世界に跨るリスク（例えばPLや役員責任）については、日本本社で一括して保険に加入したい、という場合も含みます。

この場合、国際企業保険の体制が整っている保険会社の場合には、単にA国の保険会社を紹介する（つまり、X自身がA国の保険会社と保険契約の内容を交渉して決定する）だけでなく、例えばグローバルで10億円、そのうちA国は3億円、というXの指示に従い、グループ保険会社同士でA国での3億円の引き受け可能性の検討を行います。さらに、その全部や一部について引き受け不可能な場合には、上記3のようなプランを組み合わせて、Xの希望にできるだけ沿う形のプランを作り上げます。そのうえで、最終的にXの希望通り、グローバルで10億円、そのうちA国は3億円、という保険プランを作るのです。

一見すると、Xが自らA国の保険会社と交渉して保険を手配し、それらを組み合わせる場合と差が無いように見えますが、細かい条件の差や、国ごと保険会社ごとの条件・手続の違いは意外と馬鹿にならない負担であり、紹介だけ受けて自分でその差を確認し、調整する手間や、管理の困難さを考慮すれば、意外と馬鹿にならないサービスです。

5．技術リスク査定サービス

これは、特に製造業向けのサービスですが、グローバルな企業保険を長く行っている保険会社の場合には、例えば世界各国の工場のリスクに関し、専門的な訓練を受けた技術者（理工系出身者が中心）が世界各国に配置されており、

---

26 国によっては、外国保険会社の引き受けを禁止するルールの潜脱と評価する可能性も、完全には否定できません。

実際に世界各国の工場を検証して，世界共通の基準で評価し，リスクの状況や改善すべきポイントを整理するサービスを提供しています。

技術分野のリスク管理の専門家が，常に最新の情報をアップデートしているだけでなく，世界で統一の基準で評価しますので，定期的にこのサービスを受けることによって，どこの国の工場が改善されてきているか，などを把握することができるのです。

外国のグローバル企業は比較的広くこのサービスを購入していますが，日本企業での採用は遅れています。現地工場の反発を恐れている面もあるようですが，現地経営の透明化を考えれば，外国子会社の経営が苦手と言われる日本企業(D7.4, D7.9)こそ，活用すべきツールです。

6．おわりに

日本企業には，あらゆる保険を全て任せている保険会社に丸投げする場合が多く見受けられます。

しかし，それは非効率である（無駄な保険にも入ってしまう）だけでなく，リスクを一番知るはずの自分自身がその機会を放棄することになりますので，例えば保険でカバーされない領域がどこなのかを自分自身が何も知らない，したがって事故が発生し，保険金の請求が断られてから慌てて再建資金の手当てに奔走する[27]，ということも生じます。

企業保険を検討すること自体がリスクを知ることにもなりますので(D5.6)，保険会社への丸投げではなく，自分自身で保険のことを考えましょう。

(芦原)

---

[27] その場合のコストやリスクについては，「企業保険の活用①（保険の必要性）」(D5.5)。

7-9 「日本人を送り込むと業績が下がる」のはなぜか？

<用語解説>
　海外に事業所（子会社など）を有する日本の親会社が，海外の事業所の経営者として日本人を送り込むと，不思議と業績が下がると言われる。本書の内部統制（下の正三角形）のツール（リスク管理のツール）を，ビジネス上のツールとしても使える。

事例
　内部統制の在り方を調べ始めた社内弁護士のAは，法務部長Bから，関連会社の管理の在り方を検討するように指示された。
　検討報告会議の後，BはAに食事をご馳走してくれた（慰労会）。食事の際，BはAに対し，せっかくここまで内部統制の勉強をしたのだから，少し頭の体操をしよう，と持ち掛けた。

◆ 対応例

　Bから，「日本人を送り込むと業績が下がる」というジンクスが本当か，その原因は何か，について，内部統制のツールを活用して調べる方法を言ってごらん，というお題を与えられたAは，「質問内容は経営問題の分析であり，つまりビジネス上の問題なのに，内部統制はリスク対応のツールです。両者は，適用範囲もツールの性格もまるっきり違うので，役に立たないのではないですか？」と意見を述べました。

　しかし，BはニコニコしながらAに首を傾げて，言いました。「もう一度基本に戻って欲しいな。リスクは避けるものではなく，適切にコントロールしてチャレンジするもので，経営判断と表裏一体のはず。そのことを確認するためにも，リスク管理のツールがビジネス判断でも活用できることを試してみよう。」

◆ 分　析

1．はじめに

　社内弁護士の集まりで「会社あるある」が話題になったとき，メーカーの社内弁護士の多くが「あるある」と頷いていたのが，海外の事業所に日本人を（特にトップとして）送り込むと，その業績が必ず下がる，というジンクスです。

　経営学的には，風土，経営管理など，ビジネスの手法や能力の問題として，興味深いテーマとなります[28]。

　本書のテーマである「内部統制」も，この会社経営の重要な一部であり，リスク対応は経営判断と表裏一体ですので，「内部統制」の観点から，この「日本人を送り込むと業績が下がる」ジンクス（ビジネスの問題）を検討します。

　その前に，前提を確認しましょう。

　ここでは，トップを送り込んでいますので，現地のマネジメントを日本人が行っていることになります。

　次に，検討の方法ですが，業績が下がってしまうことの経営的な原因は複数考えられます。統計的な観点から傾向を把握することは，この次の段階として技術的に可能かもしれませんが，最初の段階では，事案ごとに業績低下の原因を分析するしかありません。

　そしてここでは，これまで検討してきた内部統制のツールを，この仮説設定のためのツールとして使ってみます。

2．組織体制（組織法的視点）

　最初に，内部統制型(D7.1)とガバナンス型(D7.2)を使ってみましょう。両者の違いは相対的なものであり，質的な差ではなく量的な差にすぎませんので，厳密な分析ツールにはなりませんが，議論を整理したり，仮説を探す手掛かりになったりします。

　1つ目は，事業所が内部統制型の場合です。

---

[28] 残念ながら，経営学全般について幅広く検討している『経営学入門』では，組織の在り方に関する一般的な研究成果はまとめられています（同9章「組織と個人，経営の働きかけ」〜15章「人の配置，育成，選抜」）が，特に関連会社の管理に関する研究成果として整理されていません。

内部統制型では，①海外の事業所は本社の一部門と同じ位置付けですので，海外の事業所のトップと言っても，部門長と同レベルの立場です。また，②海外の事業所は，単体で事業経営できる状況ではなく，管理業務は本社の管理部門が対応することになります。

　そこで，このモデルから，以下のように単純に仮説が立ちます。いずれも，組織論上の特徴①②について，本社側の事情，事業所側の事情，という観点から整理してみました。

　まず，①事業所のトップが部門長レベルの立場であることが，事業所の業務を阻害している可能性があります。例えば，部門長レベルで判断できないハイレベルのビジネスプランについて，本社の決済が必要であり，その過程や決定内容が事業所の実態に合致しなかったような場合です。一々本社の決済が必要なために，スピード感ある同業他社に後れを取るような場合です。

　内部統制型という選択が誤りだったのかもしれませんし，内部統制型という選択は正しかったが，本社側が上手にこれを使いこなしていないのかもしれません。

　逆に，本社の一部門と同程度のコントロールが必要なはずなのに，そのような連携が十分とれないために，現地事業所が機能しない場合もあるでしょう。

　次に，①事業所のトップの人選や能力の問題が考えられます（これは，次のモデルでも同じです）。

　部門長と同レベル，という条件に合わないのかもしれませんし，他の理由があるのかもしれません。

　次に，②本社管理部門による管理が，現地の業務に適合せず，それが，現地の業務を阻害している可能性があります。例えば，一定の条件を満たした請求書であれば，現地での取引先の財務上・税務上の確認作業が1つ減るために現地での取引が円滑になるところ，本社が行っている事務的なサポートが，現地で求められるこのような事務要件に合致せず，それによって業務遅延やトラブルを生じさせたような場合です。

　逆に，本社からのサポートは十分なのに，現地側がそれを使いこなし切れていない場合もあるでしょう。

　次に，②現地各部門が主体的にリスク対応しないなど，現地の業務遂行それ

自体に問題がある場合が考えられます（これは，次のモデルでも同じです）。

なまじ，本社が会社経営のインフラを提供しているため，自分たちもそのインフラに乗っかるだけで良い，という「お客様」のような意識を作り出しているような場合です。

2つ目は，事業所がガバナンス型の場合です。

ガバナンス型では，①海外の事業所は独立した会社と位置付けられますので，海外の事業所のトップはその事業所の業務全般について権限と責任を有します。また，②海外の事業所は単体経営可能ですので，管理部門も含め，全ての機能を自前で有しています。

そこで，このモデルから，以下のように単純に仮説が立ちます。

まず，①事業所のトップが事業所の業務全般について権限と責任を有しますが，例えば本社からの干渉を完全に排除してしまったために，現場の重大な意思決定に関し本社側の適切なサポートや牽制が得られず，判断を誤り，暴走してしまった場合，逆に，本社側から送り込まれた日本人トップが孤立無援となって権威も威信も無くしてしまい，現地の従業員をコントロールできなくなってしまった場合，などが考えられます。

ガバナンス型という選択が誤りだったのかもしれませんし，ガバナンス型という選択は正しかったが，特に本社側の接し方や人選がまずかったのかもしれません。

次に，②例えば買収した現地法人の独立性を尊重し，現地法人の管理体制をそのまま温存してしまったことから，たしかに現地事業所の社内体制が，現地での規制やルール，商慣習などには十分合致できているものの，グローバルな観点からの対応のために本社の管理部門との連携が必要なのに，そのような連携ができていない場合や，逆に，現地事業を最初から立ち上げる場合で，現地の独立性を尊重するために会社として必要な機能を自前で持とうとしたものの，必要な人材の確保などができず，独立した事業体として不完全な状態である場合です。

3．プロセス（組織法的視点）

次に，リスクセンサー機能 (D3.4) とリスクコントロール機能 (D3.5) を使っ

てみましょう。ここでも，仮説を立ててみます。

1つ目は，リスクセンサー機能です。

リスクセンサー機能は，全従業員が，業務上のリスクの兆候に気づき，適切に情報共有されることです。人体に例えた場合の，体中に張り巡らされた神経のイメージです。

そこで，この機能から，以下のように単純に仮説が立ちます。

まず，①現地事業所の感度が悪い場合が考えられます。リスクを引き合いに説明していますが，リスクはチャンスと表裏一体ですので，ビジネスチャンスについて感度が低い，という言い方もできます。

次に，②それが本社に伝わってこないか，あるいは，会社全体の中での現地事業所の活用方法などの，本社が気づくべきリスクに，本社が気づかない場合が考えられます。

2つ目は，リスクコントロール機能です。

リスクコントロール機能は，リスク回避ばかりではなく，デュープロセスを尽くしてチャレンジする場合も含み，本社だけでなく，現場各部門がリスクコントロールすべき場合があります。

ここでも，現地事業所側でのリスクコントロール機能不全の場合と，本社側でのリスクコントロール機能不全の場合が考えられます。特に，現地でのビジネスでは，現地事業所側でのリスクコントロールがより期待されますし，国際的なビジネスに関する面では，本社側でのリスクコントロールがより期待されますので，ビジネスの内容から，目星をつけて調査することになります。

4．おわりに

内部統制の観点から，考えられる仮説を拾い上げてみました。

いわゆる「ストーリー探し」(A1.17)ですが，コツは，抽象的な命題と，具体例の「想像」の間を，何往復もすることです。「日本人を送り込んだ場合」に適用してみましたが，この方法を使えば，2つの会社組織論をはじめとするリスク管理の手法を，他のビジネス上の課題の分析にも活用可能です。

ここでも，ビジネスとリスク管理が表裏一体であることが理解されます。

(芦原)

7-10 政治リスクと為替リスク

＜用語解説＞

会社が国際的に事業展開すると、新たに様々なリスクを背負うことになる。製品の海外輸出だけのつもりが、輸出が拡大すると、製品輸出に伴うリスク（品質、価格の安定、納期など）を減らすために物流や製造を現地化するなど、事業拡大に応じてさらにのめり込んでいく傾向がある。

事例 経営学の勉強を始めた社内弁護士のAは、海外に事業展開している日本のメーカーの社内弁護士である先輩弁護士Qから、良かれと思って海外の現地法人を作ったものの、トラブルも多くて管理が難しく、かえって仕事が増えた、と愚痴られた。

◆ 対応例

Qの話をAから伝え聞いた法務部長Bは、「なるほど、きっとそれは本音なんだろうね。」と、Qの信頼を得ているAを暗に評価しました。

そこでBはニコニコしながら、言いました。「せっかくだから、この機会に海外の事業展開に伴うリスクを確認しておこう。当社の製品も海外での売り上げが伸びているから、事業所を海外に作る可能性もあると思うよ。」

◆ 分析

1．はじめに

国際的に、リベートに関するルールが厳しくなっており（日本の不正競争防止法の外国公務員に対する贈賄罪、米国のFCPA（海外腐敗行為防止法）、英国のBribery Act 2010（2010年贈収賄法）など）、海外で事業を展開する会社に共通する、コンプライアンス上の重要課題です。もっとも、贈収賄問題については、既に多くの文献で議論されている問題ですので、本書ではこれ以上立ち入りません[29]。

ここでは，より一般的なリスクについて検討します。

それは，政治リスクと為替リスクです。

ビジネス側からの検討が中心である『経営学入門』の中で，明確にリスクとして指摘され，リスク管理の在り方が議論されている数少ない領域の1つであり30，このことから分かるように，海外で事業展開するうえで避けることのできない重要な問題です。

2．政治リスク[31]

政治リスクについて，海外で事業展開する以上，政治リスクをなくすことはできないこと，会社としては，政商になってしまうのではない方法で政治リスクに対応する方法が考えられること，が指摘されています。

この問題を，政治リスクをどのように感じ取り（リスクセンサー機能），どのように対応するのか（リスクコントロール機能），という2つの観点から整理しましょう。

まず，リスクセンサー機能です。

1つ目は，国によって異なる制度への対応問題です。

税制が典型例とされますが，これは現地のルールをいかに正しく把握するのか，という問題につきますので，例えば信頼できる現地法律事務所や会計事務所との緊密な関係を確立することが，この問題への対策として考えられます。

2つ目は，国同士の経済摩擦が政治問題に発展する場合です。

この類型は，さらに大きく2つの類型に分けて整理されます。

まずは，現地国の内部の政治的対立がある問題に関し，日本の会社が，一方に有利，他方に不利，に関わる場合です。

例えば，アメリカでの自動車貿易摩擦問題では，日本の自動車メーカーから見た場合，一方でアメリカの消費者や日本車販売店が有利に関わるグループであり，アメリカの自動車メーカーや米国車販売店が不利に関わるグループです。この場合，まずはアメリカ内部での利害対立の調整が必要になり，日本の自動

29　例えば，「賄賂対策①（統一ルール）」（B3.1），「賄賂対策②（現地ルール）」（B3.2）。
30　『経営学入門』176頁〜
31　『経営学入門』178頁

車メーカーに影響が出るような政策は，アメリカ内部での利害調整やルールの検討立案がなされた後に明確にされます。

リスクとして見た場合，リスクが現実化するまでに時間があることや，その間にルールの策定や内容に関与する機会が（どこまで現実的かはともかく）あること，その国の国内でも対立がありますので，例えば政治的な揺り戻しもあり得るなど，事後的な妥協可能性も大きいことが，特徴になるでしょう。

次は，現地国内の対立に関わる問題ではなく，むしろ現地国が一体として敵対的な反応をする政治問題です。

例えば，国家の安全保障に関わる問題や，投資摩擦に関わる問題のように，国家主権を脅かす問題，すなわち「誰がこの国を所有することになるのか」という問題です。

リスクとして見た場合，リスクが直ちに現実化してしまうこと，事前の働きかけだけでなく事後的にも，政治的妥協を引き出すことが難しいことが，特徴になるでしょう。

次に，リスクコントロール機能です。

1つ目は，現地化です。

アメリカでの自動車貿易摩擦事案で，政治的な妥協として出された解決策ですが，政治的な裏付けがない場合であっても，現地化することによって現地の情報が入りやすくなったり，現地の信頼や賛成を得やすくなったりするなどのメリットがあるからです。実際にその地で暮らしてみれば，その地の人々のことがよく分かるようになりますが，それを企業経営レベルで実践するのです。

2つ目は，最初からその国に近づかない，という方法です。

ビジネスとして，これらのリスクを取れないか，取るにしてもメリットよりデメリットが大きいと判断される場合には，中途半端に関わるのではなく，最初から関わらないのが，特に政治的で振れ幅の大きいリスクに対峙する場合，有力な選択肢になります。

3．為替リスク[32]

為替リスクは，販売する製品やサービスの価格，あるいは輸入する原料の価格に影響を与え，会社の業績に大きな影響を与えます。

まず，リスクセンサー機能です。
　ここで特に重要なのは，短期的な変動よりも，中長期的な傾向を読み取るための情報収集力や分析力を身に付けることでしょう。為替取引自体がビジネスであればともかく，通常は，他にある本業への為替の影響をコントロールすることが目的だからです。
　次に，リスクコントロール機能です。
　1つ目は，市場と生産基地の国際的な分散です。このメリットは，①売上高だけでなく費用も為替に連動することになり，利益の変動を小さくできること，②短期のランダムな為替変動が平均値の原理で企業として吸収できること，③長期的な傾向的変動に対応するためのベースを国際的にあちこちに持てるようになること，の3点であると説明されます。
　2つ目は，標準的な社内為替レートを決め，社内ではそれだけを用いることにし，短期の為替変動に振り回されないようにする方法です。
　3つ目は，多通貨による資金調達などの為替ヘッジです。
　さらに，為替の動向に合わせてビジネスの拠点を機敏に変更する方法も，理論的には考えられますが，通常のビジネスでは現実的でないでしょう。

4．おわりに

　以上が『経営学入門』の中で検討されているもので，特にリスクコントロール機能は，戦略的なものが中心となっています。
　けれども，例えば政治リスクや為替リスクへの対策として現地化をした場合には，それだけで対策が完了するのではなく，現地法人が問題を引き起こしたり，問題に巻き込まれたりしないような管理体制を構築することも，重要な問題となります[33]。
　具体的には，現地法人が現地での業績を上げようと頑張ったために，必要以上に政治的な問題にかかわりを持ってしまう危険です。分かりやすい例はリベートですが，それに限らず，宗教的に問題のある商品や広告によって消費者

---

[32] 『経営学入門』178頁〜
[33] さらに，現地事業所の管理の問題も発生します（D7.4, D7.9）。

運動や政治活動を刺激したり，独裁色の強い政権から反政権的であるとして睨まれたりすることも，心配されるところです。

　これには，現地法人自身でのリスク管理体制の構築と運用のほか，日本からの牽制機能も重要となります。これは，現地から見える景色と，海外から見える景色に違いがあるからです。

　実際，為替リスクに含まれる問題ですが，外資系企業の多くが，日本法人での投資運用に関し，本社の承認を要求したり，一定金額以上の投資を禁止したり，投資対象としての条件を厳しく制限したりしています。その結果，バブル時代の日本法人での投資に歯止めをかけていたため，バブル崩壊の痛手が小さくて済んだという事例が，複数の会社から聞かれるところです。

　現地法人が成長するほど，その自主性と，それに対する牽制機能という，矛盾する要請のバランスのとり方が難しくなっていきます。現地化すると，何でも本社からコントロールするか，逆に全て現地任せにするか，極端な方法が選択されることが多いようです。

　しかし，本章で何度か検討したように，現地化のメリットとデメリットを十分に検討し，両者のバランスに配慮した適切な制度設計と運用の確立を心がけましょう [D7.1, D7.2, D7.4, D7.9]。
　　　　　　　　　　　　　　　　　　　　　　　　　　　　　　　　(芦原)

● おまけ小説　法務の小枝ちゃん ●

第7章　関連会社の管理

　それでも何とか，岡さんを連れまわしている。
　一緒にいるときに藤堂部長に出くわすと，岡さんが明らかに表情を変えるので，それを見ていると逆に私は冷静になってしまう。それでも，岡さんの仕草に気づかない振りをしている限り，私も意外と耐えられることに気づいた。大丈夫，自分はうろたえないから，という気持ちが重石になるのだろうか。
　そんなことをしている間にも，新生武田システムズの出発は，それなりのイベントにしたい，ということになり，武田化成と武田システムズの広報や営業が準備に大忙しだ。経営計画も立派なものが出来上がり，単に儲けるだけでなく，しっかりとリスク管理できる筋肉質の会社になることがイメージできて，とても安心感がある。
　武田化成側も，武田システムズと同時に経営計画を発表する準備を進めていて，その中のもう一つの目玉が，シンガポール事業の拡大だ。
　シンガポールの生産委託先と，シンガポールで合弁会社を設立する。
　従前の工場や設備を大幅に増強し，そこに「旧素材」の生産機能をすべて移管する。
　合弁会社の管理体制は，武田化成の本社並みにしっかりとした体制にする。
　合弁会社の社長は，提携先の社長が兼務する。
　そして，合弁会社の副社長には，なんと，あの杉田茂が任命される。社長が他の会社との兼務なのだから，実際かなりの範囲で，杉田茂が社長の代わりに重要な決断を下すことになる。

　華やかに準備が進む中で，私は，技術部長，製造部長，それに外資系損害保険会社の技術査定担当者と一緒に，シンガポールの工場のリスク評価に向かっていた。岡さんは留守番，というよりも，日本でのいろいろな準備のために全然人手が足りない状態で，とてもシンガポールに連れ出す余裕などなかった。内気で真面目な岡さんは，どうやら本気で，シンガポールに行くのはあまりにも厚かましい，と思っていた様子で，連れていけないことを話すと，予想外にホッとした表情を浮かべていた。

財務や法務のデューデリジェンスは，もちろん，それぞれの専門家にお願いして実施する手はずが調っているけれど，今回特に武田化成が重視しているのは，工場の信頼性と安全性だ。

　そこで，実際に技術者の経験を持つ専門家が，工場のリスク状況を，しかも世界的に共通の物差しで測定し，報告してくれるという保険会社のサービスを受けることにした。保険会社は，シンガポールの専門家も日本の専門家と同様，充分なバックグラウンドと研さんがあるので，現地に任せて大丈夫，と言ってくれたが，今後さらに大幅な追加投資を行う予定であり，現地の技術者や製造責任者と一緒の機会を少しでも多く作りたい。特に，リスク評価の専門家と工場内のリスクをつぶさに検証して回る機会は，両者の認識を合わせるうえで格好の場だ。

　さらに，日本側でのコミュニケーションも考え，保険会社には無理をお願いして，保険会社の技術査定担当者も同行してもらうことにした。

　法務も工場のリスク査定に立ち会うことは，今後の法務デューデリに絶対に役立つし，現地で法務デューデリを依頼する法律事務所との認識合わせにもなる。以前の業務提携のときにお願いしたシンガポールの女性弁護士は，今となってはその事務所のジュニアパートナーに出世している。また一緒に仕事できることをお祝いするために，最高のシンガポール料理のレストランを押さえて待っている，と言ってくれた。

　埼玉と渋谷で華やかな準備が進むころ，私たちは，蒸し暑いシンガポールの工場の中を，皆でおそろいのヘルメットを被って，ぞろぞろと歩き回っているのだ。

　私には，華やかな仕事が進んでいて，藤堂部長が活躍している日本にいない寂しさもあったが，しばらくぶりに岡さんから離れる解放感も味わっていた。蒸し暑いはずのシンガポールの気候が，とても爽やかに感じる。

　それにしても，外資系保険会社のリスク査定は，ここまで徹底しているのか，と感心した。日本の保険会社の場合には，いわゆる文系出身の担当者も多く，会社の技術者や製造責任者を納得させることができない場合も多いと聞いていたが，ここでは，シンガポール側の技術者だけでなく，日本から一緒に来た技術部長と製造部長が，しきりに納得している様子を何度も目の当たりにした。

　中日の夕食は，現地査定に立ち会っていたメンバーの懇親会となり，私たちも気持ちを高揚させて，拙い英語で大いに盛り上がったが，技術部長と製造部

長は，しきりに，保険会社がまとめてくれるであろう報告書が今から楽しみです，と繰り返していた。

　あっという間に，シンガポールの最終日となった。
　先にシンガポールに来て，提携やデューデリジェンスの準備に追われている杉田茂が，私とシンガポールの女性弁護士の夕食にくっついてきた。どこかで見たような状況だ。最近の杉田茂は，どこか吹っ切れたような感じがする。
　新生武田システムズの打ち上げまでに，合弁会社設立を間に合わせるのは無理そうだけど，提携を発表できる程度までは交渉が進みそうだね。杉田茂が一番気にしていたことについて，女性弁護士から見通しを聞かされて，杉田茂も大いにホッとした様子だ。
　シンガポール料理って，あっさりとした，けれどしっかりと辛い中華料理，って感じかしら。
　そうね，シンガポール料理にも，その先祖が中国のどこから来たのか，あるいは中国以外のどこから来たのか，によってとてもバリエーションがあるのよ。例えばこの料理。
　本当だ，これは中華料理って感じじゃないね。
　食欲旺盛な杉田茂が，実に頼もしく思えた。かえって，女性2人だけでちまちま食べているよりも，場が盛り上がって楽しかったかもしれない。
　そして，自然と合弁後の話になった。
　彼女には，合弁会社の面倒も見てもらうことになるので，杉田茂にとっても，言わば社外の法務部みたいなもんだから，その顔合わせになってちょうど良かった。
　彼女は，私が最初にシンガポールで出会ってから，まだ1回しか日本に来る機会がなく，しかも日程に全然余裕がなかったことをとても悔しがった。
　だから，合弁後にはきっと日本にもっとゆっくりこれるはず，とウィンクしながら話した。
　ははは。そうだね，ゆっくりと京都や温泉に行きたいよね。
　すると突然，杉田茂が彼女に改まって聞いた。
　もし，この小枝が合弁会社のジェネラルカウンセルになる，と聞いたら，あなたはどう思いますか？　仕事に影響が出ますか？
　なんだ？　ジェネラルカウンセルって，誰のことだ？

私？

　ちょっと待って，そんなこと誰からも聞いてないよ。私，本社の法務と渋谷の法務の両方に関わっていて，簡単に抜けられないんだから。そんなこと，あなたが決められることじゃないのよ。

　そんなことわかってるよ。でも，役に立たなくて簡単に引っ張ってこれるようなやつ，こっちに連れてきたって役に立たないに決まってるじゃないか。

　彼女に質問しておきながら，彼女をほったらかしにして議論が始まった。しかも日本語。彼女は困った顔で，けれどもニコニコと私たちの様子を見つめている。

　どうしよう。

　たしかに，シンガポールの風は思ったよりも爽やかだった。藤堂部長はいないかわりに，岡さんもいない。それに，杉田茂も，少しは話がわかる奴になって来た。

　日本語を少ししか理解できないシンガポールの弁護士を立会人に，私と杉田茂の言い合いが果てしなく続いた。

　けど，私はこれで日本に帰って，新生武田システムズやシンガポールの合弁の話を進めなきゃいけないの。私がシンガポールに来るかどうか，そんなこと今答えが出るわけない。だから，日本に帰って考える。

　それでいいでしょう？

　わかった。いい返事を待ってるよ。

　立会人がひゅっと口笛を吹いて，ニッコリと乾杯をしている姿が，視界の片隅に入っている。けれども，私は彼女にありがとうを言う余裕など全くない。

　どうしよう。今夜は眠れそうにない。

■著者紹介
久保利　英明（くほり　ひであき）
（事務所ホームページ　http://www.hibiyapark.net/）
〈学歴と資格〉
1944年8月埼玉県生まれ，1963年3月私立開成高校卒業，
1967年9月司法試験合格（東京大学法学部4年在学中），1968年3月東京大学法学部卒業，
1968年4～9月ヨーロッパ・アフリカ・アジアを歴訪，1969年4月司法修習生（23期），
1971年4月弁護士登録（第二東京弁護士会）。
〈経歴〉
1971年4月に森綜合法律事務所（現：森・濱田松本法律事務所）に入所。
1998年4月に日比谷パーク法律事務所を設立し，同事務所代表就任。
2001年度第二東京弁護士会会長・日本弁護士連合会副会長（任期1年）。
2015年4月より桐蔭法科大学院教授。
【社外取締役】
2001年10月，野村ホールディングス㈱社外取締役（～2011年6月）。
2011年6月～㈱東京証券取引所グループ（2013年1月に㈱日本取引所グループに商号変更）
　社外取締役（現任），東京証券取引所自主規制法人（現日本取引所自主規制法人）外部
　理事（2017年6月任期満了により退任）。
2014年6月～ソースネクスト㈱社外取締役　など。
【第三者委員会】
㈱不二家「外部から不二家を変える」改革委員会委員長代理（2007年）
日本放送協会「職員の株取引問題に関する第三者委員会」委員長（2008年）
㈱商事法務「NBL編集倫理に関する第三者委員会」委員長（2010年）
㈱マルハニチロホールディングス「農薬混入事件に関する第三者検証委員会」委員
㈱ゼンショーホールディングス「「すき家」の労働環境改善に関る第三者委員会」
委員長（以上，2014年）等，多数の第三者委員会の委員長，委員などを務める。
第三者委員会報告書格付け委員会　委員長（2014年～）
〈主な著書（単行本のみ・全77冊より抜粋）〉
- 『現役弁護士が司法試験を解いてみた～AI時代にこれでいいのか』（共著　現代人文社　2018年）
- 『破天荒弁護士クボリ伝』（共著　日経BP社　2017年）
- 『久保利英明ロースクール講義』（日経BP社　2016年）
- 『志は高く　目線は低く』（財界研究所　2016年）
- 『日本改造計画―ガバナンスの視点から』（商事法務　2013年）
- 『企業等不祥事における第三者委員会ガイドラインの解説』（共著　商事法務　2011年）
- 『新しい株主総会のすべて』（共著　改訂2版　商事法務　2010年）

野村　修也（のむら　しゅうや）
〈学歴〉
中央大学法学部卒業（1985年），同大学院法学研究科博士前期課程修了（法学修士，1987年），同後期課程中退（1989年）。
〈資格と職歴〉
西南学院大学法学部専任講師（1989年～），同助教授（1992年～），中央大学法学部教授（1998年～），中央大学法科大学院教授，弁護士登録，森・濱田松本法律事務所客員弁護士（2004年～現在）。

金融監督庁（金融庁）検査部参事（1998年～2002年），金融庁顧問（2002年～2011年），総務省顧問（2006年～2009年），東京電力福島原子力発電所事故調査委員会（国会事故調，2011年～2012年），厚生労働省顧問（2014年～2018年），金融庁・金融モニタリング有識者会議委員（2016年），法務省・法制審議会会社法制・企業統治等関係部会委員（2017年），内閣府・休眠預金等活用審議会委員（2017年），参議院法務委員会調査室客員調査員（2018年）。

㈱経営共創基盤社外監査役（2007年～現在），凸版印刷㈱社外監査役（2010年～2018年），三菱UFJ信託銀行㈱社外取締役（2014年～2016年），同社外取締役・監査等委員（2016年～現在），一般社団法人日本ゴルフツアー機構理事（2017年～現在）。

〈最近の主な論文，対談〉
- 「会社法改正で問われる企業統治の未来」（会社法務A2Z／第一法規，2014年）
- 「炎上する企業が続出！　その理由とは？」（「専門家が語る　他人事では済まされない！コンプライアンスを学ぶ本当の意義とは」THE21／PHP研究所，2015年）
- 「企業統治（コーポレート・ガバナンス）の強化に関する改正」（月報司法書士４月号（No.518）／日本司法書士会連合会，2015年）
- 「改正会社法　コーポレートガバナンス・コード　スチュワードシップ・コード～３本の矢で日本企業の『稼ぐ力』を取り戻す！」（会社法務A2Z／第一法規，2015年）
- 「〈講演録〉コーポレート・ガバナンス改革」（損害保険研究　第78巻第１号／損害保険事業総合研究所，2016年）
- 「金融庁の組織再編から見えること」（月間金融ジャーナル　59巻１号（通号741）／日本金融通信社，2018年）

〈最近の主な著書〉
- 『平成26年改正会社法～改正の経緯とポイント』『同補訂版』（野村修也・奥山健志編／有斐閣，2014年，2015年）
- 『コンプライアンスのための金融取引ルールブック【第16版】，【第17版】』（監修／銀行研修社，2016年，2018年）
- 『内部統制システム（最一小判平成21.7.9）』（会社法判例百選【第３版】／有斐閣，2016年）

芦原　一郎（あしはら　いちろう）
（https://profile.ameba.jp/ameba/wkwk224-vpvp）
〈学歴と資格〉
早稲田大学法学部（1991年）とボストン大学ロースクール（2003年）を卒業。日本（1995年，47期）と米ニューヨーク州（2006年）で弁護士登録，証券アナリスト登録（CMA®，2013年）。
〈職歴〉
森綜合法律事務所（現：森・濱田松本法律事務所，1995年〜），アフラック（1999年〜），日本GE（2009年），みずほ証券（2009年〜），チューリッヒ保険／チューリッヒ生命でのジェネラルカウンセル（2013年〜）を経て，現職。
東京弁護士会で民暴委員会（1995年〜）や労働法委員会（2006年〜，副委員長：2016年〜）などに所属，日本組織内弁護士協会で理事（2012年〜），大宮法科大学院（ロースクール）で非常勤講師（2009年〜2010年）なども歴任。
〈主な論文〉
- 「社内弁護士による労働問題への関わり」（東京弁護士会編「弁護士専門研修講座　労働法の理論と実務」／ぎょうせい，2010年）
- 「第三分野の保険」（落合誠一・山下典孝編著「新しい保険法の理論と実務」／経済法令研究会，2008年）
- 「法務部とガバナンス〜『定期便プロジェクト』の試み」（奥島孝康編著「企業の統治と社会的責任」／きんざい，2007年）
- 「精神障害による自殺（判批，大分地判平17.9.8判時1935.158）」（保険事例研究会レポート 215／生命保険文化センター，2007年）

〈主な著書〉※おまけ小説「法務の小枝ちゃん」①〜④は，①〜④に掲載されています。
①『法務の技法 第2版』（中央経済社，2019年）
④『経営の技法』（共著，中央経済社，2019年，本書）
②『法務の技法〈OJT編〉』（編著，中央経済社，2017年）
- 『国際法務の技法』（共著，中央経済社，2016年）
③『M&Aにおける労働法務DDのポイント』（共著，東弁労働法委員会編／商事法務，2017）
- 『ビジネスマンのための法務力』（朝日新書／朝日新聞出版，2009年）
- 『社内弁護士という選択』（商事法務，2008年）
- 『企業による暴力団排除の実践』『反社会的勢力リスク管理の実務』（いずれも共著，東弁民暴委員会編／商事法務，2013年・2009年）
- 『新労働事件実務マニュアル（第2版，初版）』（いずれも共著，東弁労働法委員会編／ぎょうせい，2010年・2008年）
- 『事例でわかる問題社員への対応アドバイス』（共編著，日本組織内弁護士協会編／新日本法規，2013年）

「法務の技法」シリーズ
経営の技法

2019年2月1日　第1版第1刷発行

著者　久保利　英　明
　　　野村　修　也
　　　芦原　一　郎

発行者　山　本　　継
発行所　㈱中央経済社
発売元　㈱中央経済グループ
　　　　パブリッシング

〒101-0051　東京都千代田区神田神保町1-31-2
　　　　　電話　03（3293）3371（編集代表）
　　　　　　　　03（3293）3381（営業代表）
　　　　　http://www.chuokeizai.co.jp/
　　　　　印刷／三英印刷㈱
　　　　　製本／誠製本㈱

Ⓒ 2019
Printed in Japan

＊頁の「欠落」や「順序違い」などがありましたらお取り替えいたしますので発売元までご送付ください。（送料小社負担）
ISBN978-4-502-29101-2　C3032

JCOPY〈出版者著作権管理機構委託出版物〉本書を無断で複写複製（コピー）することは，著作権法上の例外を除き，禁じられています。本書をコピーされる場合は事前に出版者著作権管理機構（JCOPY）の許諾を受けてください。
　JCOPY〈http://www.jcopy.or.jp　eメール：info@jcopy.or.jp　電話：03-3513-6969〉

シリーズのご案内

『法務の技法（第2版）』

芦原一郎［著］　Ａ５判／304頁

　社内弁護士として長年活躍してきた著者の経験やノウハウを親しみやすい文章に結晶化した，全法務パーソン必携の実践書。どの組織にもある身近な問題を出発点として，上司・同僚や他部署との調整，取引先とのトラブル，自身の働き方などの考え方・解決策を，ユニークな切り口でまとめています。
　第１版の内容に"実践問題"を加え，待望のリニューアル！

『国際法務の技法』

芦原一郎・名取勝也・松下　正［著］　Ａ５判／240頁

　既存の法律書籍と一線を画す内容でセンセーションを巻き起こした『法務の技法』シリーズの第２弾！　長年前線で活躍する著者の経験に基づく，現場で使えるノウハウや小技（こわざ）が満載。
　組織力・経営力・防衛力・行動力・コミュニケーション力・英語力に分け，国際法務遂行の考え方とテクニックを余すところなく伝授。著者３名が各々の知見を縦横に語る座談会も特別収録。

『法務の技法〈OJT編〉』

芦原一郎［編著］　Ａ５判／306頁

　日本組織内弁護士協会（JILA）に所属する弁護士29名による，ノウハウ満載の内容。現場で起こり得る事例をもとに，社内弁護士としての法務対応をさまざまな角度から検証。各種演習問題や法務小説など豊富なコンテンツとともに，楽しく読みながらしっかりとスキルが身に着く。まるで，部署内で先輩から直接教わっているかのようなリアルな実践書。

『経営の技法』

久保利英明・野村修也・芦原一郎［著］　Ａ５判／388頁

　正しい会社経営をするためにガバナンスや内部統制といったツールをどのように使うべきか，本邦の著名な法律家が法務問題のみならず広い視点をもってまとめた経営・法務実践書。シリーズ全体の総論でありつつ，一歩踏み込んだ社内弁護士のモデルを提示！
　ビジネス面とリスク管理面を一体として判断し，法務が積極的にビジネス（経営判断）に関与するべき方法論を示すドラスティックな内容。